中国饮食文化考察
贾蕙萱 [编]

筑波编译

はしがき

本年鑑は、「大正デモクラシー」という言葉を生んだ大正時代の年代をほぼ

かに超えました。
バブル経済の末期にあたり、平成3年に日本はバブルの崩壊へと突入。
その後、長期にわたり低迷が続き、若年層失業者の増加、くらしの状況も様々
な変化を見せてきました。

日本経済史上初の状態が続く、平年の米騒動、原発災害大震災、「O157」中
毒事件、若年婚、口蹄疫、鳥インフルエンザ、食肉の偽装・改ざん、中国毒ギョー
ザ事件など様々な出来事が続出しました。

平成23年3月11日には、東北地方太平洋沖マグニチュード9.0の巨大地震が発生し、
回時に東日本各地で津波被害が襲来しました。人災とも言える原発事故は、大量の
放射能を撒き散らし、将来に禍根を残すため外国有事、甚大な被害の様相を
呈しています。農業林水産業各において、甚大な範囲にわたっており、その影響は
進めています。10月には円相場が一時1ドル=75円32銭の史上最高値を
更新し、円高危機が続き、輸出産業に影響を与えています。さらに、11月には、
将来の貿易拡大に大きな影響を与えるとされる環太平洋連携協定（TPP）
への参加の是非の議論を経緯として、国論を二分しています。

また、世界的には食料価格が一段と高まる中で、農産物のバイオマス
の輸出困難、途上国を組み込んだ食料問題を含め、国際機関の議題を挙げております。

そこで、このような状況下での年度別のあゆみとくらしを概観してみたい
思い、本書を編纂いたしました。近年、利用者各位のご愛顧を得ますように
繊縷になっており、光文の多彩な主要・歴代、社寺、家計調査者・農動産業
の諸統計、新聞、参加するEDINET（金融庁が定めた有価証券提出書等
の開示書類に関する電子開示システム）や各企業、団体等のホームページ
を利用させていただきました。深く感謝の意を表する次第です。

本書の特徴をあげてみますと、農業および転輸業での状況がわかるの
はもちろんのこと、自動車産業あっての裾野業界、小売上昇まどの
を重置を入れたこと、職業毎道路を走って顔動東奔コメントを付加したこと、
さらに詳細な分類項目を入れたことなど間をかけております。
本書がこれからの各家庭生活を考える上で、何らかの参考になれば幸甚です。

なお、過年の各種新書籍については、『日本有名現代史』（新巻書）を参
照していただければ幸いです。

最後になりましたが、本書の出版にあたり、ご尽力をいただいた武藏書房
出版社長、編集課のみな様に厚くお礼申し上げます。

平成24年（2012）3月

武東　敬男

凡 例

I 本書の構成

(1) 本年報は平成 1 年（1989）～ 23 年（2011）を収録した。記述にあたっては、原則として、初版と改版を併記した。一部和暦のみの箇所もある。

(2) 1冊で複数市の主たる事業を列挙したり、車頭は月日順に掲載した。日頭でに記載できない事業は巻末の月日としてある。一部、精選し掲載を略したものもある。また、月日が確定できない事業やその年の事業は、12月の「その他」欄に記載した。「その他」に掲載した、年度の経過については、この年の「この年」の欄に掲載した。

(3) 機械器及びグラフは、データを断らない限り、機械器は嘱入代表取扱者を対象、販売統計は販売統計（年度）は国税庁、販売値段の履歴は酒類卸売業者を対象に統計局の資料を利用した。また、醸機統計の履歴は酒類卸売業者を対象にしている。

(4) 購入者数の欄の（　）は醸入統計項目番号である。

(5) 作物名、水産物名は、原則として、カタカナとした。

(6) 株式会社については、原則として、其名の後に「株式会社」、かつく場合は「株」を省略したが、其名の前に「株式会社」、かつく場合は其名の前に「株」を付記した。

(7) キリンホールディングス、サッポロホールディングス、アサヒグループホールディングス等については、原則として、○○○ HDと略記した。

(8) 年度末の（　）は承認文献を示す（日経、朝日等 12/3）は、日本経済新聞、朝日新聞等が 12 月 3 日に掲載したことを示す。なお、継続した事業（年報）については掲載を略した。

II 記号について

* 事項の注または解説。
(＊) 出題解説をした事項。原則として初出時のみにつけた。
|| 掲載「日本食文化物事典」『日本食人物事典』（柴波書店）に掲載している人物。

III その他

(1) 醸機統計項目「家計調査」は 2 人以上の世帯の消費者者であり、平成 11 年以前は農林漁業世帯を除く。継者、12 年以降は農林漁業世帯を含む消費者者である。

(2) 1 人あたり購入金額及び購入数量は醸機統計項目「家計調査」の世帯人員より算出。購入金額を世帯人員で除した金額である。

(3) 醸機統計項目「家計調査」の都市別醸機統計所在市及び政令指定都市（都道府県庁所在市を除く。）川崎市、浜松市、堺市、北九州市の 51 都市である。

目　次

はしがき …………………………………………………………………… iii

平成 1 年（1989） ……………………………………………………… 1
・消費税導入
・米価21年ぶりも米騒売の可能性よる
・日経平均株価、史上最高値を記録

平成 2 年（1990） ……………………………………………………… 8
・中国野菜輸出、リンゴ・アスパラガスなど 12 品目輸入自由化
・林価の暴落、農産物の表価が8月増下落

平成 3 年（1991） ……………………………………………………… 13
・牛肉・牛肉オレンジの輸入自由化
・雲仙普賢岳噴火で大火砕流発生
・台風等で水害、倒木、大被害

平成 4 年（1992） ……………………………………………………… 17
・オレンジ果汁の輸入自由化
・米国産サクランボの輸入解禁

平成 5 年（1993） ……………………………………………………… 21
・不況が深刻化し、春の新卒者の採用取り消しが相次ぐ
・戦後史上40年ぶりの米価不作で、戦後初のコメ大量輸入決定
・北海道南西沖地震（奥尻島）
・米市場の部分的開放を決定
・この頃から、農産物産業の中国等海外への進出が始まる（空洞化）

平成 6 年（1994） ……………………………………………………… 26
・平成の米騒動、国産米を求め、米屋がスーパーに殺到
・夏期にも価格騒動の波が押し寄せる
・猛暑でビール、清涼飲料水、大幅に伸びる
・サントリー、業界初の発泡酒「ホップス」を発売

平成 7 年（1995） ……………………………………………………… 33
・阪神淡路大震災（1月17日）
・地下鉄サリン事件発生（3月20日）
・円高、史上最高値（79円75銭）
・加工食品の製造年月日の表示方針として「賞味期限」に切り替わる

v

平成 8 年 (1996) ································· 38
- 「O(オー)157」集中事件発生
- 新食種表の施行に伴い、コメ第１に野菜種が第２位
- 外食産業の市場規模、過去最高を記録
- 消費税率アップ（3%→5%）
- 北海道拓殖銀行、倒産、東京の倒産、山一証券の廃業など、経済混乱著しく
- 遺伝子組み換え食品（GMO）への関心が高まる
- ダイオキシン

平成 10 年 (1998) ································· 51
- 食肉関連産業、中食市場への参入
- 発泡酒がビール市場を侵食し始める
- ワインブームが続く
- ミネラルウォーターの流通が活発

平成 11 年 (1999) ································· 56
- 雪印牛乳事件、遺伝子組み換え食品の表示義務化を決定
- 「農業基本法」廃止、「食料・農業・農村基本法」公布

平成 12 年 (2000) ································· 61
- 雪印乳業中毒事件
- 三宅島を噴火避難
- 狂牛病をめぐるクレーム問題
- 国際通貨グローバルルール、日本１号店をオープン

平成 13 年 (2001) ································· 68
- BSE 感染の発生、日本でも初めて発見される
- 口蹄疫の侵入を防止するため、EU 加盟国からの豚肉などの輸入を停止
- 遺伝子組み換え食品の表示の義務化
- 外食の低価格化が進む（牛丼、おにぎり、非常なるなどの値下げ）

平成 14 年 (2002) ································· 79
- 偽装表示などと食品産業の不祥事が相次ぐ
- 無認可添加物の輸送が発覚、これを使用したメーカー、一気に各種に「お詫びと回収のお知らせ」を掲載

平成15年（2003）……87
・食品安全基本法成立
・チキン、米国でBSE牛が発見されたため、両国からの輸入停止
・鳥インフルエンザ発生で鶏肉の需要が急落
・10年ぶりの冷夏で米不作

平成16年（2004）……94
・米国産牛肉の輸入停止で、焼肉店入り弱名誉原を記録
・鳥インフルエンザでの鶏肉の第内の被害、非常につらい状況を迎える
・サッポロビール、業務用の第3ビール「ドラフトワン」を全国発売
・㈱ジャスダック証券取引所開設

平成17年（2005）……102
・人口減時代に入る
・さらに客足をもたらしたくのM&Aが発生
・ジャスダック、東証マザーズ、ヘラクレス等の新興市場にIT企業が上場
する
・大手4社の「第3のビール」輸出出荷ふえる
・非常勤チーム

平成18年（2006）……110
・経営破綻した企業の吸収合併が進む中、M&A（合併と買収）が加速、トーメン・初光商・東ハト・明星食品、メレシャンなど大手の傘下に入る
・食料自給率（年度）39%と40%を割る

平成19年（2007）……119
・ミニ丼、ミートホープ、船場吉兆、赤福、白い恋人、比内地鶏など偽装事件がえ続く
・米投資ファンドの食料買収の動きが活発化（サッポロHD、ブルドッグソース）

平成20年（2008）……128
・企業の事業撤退・統合が進む
・持株会社化が続出現
・加ト吉グループの飲茶収決算
・カゴメ、株式上場廃止、味の素の傘下に
・中国餃子事件チョーザ中毒事件
・中国餃子事件イタン中毒事件
・事故米不正転売事件
・食べで料理の使い回し、チキン・リッフ事件の産地偽装、非常出来の

- 米国でチャプターイレブン・ローン問題発生(リーマン・ショック)
- 目的外使用などの不祥事問題が続出

平成21年（2009） ················ 136
- サントリーHDとキリンHDとの経営統合交渉が表面化
- 大手ビール各社、アルコール0.00%のビール系飲料（炭酸飲料）発売
- 「ベランダ一菜園」ブーム
- バッチテイクアウトブーム

平成22年（2010） ················ 141
- 宮崎県下で口蹄疫発生
- 牛肉、牛レバーなどの価格競争が激烈化
- 記録的な猛暑の影響でビール含む清涼飲料水などの消費が伸びる

平成23年（2011） ················ 149
- 東日本大震災と原発の放射能汚染
- 海外産農畜産物（大豆、トウモロコシ、小麦、コーヒーなど）高騰、トマソース類が水産物の工場が被害を受ける
- エコ事件
- TPPへの参加問題
- ビール各社、海外進出加速

用語解説 ················ 165
主な引用参考文献 ················ 171
索引 ················ 174
統計資料 ················ 191
1. 食料自給率の推移
2. 収穫量の推移
3. 米飼料米の作付面積・収穫量の推移
4. 輸入量（生鮮）の推移
5. 輸入量（青果）の推移
6. 砂糖及び甘味料化合物の需給総括表
7. 外食産業の生鮮量、輸入量、国産量の推移
8. ミネラルウォーター類　国内生産、輸入の推移（続編）
9. 酒税課税数量状況
10. ビール類の出荷量の推移
11. 清涼飲料水の生産量の推移

12. シカゴ市況（月別）の推移（期近）
13. 外食市場規模の推移
14. 食品工業の国内生産額の推移
15. 平成21年工業統計表（食料品製造業＋飲料・たばこ・飼料製造業）
16. 平成22年工業統計表（同上）
17. 平成23年家計調査結果（2人以上の世帯の1世帯平均）

西暦和暦対照表 ……………………………………………………………… 224

グラフ一覧表

平成 1 年	・グレープフルーツ輸入量	7
平成 2 年	・コーンスターチ製造用トウモロコシ輸入量	12
平成 3 年	・魚介類の国内生産量	16
平成 4 年	・肉類の自給率の推移	20
平成 5 年	・米の生産量	23
平成 6 年	・ビールの課税移出数量	30
	・えびの輸入量	31
	・玄そばの輸入量	32
平成 7 年	・発泡酒の課税移出数量	37
平成 8 年	・梅干しの購入数量	41
	・ミネラルウォーターの輸入量	43
平成 9 年	・外食産業の市場規模	49
	・ワインの購入数量	50
平成 10 年	・ビールと発泡酒の課税移出数量	55
平成 11 年	・ミネラルウォーターの国内生産量と輸入量	60
平成 12 年	・清酒の課税移出数量	67
平成 13 年	・生乳生産量の推移	78
平成 14 年	・加糖あんの輸入量	85
平成 15 年	・米の購入価格の推移	93
	・清酒と焼酎の課税移出数量の推移	93
平成 16 年	・肉類の輸入数量	100
	・鶏肉の購入数量	100
	・酢の購入数量	101
	・活ウナギの輸入量	101
平成 17 年	・焼酎の購入数量	109
	・寒天の輸入量	109
平成 18 年	・コーヒー豆の輸入量	118
	・えび調製品（米含まず）の輸入量	118
平成 19 年	・そばの生産量	127
平成 20 年	・冷凍ギョーザの輸入量	134
	・加工ウナギの輸入量	134
	・シカゴ相場（月別）の推移	135
	・食品工業の国内生産額	135
平成 21 年	・バナナの輸入量	139
	・バナナの購入数量	139
	・そば（抜き実を含む）の輸入量	140

平成22年	・えび調製品（水煮後冷凍）の輸入量	146
	・ビール類の出荷量	147
平成23年	・シカゴ市況（期近）	149
	・ミネラルウォーターの月別輸入量	154
	・異性化糖の需要量	155
	・増加費目	164
	・減少費目	164

昭和64，平成1年（1989）

■消費税導入
■米屋以外でも米販売が可能となる
■日経平均株価，史上最高値を記録

◇1-1　朝日麦酒㈱，商号をアサヒビール株式会社に変更．
◇1-7　昭和天皇，午前6時33分，十二指腸部の腺ガンで崩御される（87）．
◇1-8　元号，平成と改元．＊平成は「大化」以来247番目の元号．
◇1-20　規制緩和の一環として，米の販売が小袋詰め（15kg）以下の精米に限り，コンビニエンスストア・酒屋・青果店で販売できるようになる．米屋以外での販売は昭和17年（1942）2月の食糧管理法制定後初めて．
　　　　＊この影響を受けて，米穀販売店が減少し始める．
◇1月　日本食品化工㈱，『日本食品化工40年史』発刊．＊同社はトウモロコシのでん粉「コーンスターチ」やキャッサバ芋のでん粉「タピオカでん粉」等の加工製品及びその二次加工製品を製造販売，昭和36年（1961）10月東証・名証2部に株式上場．親会社は三菱商事．
◇2-1　㈱木村コーヒー店，商号をキーコーヒー株式会社に変更．
　　　　＊同社の起源は大正9年（1920）8月，横浜市中区福富町で，柴田文次氏¶（1901～74）がコーヒーの焙煎とコーヒー及び食料品の販売を目的として，コーヒー商「木村商店」を創業した．
◇2-4～15　東京・京王百貨店新宿店で恒例の駅弁大会（第24回），「元祖有名駅弁と全国うまいもの大会」開催．＊昭和41年から毎年開催．
　　　　＊売上ベスト5（『駅弁大会』）
　　　　　1位　「いかめし」(北海道・函館本線森駅)
　　　　　2位　「峠の釜めし」(群馬県・信越本線横川駅)
　　　　　3位　「小鯵押寿司」(神奈川県・東海道本線国府津駅)
　　　　　4位　「栗めし」(宮城県・東北本線仙台駅)
　　　　　5位　「だるま弁当」(群馬県・高崎線高崎駅)
◇2-7　水産練り製品業界2位の「一正蒲鉾」(いちまさかまぼこ，新潟市)，日本証券業協会に株式を店頭登録．
　　　　＊平成16年（2004）12月13日ジャスダック証券取引所上場→平成22年（2010）大阪証券取引所（大証）JASDAQに上場．
◇2-8　東京都，輸入のナチュラルチーズから，日本で初めてリステリア菌（Listeriosis）を検出したと発表．リステリア菌に汚染して発病した場合，死亡率は30％前後といわれる．
　　　　＊リステリア菌はチーズのほか生ハム，生ベーコンなど生ものに付

着している場合が多いといわれる．生ものは必ず加熱して食べる必要がある．
◇2-28 ㈱紀文，社史『Kibun：革新と挑戦と夢』発刊．
◇2月 カルピス食品工業（カルピスの前身），世界で初めてお腹の健康の鍵を握るビフィズス菌（Bifizzes）活性飲料を発売．
◇2月 ㈱伊藤園，「お～いお茶」ブランドを発売開始．「伊藤園お～いお茶新俳句大賞」キャンペーンを開始．
◇2月 青旗缶詰㈱，商号をアヲハタ株式会社に変更．
*昭和23年（1948）12月　広島県豊田郡忠海町（現・竹原市忠海中町）に青旗缶詰株式会社設立．前身は昭和7年（1932）12月設立の株式会社旗道園（本社東京市）．平成12年（2000）3月，東証2部に株式上場．
◇3-10 厚生省，米国でチリから輸入されたブドウからシアン化合物が検出されたため，チリ産ブドウの輸入を停止．
◇3月 雪印乳業，米国のドール社と合弁で天然果汁市場に参入．
*強力なマーケティング活動でドールブランドの定着に成果を上げる．
◇3月 福井県，越前蟹を「県魚」と定める．
*福井県に水揚げされる「ズワイガニ」に対して，親しみをこめて呼ぶ愛称という．標準和名は「ズワイガニ」．山陰地方では「松葉がに」と呼んでいる．
*鳥取県は平成12年（2000）に11月の第4土曜日を「松葉がにの日」に制定した．
◇3月 岡山県，全国に先駆けて「有機無農薬農産物認証要領」を制定．
*米は食管法の制約で今年は見送りとなる．
◇3月 横浜冷凍，『ザ・ヨコレイ40：横浜冷凍株式会社社史』発刊．
*当社は昭和23年（1948）5月，冷凍水産物の販売，輸出及び冷凍食料品の冷蔵保管業務を主目的として横浜冷凍企業株式会社の社名で設立．昭和28年11月，社名を横浜冷凍株式会社に変更．昭和37年（1962）12月，東証2部に株式上場．
◇4-1 消費税（3％）導入．年間の税収約6兆円．これに伴い清涼飲料水などの物品税や明治時代から続いた砂糖消費税は廃止される．
*酒類，内税方式に一本化．
*消費税導入と酒税法改正が同時に施行され，ビール大びんの標準小売価格（税込）が1本310円から300円に下がる．
◇4-1 酒税法改正．*ウイスキーの級別廃止．清酒の特級廃止．級別が1級・2級となる．
◇4-1 非柑橘果汁（リンゴ，ブドウ，パインアップル以外のもの），プロセスチーズ，輸入自由化．
◇4-1 豊年製油㈱，社名を㈱ホーネンコーポレーション（J-オイルミルズ

◇4-1 さくらんぼ（山形県）の切手（62円，1,510万枚），発売される．
＊平成22年産の山形県のさくらんぼの生産量は1万4,300トンで全国（1万9,700トン）の75.4％を占める．

◇4-1 ㈶味の素食の文化センター設立．食に関する多数の文献などが閲覧できる「食の文化ライブラリー」（東京都港区高輪3-13-65）がある．

◇4-23～5-14 第21回全国菓子大博覧会，島根県松江市で開催．
＊同大会は松江市制100周年記念事業の1つとして，80年の同博覧会歴史の中で，初めて自治体と菓子業界が合同で開催．

◇4月 ㈱ロック・フィールド，「神戸コロッケ」を発売．
＊同社は昭和47年（1972）6月，本店を神戸市生田区元町通2丁目（現・中央区元町通2丁目）に設置し，資本金300万円で設立．総菜製造販売業を開始．平成3年3月大証2部特別指定銘柄に株式上場．

◇4月 ㈱ニチレイ，厚生省認可特別用途食品の糖尿病食調製用組合せ食品を発売（『EDINET』）．

◇5-3 東京・秋葉原の青果物市場最後のセリ．
＊正式名称は東京都中央卸売市場神田市場．新設の大田市場へ移転のため，公設卸売市場としては最後のセリが行われた．神田市場は築地の河岸（魚市場）に対して「やっちゃば（八百屋市場）」と呼ばれた．慶長年間から昭和3年まではJR神田駅付近の現・神田多町（かんだたちょう）2丁目にあったが，以後秋葉原駅西側のこの地に移転した．

◇5-6 東京都中央卸売市場大田市場（大田区東海），青果部で業務を開始（初セリ）．

◇5-29 初の「こんにゃくの日」
＊この年，日本こんにゃく協会とこんにゃく栽培，生産者の4団体が制定．「5」「29」の語呂合わせ．総務省『家計調査』（平成22年）によると，こんにゃくの1人当たりの購入金額は685円で，購入金額の多い都市は山形市（1,168円），広島市（869円）など，最も少ない都市は那覇市の378円．
＊山形のこんにゃくは名物「芋煮会」のメイン材料の1つ．

◇5月 ㈱モスフードサービス，スイスフラン建転換社債を発行，約103億円の資金を調達（『EDINET』）．

◇5月 ㈱木村屋総本店，『木村屋総本店百二十年史』発刊．
＊創業明治2年（1869）．

◇6-1 北日本食品工業株式会社（新潟県柏崎市），商号を株式会社ブルボンに変更．
＊長年「ブルボン」の商標で親しまれていたブランド名を社名とし

た．同社は創業者の吉田吉造氏（1886〜1954）が，関東大震災の影響で地方への菓子供給が全面ストップしたのを機に，「地方にも菓子の量産工場の必要性」を痛感し，大正13年に柏崎駅前に設立．

◇6-2 食糧庁，精米の品質表示の改正要綱を通達．コシヒカリ，ササニシキなど銘柄表示は混米していない100％ものだけとなる．

◇6-4 中国，天安門事件発生．同国からのゴマ・大豆かすなどの輸入品の相場が混乱．

◇6月 国税庁，酒類販売免許等取扱要領を改正し，店舗1万㎡以上の大規模小売店舗に対する免許基準の緩和などを行う．

◇7-1 総理府統計局，サービス業の基本調査を開始．

◇7-1 トマト加工品3品目（トマトジュース，ケチャップ，トマトソース）輸入自由化．

◇7-4 米価審議会，生産者米価2.55％引き下げを答申，政府・自民党，政治折衝で据置き，閣議決定．

◇7-11 カルピス，黒人マークの廃止決定．

◇7-19 カゴメ，カゴメフード社（KAGOME FOODS INC. カリフォルニア州）を米国生産子会社として設立（『EDINET』）．

◇7月 カルピス食品工業，『70年のあゆみ　カルピス食品工業株式会社』発刊．
　　　＊大正6年（1917）10月13日，ラクトー株式会社設立．

◇7月 宇多津塩田（香川県宇多津町），『天の塩：宇多津塩田株式会社100年の歩み』発刊．

◇8-1 ㈱ファミリーマート，東証1部に指定替え．
　　　＊昭和62年（1987）12月7日東証2部上場．

◇8-1 近畿コカ・コーラボトリング，大証1部に株式上場．

◇9-1 食品加工機械のトップメーカー「レオン自動機」（栃木県宇都宮市），東証1部に指定替え．
　　　＊昭和38年3月，会社設立．自動包あん機製造販売開始．

◇9-27 ニッカウヰスキー，東証2部に株式上場．

◇9月 日本水産，冷凍焼きおにぎり発売．

◇9月 西宮酒造，『日本盛　西宮酒造100年史』発刊．
　　　＊創業は明治22年（1889）4月．

◇9月 日本甜菜製糖，『日本甜菜製糖70年小史』発刊．
　　　＊大正8年（1919）6月11日，前身の北海道製糖，東京市に設立．資本金1,000万円（払込資本金250万円）．

◇9月 日清製粉，カナダの製粉会社「ロジャース・フーズ株式会社」を買収（『EDINET』）．

◇10-2 リンゴ（青森県）の切手（62円，1,200万枚）発売される．

◇10-3 「サントリー鉄骨飲料」発売．

- ◇10-5 日本甜菜製糖，ビート資料館完成（旧帯広製糖所構内）．
  ＊ビートは砂糖大根，砂糖の原料．国内原料（沖縄などのさとうきびを含む）による日本の砂糖生産量の約75％，わが国の砂糖消費量の約25％を占める．
- ◇10-9 幕張メッセ（千葉市）オープン．
- ◇10-12 ㈱永谷園本舗（永谷園の前身），「おとなのふりかけ」を発売．1袋120円．＊ふりかけのイメージを一新し，大ヒットする．
- ◇10-22 アサヒビール，資本金を1,115億3,800万円に増資．
- ◇11-1 サントリー，家庭用ミネラルウォーター「南アルプス天然水」を発売．
- ◇11-9 ベルリンの壁崩壊．
- ◇11-12 丹波杜氏酒造記念館竣工（兵庫県篠山市東新町1-5）．
- ◇11-15 アサヒビール，創業100周年記念式挙行．
  ＊明治22年（1889）11月，有限責任大阪麦酒会社設立（資本金15万円）．
- ◇11-16 農林水産省，来年度から始まる水田農業確立後期対策（平成2〈1990〉〜同4年度〈1992〉）について，コメ減反面積（83万ha）現状凍結決定．
- ◇11-24〜27 千葉市の幕張メッセで，学校給食100周年記念行事として「学校給食いまむかし展」開催．

  ＊展示場には明治22年から平成元年まで100年におよぶ期間におけるそれぞれの時代をしのばせる23の給食が並ぶ．終戦直後の脱脂粉乳，健康食を意識した最近の麦ご飯など，日本人の食生活の変遷を知る上で貴重．全国の郷土食（たとえば，岡山からは祭ずし，するめと人参の漬物）が出品される．
- ◇11-27 日本缶詰協会，缶詰の賞味期間表示を決定．
- ◇11-28 食品衛生法施行規則等の一部改正．合成・天然を含む食品添加物の全面表示．平成3年（1991）7月1日施行．
- ◇11月 グルメ杵屋，大証2部に株式上場．資本金を25億8,100万円に増資．
  ＊設立は昭和42年（1967）3月．
- ◇11月 ㈱銀座ルノアール，喫茶店チェーン初の株式店頭登録．株式を店頭売買銘柄として日本証券業協会に登録する．
  ＊設立1979年（昭和54）5月．
- ◇11月 国税庁，酒類自動販売機に「未成年者飲酒禁止，深夜販売の停止」表示義務を告示．
- ◇12-9 開高健¶（1930.12.30生まれ）死去（58）．昭和29年（1954）寿屋（サントリーの前身）に入社し，コピーライターとして活躍．食を

◇12-13　厚生省，食物繊維（1回に食べる量）の多いのは干柿（2個70g中7.56g），ひじき（1鉢10g中5.49g），甘栗（70g中4.92g）等と発表．
　　　　　＊食物繊維は腸のガンや糖尿病に役立つといわれる．
◇12-21　東京都公衆浴場組合・高知県物部村農協，新宿で冬至にユズ湯を楽しんでもらおうと10万個を無料で通行人に配布．
◇12-22　消費者米価据置きを決定．
◇12-29　東証日経平均株価（東証大納会），3万8,915円87銭と史上最高値を記録．
　　　　　＊東京外国為替市場の円相場，前日終値比1円25銭円安・ドル高の143円40銭．
◇12月　岡山県内のデパートのおせち料理の値段は，2〜3万円，昨年は2万円前後，買い手は老夫婦，共働きという．
◇12月　この頃の岡山県の備中（びっちゅう）杜氏58名（『日本の酒　銘酒名鑑』）．
　　　　　＊上位5位　(1)越後杜氏（新潟県，500名），(2)南部杜氏（岩手県，378名），(3)但馬（たじま）杜氏（兵庫県北部，252名），(4)丹波杜氏（京都府中部と兵庫県東部，120名），(5)広島杜氏（101名）．
◇12月　横浜冷凍（ヨコレイ），THAI YOKOREI CO., LTD（現・連結子会社）を設立（『EDINET』）．

この年

◇食料自給率（年度のカロリーベース，以下同様）49％と初めて50％を割る．
◇もつ鍋ブーム始まる．
◇清涼飲料「はちみつレモン」など人気を集める．
◇果汁輸入量，輸入枠の拡大等により，前年比68％増の6万6,966kℓにのぼる．
◇グレープフルーツの輸入量（0805. 40-000），27万5,350トン（輸入金額318億5,582万円）と過去最高を記録（グラフ参照）．
◇三共（現・第一三共ヘルスケア）の栄養ドリンク剤「リゲイン（Regain）」のコマーシャル，「24時間，戦えますか」，話題を呼ぶ．
　　＊バブル期の経済活動の一端を表わす代表的なコマーシャルの一つ．
◇日本の外貨準備高，1,000億ドルを超える．

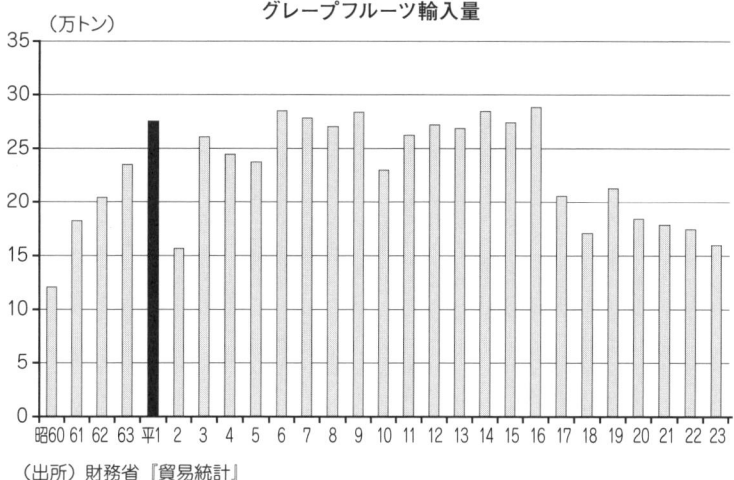

グレープフルーツ輸入量

(出所) 財務省『貿易統計』

平成2年（1990）

■牛肉調製品，リンゴ・ブドウ果汁など12品目輸入自由化
■株価の暴落，食品企業の株価も大幅下落

◇1-19　閣議，「農産物の需要と生産の長期見通し」を決定．
　　　　＊目標年次は平成12年度（2000），基準年次は昭和62年度（1987）．
　　　　　食料自給率50％．米（1人当たり純食料供給量kg）71.9→59
　　　　　～62kg，みかん11.7→7.8kg，りんご6.4→6.7kg，牛乳・乳製品
　　　　　75.8→85～91kg，牛肉5.0→7.9～9.1kg，豚肉10.1→11.4～12.4kg，
　　　　　鶏肉10.1→12～13kg
◇1-29～2-3　東京日本橋の丸善で，「資料にみる日本食文化と食養史展」
　　　　開催．
　　　　＊慶応義塾図書館が所蔵する食関係資料を公開したもので，未公開
　　　　　資料が多く注目される．朝鮮通信使に対する幕府の接待記録や材
　　　　　料買い入れの控帳など珍しい資料多数あり．
◇1月　　総務庁統計局，消費が増えている「ブロッコリー」を『家計調査』
　　　　の品目別調査（購入金額，数量）の対象に追加．
　　　　＊平成2年の1世帯当たり購入金額（1,175円），数量（1,910ｇ）→
　　　　　平成23年，購入金額（1,578円），数量（3,566ｇ）．
◇1月　　日魯漁業㈱，商号を株式会社ニチロ（マルハニチロHDの前身）に
　　　　変更．
◇2月　　日本水産，チリに「NIPPON SUISAN AMERICA LATINA S.A.」
　　　　（現・連結子会社）を設立（『EDINET』）．
◇3-12　国税庁，「自販機に対する統一ステッカー貼付の実施要領」改正
　　　　（未成年者飲酒禁止）．
◇3-12　雪印乳業，「ドール」缶詰の国内販売権を取得．
◇3-16　千葉市・幕張メッセで開催中の国際食品・飲料展（FOODEX）か
　　　　ら，米国産コメが撤去される．
◇3-22　日経平均株価，史上2番目の1,976円安を記録し，1年3ヵ月ぶり
　　　　に3万円の大台割れ．1ドル＝158円台に下落し，株式・外国為
　　　　替・証券のトリプル安．
◇3-22　キリンビール，「キリン一番搾り〈生〉ビール」を発売．
　　　　＊平成11年（1999）には5,755万ケース（1ケースは大びん20本換
　　　　　算）を出荷し，今後も5％の増加が見込まれるという．これに対
　　　　　し，明治21年（1888）発売の長寿ブランド「ラガー」は1990年の
　　　　　1億7,800万ケースをピークに減少傾向が続く．
◇3-23　日本缶詰協会，主要缶詰の賞味期限を3年と決定．

◇3－27　大蔵省，金融機関に不動産向け融資への総量規制通達．4月1日実施．平成4年（1992）1月1日解除．
　　　　＊バブル経済崩壊の引き金となる．
◇3－30　農林水産省，ミネラルウォーター類（容器入り飲用水）の品質表示ガイドラインを設定．
◇3月　　東京都民1人の1日平均家庭用水使用量は232ℓ．20年前の昭和44年に比較して81ℓ（54％），バケツ（10ℓ）8杯分の増加．前年と比較しても1日6ℓ，コップ（200㎖）30杯分の増加．
◇3月　　㈱元禄，商号を元気寿司㈱に変更し，新商標「元気寿司」で営業開始．
◇4－1　牛肉調製品，リンゴ・ブドウ・パイナップル果汁，パイナップル調整品（缶詰），柑橘フルーツピューレ，ペースト，フルーツパルプ，アイスクリーム，輸入自由化される．
　　　　＊この年のリンゴ果汁の輸入量，4万2,724kℓと前年（1万4,868kℓ）の2.9倍に急増．
　　　　＊この年のパイナップル果汁の輸入量，5,034kℓと前年（623kℓ）の8.1倍に急増．
◇4－1〜9－30　国際花と緑の博覧会（花の万博）開催．大阪鶴見緑地．
◇4月　　サントリー，『夢大きく：サントリー90年史』発刊．
◇4月　　カゴメ，KAGOME FOODS INC.ロスバノス工場を竣工し，日本向け清涼飲料・トマト加工品を生産（『EDINET』）．
◇4月　　全国トマト工業会，飲料缶回収を容易にするため「スチール缶」「アルミ缶」表示を申し合わせ．
◇5－3　『食卓の情景』『散歩のとき何か食べたくなって』『東京のうまいもの』など食べ物に関するエッセーも多い池波正太郎¶死去（67）．
◇5－3　日清製粉，『チャレンジこの一〇年　日清製粉創業九十周年記念史』発刊．
　　　　＊明治33年（1900）10月，前身の館林製粉設立．
◇5－14　公正取引委員会，ビール4社へ「価格の同調的引上げ」に関する報告命令（3－1　サッポロ，3－5　麒麟，3－6　アサヒ・サントリー値上げ発表）．
◇5－22〜6－7及び7－1以降，米国産サクランボの輸入解禁．
◇6月　　さくらんぼの産地・山形県寒河江市，サクランボの日（6月第3日曜日）を制定．
◇7－1　JR千歳線に「サッポロビール庭園駅」開設．
　　　　＊企業名の付いた駅名は珍しい．
◇7－4　政府・自民党，生産者米価1.5％引き下げを実質決定．
◇7－18　味の素，ふりかけ市場に参入．
◇7月　　味の素，『味をたがやす：味の素八十年史』発刊．
◇8－2　イラク軍のクウェート侵攻で湾岸危機発生．

◇8－10 東証平均株価，湾岸危機で2万7,329円55銭と今年の最安値を記録．
◇8－21 この日から7週間，千葉県松戸市文化ホールで，特別展「はばたけ二十世紀梨，松戸覚之助大発見」が開催される．
 ＊松戸市博物館には，原木の遺片が展示してあり，松戸覚之助（1875.5.24〜1934.6.21）の偉業がしのばれる．博物館は武蔵野線新八柱駅下車約15分．市内には二十世紀が丘梨元町（なしもとちょう）など二十世紀が丘を冠した町名が7町もある．
◇8－21 日本ケンタッキー・フライド・チキン，東証2部に株式上場，資本金を72億9,750万円に増資．
 ＊三菱商事が大株主．
◇8－30 自主流通米価格形成機構（後の自主流通米価格形成センター）発足．
◇8月 アサヒビール，社史『Asahi 100』発刊．
 ＊明治22年（1889）11月，大阪に大阪麦酒会社設立．資本金15万円．
◇9－1 三樂オーシャン㈱，社名をメルシャン㈱と改称．
◇9－3 味の素，カルピス食品工業（カルピスの前身）に出資（20％），10月より総販売元となる．
◇9－6 農林水産省，バター3,000トンを緊急輸入．
◇9月 台糖，『台糖九十年通史』発刊．
 ＊明治33年（1900）12月，台湾糖業㈱創立．
◇9月 天然調味料のアリアケジャパン，米国バージニア州ハリソンバーグ市に「ARIAKE U.S.A., Inc.」の工場を設立（『EDINET』）．
◇10－1 サッポロビール恵比寿工場解体着工．
◇10－3 東西ドイツ，41年ぶりに統一．ドイツ連邦共和国誕生（首都・ベルリン）．
◇10－12 牛丼中心に展開する㈱松屋フーズ，株式を日本証券業協会に店頭登録．
 ＊平成11年（1999）12月14日，東証2部上場．平成13年（2001）3月1日，東証1部に指定替え．
◇10月 カルピス食品工業（カルピスの前身），飲料事業の拡大を図るため，味の素と総発売元契約を締結．
◇11－1 ㈱サカタのタネ，東証1部に指定替え．
◇11－5 サッポロビール，東京都渋谷・目黒両区から恵比寿工場跡地開発許可．
 ＊後の恵比寿ガーデンプレイス．
◇11－8 滝沢ハム（栃木市），日本証券業協会に株式を店頭登録．
◇11－12 天皇陛下の即位を祝福する「饗宴（きょうえん）の儀」で，外国人を招いた宮中の宴としては，戦後初めて日本料理が出される．
◇11－16 不二家，『Fujiya book：創業80周年記念誌』発刊．
 ＊創業は明治43年（1910）11月16日．
◇11－17 長崎県雲仙普賢岳，200年ぶりに噴火活動始まる．

◇11月　㈱グリーンハウス，株式を店頭登録．
◇11月　㈱モスフードサービス，台湾台北市に関連会社安心食品股份有限公司設立（『EDINET』）．
◇11月　帝国ホテル，『帝国ホテル百年史：1890-1990』刊行．
　　　＊明治22年（1890）11月20日，東京・丸の内に開業．総建坪1300余坪，ドイツ・ネオ・ルネッサンス式木骨煉瓦造3層，1泊2円75銭〜9円．
◇12-25　煮豆・佃煮昆布など総菜やデザートを製造するフジッコ株式会社（神戸市），大証2部に株式上場（資本金58億5,153万円）
　　　＊設立は昭和35年（1960）11月．平成9年9月1日，東証・大証1部に指定替え．
◇12-28　東証大納会，終値2万3,848円71銭で前年末比4割安．
　　　＊主な食品メーカーについてみると，前年末比3〜4割安となっている．＊山崎製パン2,300円→1,360（-40.9％），ヤクルト3,270→1,920（-41.3％），日本ハム2,230→1,350（-39.5％），サッポロビール2,100→1,390（-33.8％），アサヒビール2,280→1,210（-46.9％），キリンビール2,040→1,440（-29.4％），味の素2,840→1,570（-44.7％）．
◇12-30　佐々木直亮（弘前大学名誉教授），『りんごと健康』を著わす．りんごの効用を実証的に証明．
◇12月　㈱餃子の王将チェーン，商号を㈱王将フードサービスに変更．
◇12月　神戸・三宮に天丼のファストフード1号店「天・ぷらっと」開店（三菱商事系）．その後，東京にも丸紅と日清製油による「てんや」が開店．
◇12月　㈱モスフードサービス，「モスライスバーガー　やきにく」を新発売．

この年

◇冷凍食品生産量，102万5,429トン（前年比8.3％増）と初めて100万トンを超える（日本冷凍食品協会調べ）．
◇外食産業の市場規模，前年比9.4％増の25兆6,760億円（外食産業総合調査研究センター調べ）
◇猛暑のためミネラルウォーターの売行き増大．
　　＊ミネラルウォーターの国内生産量15万kℓ（前年比48.5％増），輸入量2万5千kℓ（2201.10-000）（同55.7％増），総計17万5千kℓ（同49.5％）と高い伸び率を示す（日本ミネラルウォーター協会調べ）．
◇猛暑で清涼飲料が続伸，1,000万kℓの大台に乗る．
◇ミカンの生産量，165万3千トンと前年（201万5千トン）を36万2千トン下回り，200万トン時代に終りを告げる．
　　＊平成22年の生産量は78万6千トン．

◇リンゴの生産量，105万3千トンと昭和45年以降最高を記録．
　＊王林の生産量，消費者の多汁・甘味志向を反映して，7万2,900トン（生産量シェア6.9％）と7万トンを超える．
　＊青森県のリンゴの販売額，約1,093億円と過去最高を記録し，初めて1,000億円の大台を超える．
◇魚介類（年度）の輸入（382万3千トン）が増大，魚介類の自給率が79％と初めて80％を割る．
◇コーンスターチ製造用トウモロコシの輸入量（1005.90-091），306万7,828トン（640億円）と300万トンを超える．
　＊コーンスターチ（トウモロコシでん粉）の用途としては異性化糖，水あめやブドウ糖など糖化製品が多い．その使用範囲は清涼飲料をはじめ多岐にわたっている．食品以外にも工業用（段ボールの接着剤など）や薬品用として使用される．

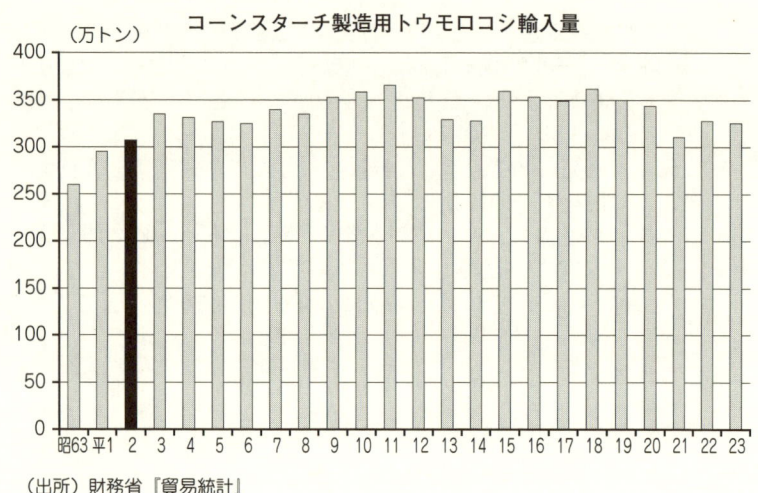

（出所）財務省『貿易統計』

◇イタリアのデザート菓子ティラミス（tiramisu）が流行．

平成3年（1991）

■牛肉・生鮮オレンジの輸入自由化
■雲仙普賢岳噴火で大火砕流発生
■台風等で果実，野菜，大被害

◇1-17　湾岸戦争勃発．＊2月28日イラク敗北で終結．
◇1月　摂津製油，『摂津製油百年史』発刊．
　　　＊1889年（明治22）5月7日設立．
◇1月　理研ビタミン，マレーシアに子会社RIKEVITA (MALAYSIA) SDN. BHD.を設立（現・連結子会社）（『EDINET』）．
◇2-27　花王，世界初の「体に脂肪のつきにくい」食用油「健康エコナクッキングオイル」（後に厚生省許可特定保健用食品）を新発売．
◇2月　カルピス食品工業（カルピスの前身），水で薄めた缶入り「カルピスウォーター」を発売，この年2,050万ケースを売上げ，飲料史上空前の大ヒットとなる．
◇2月　合同酒精（オエノンホールディングスの前身），雪印乳業と提携，資本金53億5千万円（『EDINET』）．
◇3-1　横浜冷凍（ヨコレイ），東証1部に指定替え．
　　　＊創立1948年（昭和23）5月13日．
◇3-12　千葉市幕張メッセで開催の「国際食品・飲料展」で，米国コメ協議会が米国産コメの出展を強行．
　3-24〜5-26　2ヵ月間にわたって，静岡県三島市郷土館で「名品・金鵄ミルクを生んだ花島兵右衛門」展が開催された．
　　　＊花島兵右衛門¶（はなじま・ひょうえもん，1846.12.22（弘化3.11.5）〜1929.4.12）は煉乳業の先駆者で「煉乳王」とも呼ばれた．後に花島煉乳所は極東煉乳株式会社（明治乳業の前身）と合併した．
◇3-28　総菜の㈱ロック・フィールド（神戸市），大証2部特別指定銘柄に株式上場．
◇3月　エム・シーシー食品（神戸市），『目で見るMCCの60年：世界の味を求め続けて』発刊．
◇4-1　牛肉・生鮮オレンジ，輸入自由化．
　　　＊生鮮果物については，これを最後にすべて自由化される．
◇4-1　大関株式会社，『魁：昨日・今日・明日：大関280年小史』発刊．
◇4-19　国税庁，平成2年（1990）の飲酒量929万7,305kℓで史上最高と発表．
◇5月　日本ケンタッキー・フライド・チキン，ピザハット事業を開始（『EDINET』）．
◇5月　近畿コカ・コーラボトリング，『30年のあゆみ　1960-1990』発刊．

◇5月　　株式会社なとり商会，商号を株式会社なとりに変更．
◇5-19〜9-15　長崎県雲仙普賢岳噴火で大火砕流発生．死者・不明者43名．
　　　　　農作物，家畜に甚大な被害をおよぼす．
◇6-3　　横浜市，市内の井戸511ヵ所の60％が大腸菌などで飲料に不適と発
　　　　　表．
◇6月　　三井製糖，『三井製糖20年史』発刊．
◇7-1　　現在の全国の飲食料品小売業の店舗数は62万2,772店で，前回の昭
　　　　　和63年7月1日調査（65万3,637店）の4.7％減．これはコンビニエ
　　　　　ンス・ストアや持ち帰り弁当店の増加により，その他の飲食料品小
　　　　　売業は引き続き増加したものの，食肉，野菜・果実小売業等の従来
　　　　　型の商店が減少したことによる（『商業統計調査』）．
◇7-1　　食品衛生法改正．食品添加物の全面表示を義務付け開始．
◇7月　　農林水産省，「消費者の部屋」開設．
◇8-8　　炭酸飲料のJASの糖類にオリゴ糖が追加される（全清飲資料）．
　　　　　＊砂糖よりもカロリーが低く，整腸作用があるといわれている．
◇8-19　　俳句の日
　　　　　正岡子規研究家の堀内稔典氏らの発案で，平成3年（1991）に「8」
　　　　　「19」の語呂合わせで制定された．食べ物の出回り期には多くの俳
　　　　　句が詠まれている．
　　　　　　1月　三椀の雑煮かゆるや長者ぶり　　　　　　　与謝蕪村
　　　　　　2月　牛鍋や妻子の後のわれ独り　　　　　　　　石田波郷
　　　　　　3月　春入る日へ豆腐屋喇叭息長し　　　　　　　西東三鬼
　　　　　　4月　ゆで玉子むけばかがやく花曇　　　　　　　中村汀女
　　　　　　5月　これやこの江戸紫の若なすび　　　　　　　西山宗因
　　　　　　6月　枇杷の実の仰向きにして大いなり　　　　　高浜虚子
　　　　　　7月　冷汁（ひやじる）の筵（むしろ）引ずる木陰かな　小林一茶
　　　　　　8月　冷蔵庫あければでんと西瓜かな　　　　　　三宅萩女
　　　　　　9月　黒きまで紫深き葡萄かな　　　　　　　　　正岡子規
　　　　　　10月　カブリツク熟柿ヤ髭（ひげ）ヲ汚シケリ　　正岡子規
　　　　　　11月　初鮭や網代の霧の晴間より　　　　　　　　各務支孝
　　　　　　12月　長松は蕎麦が好きなり煤払（すすはらい）　夏目漱石
◇8-23　　オーストラリア蓄養マグロ，築地に初入荷．
　　　　　＊蓄養マグロとは若魚や成長したマグロを生け簀で給餌し脂をつけ
　　　　　　たマグロをいう．
◇8-30　　回転すしの「元気寿司」（本社：宇都宮市），日本証券業協会に株式
　　　　　を店頭公開．＊平成9年（1997）11月，東証2部上場．平成14年
　　　　　（2002）9月，東証1部上場．
◇9-1　　厚生省（厚生労働省の前身），栄養改善法施行規則一部改正し「特
　　　　　定保健用食品」制度スタート．健康に役立つように工夫された食品
　　　　　で，その効果が科学的に証明され，保健の用途・効果を具体的に表

示することを厚生省から許可された食品（厚生省許可マークが付けられる）．
◇9－25　花王，今年2月27日発売した体に脂肪がつきにくい食用油「エコナクッキングオイル」が発売以来半年（8月末）で400万本を突破する見通しとなったと発表．
◇9－27　大型台風19号，長崎県に上陸．西日本・中国に大被害をもたらす．
◇9－28　早朝，青森気象台観測史上最大の瞬間風速53.9m/sの台風19号が襲来し，リンゴの落果34万トン，倒木など未曾有の被害を受ける．このため，青森県のリンゴ生産量は26万1,500トンと前年（50万1,000トン）の52.2％に激減した．ただし，各種リンゴの生産量が半減する中で，9月中旬〜下旬に収穫される早生品種の「つがる」だけは前年の4万800トンから4万3,100トンに増加した．
◇10－1　ユーハイム，『バウムクーヘンに咲く花：ユーハイム70年の発展と軌跡』発刊．
　　　　＊ユーハイムの創業者は元ドイツ人捕虜のカール・ユーハイム¶（1886〜1945）．
◇10－22　畜産系エキスを原料とした天然調味料を製造するアリアケジャパン，日本証券業協会に株式を店頭登録．
　　　　＊設立は昭和53年（1978）5月．
◇10月　台風・長雨で野菜が高騰．東京市場では卸売平均価格が1kg300円台をつける
◇11月　日本マクドナルド，『優勝劣敗：日本マクドナルド20年のあゆみ』発刊．
◇12－9　食品衛生調査会，ポストハーベスト農薬を含む34農薬について，農薬残留基準案を決定．
◇12－21　ソビエト連邦消滅，独立国家共同体（CIS）誕生．
◇12－23　厚生省，「バイオテクノロジー応用の食品，食品添加物の製造指針及び安全性評価指針」通達．
◇12月　三国（みくに）コカ・コーラ　ボトリング，売上高1,000億円を達成．
　　　　＊埼玉・群馬・新潟が地盤．

この年

◇穀物（食用＋飼料用）自給率（年度），29％と初めて30％を割る．
　　＊30年前の農業基本法制定時（1961）は75％．
◇東北生まれの耐冷性の「ひとめぼれ」が話題を呼ぶ．食味がササニシキ，コシヒカリ以上に優れているともいわれ，各地で偽袋や偽物出回るほどのフィーバーぶりであった．名称がユニークなこともあって，この年の日本新語・流行語大賞で銀賞を受賞した．
◇魚介類の国内生産量（年度），926万8千トンと初めて1,000万トンの大台を割る（グラフ参照）．自給率は前年の79％から76％（926万8千/1,220万2千

トン）へ低下.
◇脱カフェインを含むコーヒー豆輸入量，30万1千トン（前年比3.3％増）と初めて30万トンを超え，米国，ドイツに次いで世界第3位になる（輸入品目番号　0901.11-000+0901.12-000).
◇モロゾフ，『Le chocolat par mariko a paris』発刊.
◇キリンビール,『横浜工場生まれ変わりに向けての15年史（1976年～1991年)』発刊.

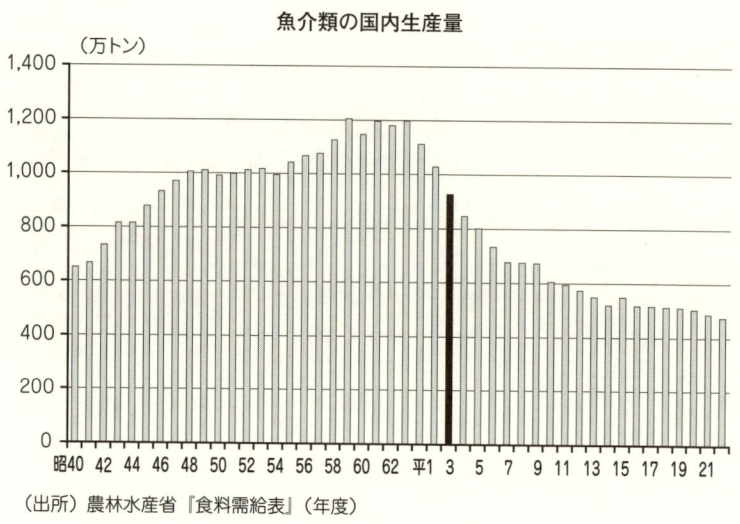

魚介類の国内生産量

（出所）農林水産省『食料需給表』（年度）

平成4年（1992）

■オレンジ果汁の輸入自由化
■米国産サクランボの輸入解禁

◇1月　　　旭化成工業（旭化成の前身），東洋醸造㈱と合併し，医薬・医療を強化，酒類事業に進出（『EDINET』）．
◇2-28　　首都圏，近畿圏の小学4年〜中学3年の児童，生徒のうち疲労回復に栄養ドリンクを飲む子どもは433人中31.5％と約3分の1を占める．
◇2月　　　10年続いた缶飲料価格100円が相次いで110円へ値上げ（全清飲HP）．
◇3-3　　　サントリー，栄養ドリンクでは破格の210ml入りの「デカビタC」を発売．若者層を中心に1年で660万ケース（1ケース24本）を売りヒット商品となる．
◇3-17　　カゴメ，ニンジン100％と果汁を加えたジュースを発売．
◇3月　　　自動販売機の缶コーヒー価格，10円値上げ，110円となる．
◇4-1　　　オレンジ果汁，輸入自由化．
　　　　　　＊これを最後に全ての果汁が輸入自由化される．＊この年の輸入量は5万5,834kl と前年（3万5,678kl）を56.5％上回る．
◇4-1　　　酒税法改正により，清酒の1級，2級などの等級が完全廃止される．その代りに「山廃仕込み」「京仕込み」「焙妙（ばいしょう）」などの名称が登場．
◇4-1　　　輸入牛肉の関税率，70％から60％に引き下げ．
◇5-6　　　農林水産省，米国産サクランボ（レーニエ種，Rainier）の輸入解禁を告示．国内産サクランボとの競合を回避するために輸入期間が制限されていたが，輸入解禁の告示が出された．この結果，この年の輸入量（0809.20-000）は1万2,617トンと前年（5,814トン）の2.2倍に急増した．平成6年（1994）には1万5,666トンとなり，国内生産量（1万3,600トン）を上回った．
◇5-28　　㈱伊藤園，株式を店頭登録．
　　　　　　＊平成8年（1996）9月30日，東証2部上場．平成10年（1998）東証1部に指定替え．
◇5月　　　日清食品，『食足世平：日清食品社史』発刊．
◇6-4　　　麦価米審，7年ぶりに生産者麦価を据え置く．
◇6-10　　農林水産省，21世紀に向けた農政の転換の方向を示す新政策「新しい食料・農業・農村政策の方向」を発表．
◇6-11　　北海道内で魚を育む森づくり活動に取り組む．
◇6月　　　子どもの間に，「朝の孤食化」が進む．昭和56年（1981）には1人

で朝食を食べる子どもの割合は17.2％だったが23.1％に増加.
- ◇6月　全国スーパーの売上高，前年同月比初の減少.
- ◇7-10　納豆の日（「7」「10」の語呂合わせ）.
  - ＊昭和56年（1981）に関西の納豆工業協同組合が制定したものを，平成4年（1992）に全国納豆協同組合連合会があらためて制定した.
  - ＊総務省『家計調査』（平成22）によると，購入金額（1人当たり）の多い都市ベスト10は①福島市　②水戸市　③仙台市　④前橋市　⑤宇都宮市　⑥盛岡市　⑦山形市　⑧千葉市　⑨青森市　⑩長野市. 最も少ないのは和歌山市で，総じて西日本が少ないが，納豆消費の「飛び地」といわれる熊本市は全国平均を上回り，15位（平成12年は8位）となっている（伝来については源義家により東北から太宰府に流された安倍宗任〈あべのむねとう〉説，朝鮮に出兵した加藤清正説などがある）. 和歌山市では最下位の汚名を返上すべく消費拡大運動に取り組んでいる.
- ◇8-1　名古屋の成田きんさん（1892.8.1～2000.1.23〈107歳〉），蟹江ぎんさん（1892.8.1～2001.2.28〈108歳〉），100歳の誕生日を迎える. 好物は「まぐろ」「のり」「リンゴ汁」など（『百六歳のでゃあこうぶつ』）.
  - ＊100歳を超えても元気なきんさん，ぎんさんが話題を呼び，食生活にも関心が集まる.
- ◇8-18　東証平均株価終値，1万4,309円41銭（平成1年末比下落率63％）と6年5ヵ月ぶりの安値.
- ◇8-27　サントリー，缶コーヒー新ブランド「BOSS（ボス）」を発売. テレビCM矢沢永吉シリーズが話題となる.
  - ＊日経産業消費研究所の調査（2000.9.30～10.4）によると，「よく飲む缶コーヒーブランド」は1位ボス，2位ジョージア（日本コカ・コーラ）〈ブランド名はコカ・コーラ発祥の地〉，3位ポッカ（ポッカコーポレーション），4位ワンダ（アサヒ飲料），5位UCC（UCC上島珈琲）.
- ◇8月　この頃から，ナタデココ（スペイン語　nata de coco）が若い女性の間に人気を集め始める. 翌年ナタデココ・ブーム.
  - ＊ナタデココはフィリピン産のココナツミルクを原料にした寒天に似た口当たりのよい低カロリー食品.
- ◇9-9　重陽（ちょうよう）のこの日，千葉県銚子市のヒゲタ醤油，この年より創始者の名をとった「玄蕃（げんば）蔵」醤油の蔵出しを行う.
  - ＊田中玄蕃¶（初代）は，下総国海上郡飯沼村（現・千葉県銚子市）の名主. 摂津国西宮（現・兵庫県西宮市）の造酒家，江戸で海産物問屋を営む真宣（さなぎ）九郎右衛門から溜（たまり）醤油の製造法を伝授される. 徳川家康が没した元和2年（1616）に農閑期を利用して製造を始め，江戸本船町（ほんふねちょう，

　　　　　　現・中央区）の真宣の店で販売したと伝えられる．銚子における
　　　　　　醤油製造の最初とみられる．
◇9－22　凍豆腐の旭松（あさひまつ）食品（長野県飯田市，設立1950年12
　　　　　　月），大証2部に株式上場．
◇9－24　大阪の新光製糖，日本証券業協会に株式を店頭登録．
　　　　　＊住友商事系．精製糖と氷砂糖の両方を製造する国内唯一の製糖会
　　　　　　社．
◇9－29　農林水産省，有機農産物の表示ガイドラインをまとめる．
◇9月　　日清食品，生タイプ即席めん「日清ラ王」発売．
◇9月　　㈱モスフードサービス，「モスチキン」発売．
◇9月　　株式会社マリアーノ，商号を株式会社サイゼリヤに変更．
◇10－1　農林水産省，「有機農産物に係る青果物等特別表示ガイドライン」
　　　　　　制定．
◇10－1　株式会社永谷園本舗，商号を株式会社永谷園に変更．
◇10－1～2　フルーツ生産量日本一の全国8町村による「フルーツサミット
　　　　　　まつかわ92」，ナシの生産量日本一の長野県松川町で開催．
　　　　　＊参加市町村は開催地の松川町，リンゴの青森県浪岡（なみおか）
　　　　　　町，サクランボの山形県河北町，ビワの千葉県富浦町，ブドウの
　　　　　　山梨県勝沼町，モモの山梨県一宮町，カキの奈良県西吉野村，ミ
　　　　　　カンの愛媛県吉田町．
◇10－29　イトーヨーカ堂社長，総会屋への利益供与事件で，引責辞任．
◇10月　　日本アルコール問題連絡協議会などを中心に，「イッキ飲み防止連
　　　　　　絡協議会」発足．
◇11月　　味の素，カルピス食品工業（カルピスの前身）及びジェルベ・ダノ
　　　　　　ン社と合弁会社「カルピス味の素ダノン株式会社」を設立．平成5
　　　　　　年1月に味の素ダノン株式会社の営業の一切を譲受け，営業を開始．
◇12－10　全国小売酒販組合中央会，酒類自販機の将来撤廃の方向を決議．

この年

◇全国百貨店売上高，前年比3.0％減（初のマイナス）．
◇昨年の牛肉の輸入自由化で，輸入（年度）が前年（46万7千トン）比30％増
　の60万5千トンとなり，牛肉の自給率が49％（596/1,215千トン）と初めて
　50％を割る．
　＊肉類の自給率（平成4年度）：65％，豚肉：68％，鶏肉：78％．
　＊肉類の自給率（平成22年度）：56％，牛肉：42％，豚肉：53％，鶏肉：
　　68％（グラフ参照）．
◇清涼飲料の缶飲料のワンコイン（100円）時代が終焉，110円に値上げ相次ぐ．
◇もつ鍋ブーム．
◇複合不況が流行語に．

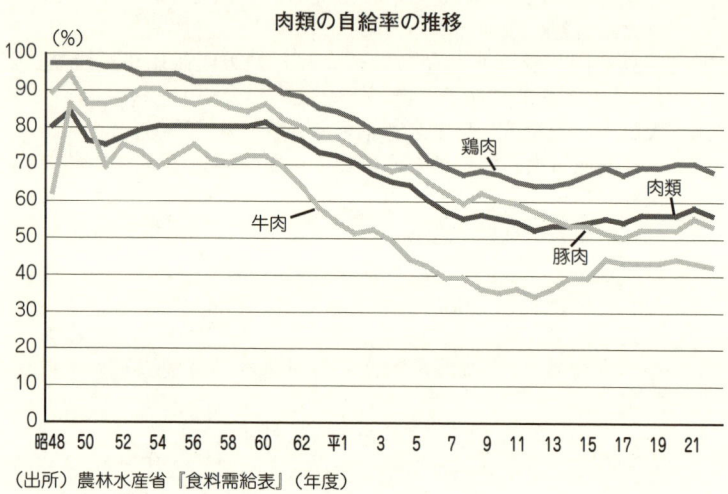

肉類の自給率の推移

（出所）農林水産省『食料需給表』（年度）

◇江崎グリコ，『創意工夫：江崎グリコ70年史』発刊．
　＊大正10年（1921）4月，大阪に前身の合名会社江崎商店を設立．

平成5年（1993）

■不況が深刻化し，春の新卒者の採用取り消しが相次ぐ
■冷夏で40年ぶりの水稲不作で，戦後初のコメ大量輸入発表
■北海道南西沖地震（奥尻島）
■米市場の部分開放を決定
■この頃から，食品企業の中国等海外への進出が始まる（活発化）

◇1-11　㈶外食産業教育研修機構設立．
◇1月　　日本ハム，『日本ハム：幸せな食創りで世界一をめざす』発刊．
◇2-18　日清食品，家庭用冷凍食品に進出．
◇3-1～6日まで農林水産省，「消費者の部屋」で『中晩柑の週』を開催．
　　　　＊伊予かん，甘夏かん，八朔（はっさく），ネーブル，ポンカン，清見等のほか，マーコット，土佐文旦，日向夏，三宝柑，仏手柑（ぶっしゅかん），アンコールオレンジ，ゆこう（徳島特産），じゃばら（和歌山県の飛び地，北山村特産）など珍しい柑橘を多数展示．
◇3-16　「餃子の王将」の㈱王将フードサービス（京都市），日本証券業協会に株式を店頭登録．
　　　　＊設立は昭和49年（1974）7月．平成7年（1995）1月20日，大証2部上場，平成18年（2006）3月1日，大証1部に指定替え．
◇3-19　キリンビール，バドワイザー・ジャパン㈲設立（アンハイザー・ブッシュと合弁）．
◇3月　　日清食品，年間売上高2,000億円を達成．
◇3月　　大手スーパー2社，プライベートブランドの濃縮還元タイプのオレンジジュース，1ℓ178円（コップ1杯30数円に相当）で発売を開始．牛乳よりも安くなる．自由化以前には，牛乳との価格差が2割程度に縮小すれば消費拡大に弾みがつくといわれていた．
　　　　＊昨年秋口，1ℓ320円前後，4月下旬250円から300円未満が中心．
◇3月末　ユーコープ事業連合（本部・横浜市），神奈川，静岡，山梨で売っているオレンジジュース（1ℓ入り）を10円値下げして168円で売り出す．
◇4-1　　JR中央本線勝沼駅（山梨県甲州市勝沼町），勝沼ぶどう郷駅と駅名変更．果物の名が付いた駅名は極めて珍しい．
　　　　＊甲州ぶどうの発祥の地と伝えられる勝沼町は町村別生産量では全国1位（平成5年）を誇る．→平成11年（1999）12月4日（さくらんぼ東根駅）
◇4-22　ブラジルのオレンジサプライヤー，シトロスッコ社とクトラーレ社，

愛知県豊橋市の神野（じんの）埠頭に，冷凍オレンジ果汁のバルク輸送用大型物流ターミナル（貯蔵量は 5 分の 1 濃縮果汁 2 万トン〈1,000 トンタンク・20 基〉）をオープン．
  ＊平成 4 年 4 月の輸入自由化を機に輸入が増大．ブラジルは最大の輸入先，米国が 2 位．

◇ 4 月　ホーネンコーポレーション，『育もう未来：ホーネン 70 年のあゆみ』発刊．

◇ 4 月　キーコーヒー㈱，『キーコーヒー 70 年史』発刊．

◇ 4 月　ロッテ，「シュガーレスチューインガム」発売．

◇ 5 - 19　長野県穂高町（現・安曇野市）で，特産の生ワサビの出荷が最盛期を迎える．
  ＊ワサビ栽培は中房（なかぶさ）川と烏（からす）川扇状地の末端で湧水を利用して行われている．

◇ 5 - 28　福島県小名浜港で旬の味カツオの水揚げピークを迎える．

◇ 5 月　ビール各社，びんのラベルと缶体に未成年者飲酒禁止の文言開始．

◇ 5 月　北陸コカ・コーラボトリング，『30 年のあゆみ』発刊．

◇ 5 月　元気寿司，GENKI SUSHI SINGAPORE PTE. LTD. と元気寿司出店のフランチャイズ契約を締結（『EDINET』）．

◇ 6 - 1　ニュージーランド産リンゴ，病虫害の完全消毒技術が確立されたことから，条件付きで輸入解禁される．
  ＊翌年 5 月，初輸入．

◇ 6 - 4　コープこうべ（本部・神戸市），1 ℓ 175 円のオレンジジュースの新製品を発売．

◇ 6 - 10　ダイエー，「セービング・バレンシアオレンジジュース 100」（1 ℓ 紙容器入り）をこれまでより 10 円安い 168 円で売出し，オレンジジュースの値下げ競争が一段と激化．
  ＊昨年 3 月から 198 円で売り出したもの．

◇ 6 - 15　富士コカ・コーラボトリング，東証 2 部に株式上場．
  ＊神奈川・静岡・山梨の 3 県が地盤．三菱商事系．平成 17 年 1 月 1 日，中京コカ・コーラボトリングとともにコカ・コーラ　セントラル　ジャパンに併合される．

◇ 7 - 6　イオン系コンビニのミニストップ，東証 2 部に株式上場．

◇ 7 - 12　北海道奥尻島を中心に大規模地震発生（北海道南西沖地震，M7.8）．津波で青苗地区は壊滅的被害．死者・行方不明 240 余人にのぼる．

◇ 7 - 14　警察庁，キリンビール前総務部長ら 4 人と総会屋 8 人を商法違反容疑（総会屋への利益供与）で逮捕．
  ＊ 7 月 17 日，会長ら辞任．

◇ 7 月　冷夏．長雨で野菜高騰．

◇ 7 月　㈱ピエトロ（福岡市），㈱ピエトロズパスタ（資本金 3,000 万円）を東京都港区に設立し，ピエトロズパスタ渋谷店（現・ピエトロ渋谷

店）をオープン（『EDINET』）．
＊平成14年（2002）4月，東証2部に上場．
◇8-11　四国コカ・コーラボトリング，大証2部に上場．
＊大証1部（平成12年9月〜17年10月），東証1部（12年11月〜21年9月）．21年10月，㈱日本製紙グループ本社と株式交換し，同社の完全子会社となる．
◇8-15　森永製菓，災害時に応急用菓子・飲料を提供する旨，東京都知事に申入れを行う．
◇8-26　㈱ドトールコーヒー（㈱ドトール・日レスホールディングスの前身），日本証券業協会に株式を店頭登録．
＊昭和37年（1962）4月，東京都港区松本町で営業開始．昭和55年（1980）ドトールコーヒーショップのFC展開を開始．社名の由来は鳥羽博道社長が修業時代に住んでいたブラジルサンパウロの地名．＊平成19年（2007）10月，日本レストランシステムと経営統合．
◇8-27　農林水産省，冷夏で40年ぶりの米不作を発表．水稲作況指数95．
＊その後，発表の度に指数は低下（〈9月28日〉80→〈10月29日〉75→〈12月24日最終〉74）し，5年産の生産量は783万4千トンと前年（1,057万3千トン）を273万9千トンも下回る大幅減．このため，タイ等から米の緊急輸入を行うこととなる．

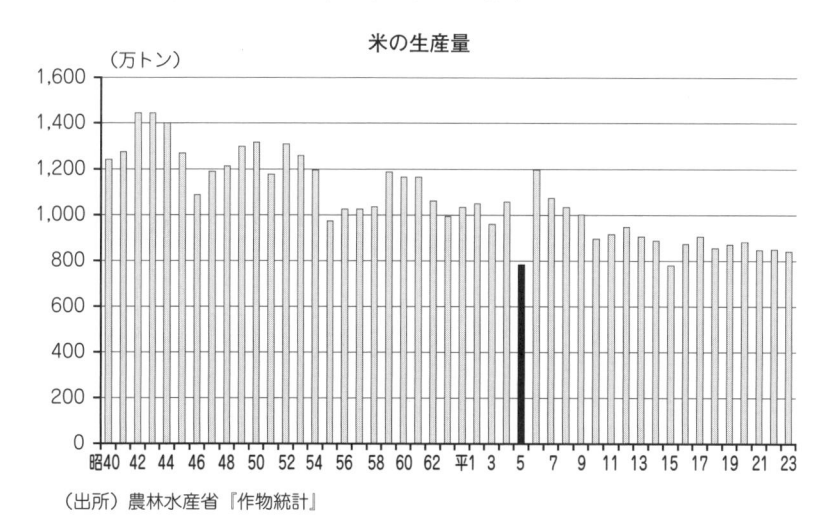

米の生産量

（出所）農林水産省『作物統計』

◇8-31　気象庁，昭和29年（1954）以来の冷夏と発表（低温・豪雨・日照不足）．
◇8月　　宝酒造，中国大連市にバイオ製品の製造を目的とする宝生物工程（大連）有限公司を設立（『EDINET』）．
◇9-25　政府，米の供給不足が確定的となったため，米の緊急輸入を決定．

◇9月　　　キリンビール，バドワイザーの販売開始．
◇10-2　　豆腐の日．
　　　　　＊この年，日本豆腐協会が制定した．「トーフ」を「10」「2」と語呂合わせ．豆腐の製法は奈良時代に中国から伝えられたといわれる．『言継卿記（ときつぐきょうき）』の永禄13年（1570）正月3日の条に「自長橋局柳一荷両種被送之，中鯛五，豆腐一折等也」とある．豆腐の食べ方は室町時代までは田楽が主流だったようである．1603年（慶長8）耶蘇会宣教師が日本語修得の便を図るために編纂した『日葡（にっぽ）辞書』には「Tofu（トウフ）〈訳〉豆を粉にして作った食物の一種で，出来たてのチーズに似たもの」とある．江戸時代の天明2年（1782）には『豆腐百珍』が書かれ，豆腐が庶民に広く親しまれるようになった．東京農業大学渡辺昌教授（元国立がんセンター研究所疫学部長）によると，豆腐の消費量の多い県は結腸・乳ガンなどの死亡率が低いという．
◇10-7　　警察庁，米泥棒被害，全国で208件と報告．
◇10-13　 食糧庁，平成5年産自主流通米の入札の当面中止を決定．
◇10-29　 温州ミカン（サツママンダリン）の発祥の地として知られる鹿児島県出水郡東（あずま）町（現・長島町）にミカンの博物館「日本マンダリンセンター」が完成し，世界マンダリン祭が開催される．
◇10-30　 ハウス食品工業，社名をハウス食品と改称．
◇10-31　 世界で初めて缶コーヒーを創製したUCC上島珈琲の創業者・上島忠雄氏¶死去（83）．
◇10月　　 加ト吉，中国山東省に威海威東日綜合食品有限公司を設立．
◇10月　　 北陸冷蔵（金沢市），『北陸冷蔵70年のあゆみ』発刊．
◇10月　　 理研ビタミン，中国天津市に天津理研東元食品有限公司（現・天津理研維他食品有限公司）を設立（現・連結子会社）（『EDINET』）．
◇11-2　　埼玉県中心に食品スーパーを展開する㈱ヤオコー，東証2部に株式上場．
◇11-4　　農林水産省，冷害や台風などによる農作物の被害総額は昭和28年（1953）調査開始以来最大の1兆2,122億円と発表．
◇11-11　 食糧庁，緊急輸入米（主食用）90万トンの輸入を発表．
◇11-18　 タイからの緊急輸入米の第一船「タンジュン・ピナン号」が横浜港に入港．
　　　　　＊到着した米は年内に輸入する予定のタイ米18万3千トンのうちの7千トン．沖縄の泡盛り用のタイ米を除けば，外国産米が日本に入ってくるのは1984年（昭和59）に韓国から約15万トンを輸入して以来9年ぶり．最終的には，この凶作のため，平成6年8月までに総計254万5千トンがタイ，中国，米国，豪州の4ヵ国から輸入された．積来船舶は387隻に及んだ．
◇12-14　 細川首相，米市場の部分開放（ミニマム・アクセス）受入れを発表．

　　　　　　　　ウルグアイ・ラウンド交渉が決着．
　　　　　　＊最低輸入数量（Minimum Access＝MA米（＊））は，初年度は
　　　　　　　国内消費量の5％，6年間で8％に引き上げ．
◇12-18　ダイエー，ベルギー産ビールを直輸入し，330mℓ缶を128円で販売．
　　　　　この価格は国産ビール（350mℓ入り）の希望小売価格よりも4割程
　　　　　度安い．
◇12-27　食糧庁，外国産米80万トン追加輸入を発表．
◇12-27　味の素，中国河南の周口地区味精廠（現・蓮花味精㈱）と提携（合
　　　　　弁会社　蓮花味の素有限公司設立）．
◇12-27　米飯・調理パン・総菜等コンビニベンダー，フジフーズ（船橋市，
　　　　　1970年3月設立），日本証券業協会に株式を店頭登録．
◇12月　　㈱ドトールコーヒー，米国ハワイ州に子会社㈱ドトールコーヒーハ
　　　　　ワイ設立（『EDINET』）．
◇12月　　キユーピー，中国における調味料の製造販売を目的にして，北京丘
　　　　　比食品有限公司を設立（現・連結子会社）（『EDINET』）．

この年

◇食料自給率（年度），調査開始以来最低の37％（前年度46％）．
◇米の自給率（年度），75％（7,834/10,476千トン）．
◇野菜の自給率（年度），89％（14,850/16,770千トン）と初めて90％を割る．
◇魚介類の自給率（年度），67％（8,013/12,030千トン）と初めて70％を割る．
◇台風の本土への上陸数が6回と過去最多回数に並び，冷夏等の異常気象のた
　め，果物の糖度など落ちる．
　　＊ミカン産地愛媛県（松山市）の8月の平均気温は，25.7℃で平年値（27.2℃，
　　　標準偏差0.8℃）を1.5℃（標準偏差の約2倍）も下回る．
◇果物1人当たり支出金額（『家計調査』），不況等の影響を受け，平成4年11
　月から連続14ヵ月間にわたり前年を下回り，年間1万4,033円（前年の11.3％
　減）と辛うじて1万4千円台を維持したが，平成2年の水準（1万4,974円）
　をも下回り，平成1年（1万3,758円）をわずかに2％上回ったに過ぎない．
　　＊ミカンの支出金額（1,960円）が糖度不足等のため不振で，初めてリンゴ
　　　（2,176円）を下回る．
　　＊食料費に占める果物支出の割合（「フルーツ係数」）は，従来から5％台の
　　　水準を維持していたが，平成5年はこれを大きく割り込み，4.6％に低下．
　　　＊23年は4.1％．
　　＊生鮮果物の購入量は32.7kgでわずかに前年の0.7％増．＊23年は27.1kg.
◇ビール出荷量，5億4,100万函（前年比98.4％）．
◇缶ビール，全ビールに占める割合（缶化率），業界全体で推計40％になる．
◇フィリピンのデザート「ナタデココ」が流行．

平成6年（1994）

■平成の米騒動．国産米を求め，米屋やスーパーに殺到
■食品にも価格破壊の波が押し寄せる
■猛暑でビール，清涼飲料，大幅に伸びる
■サントリー，業界初の発泡酒「ホップス」を発売

◇1-12　東京都台東区報恩寺で「まないた開き」．同寺開基の性信（親鸞の高弟）の画像前で鯉2匹を俎にのせ，烏帽子，直垂の装束をつけた四条流師範により，包丁と箸で鯉に手を触れず料理を行う．
◇1-17　日本ケンタッキー・フライド・チキン㈱，500円メニュー開始（フライドチキン2個，焼むすび，ポテコロ，コールスロー各1個〈通常価格680円〉など）．
　　　　＊平成2年（1990）8月21日，東京2部に株式上場．
◇1-21　キーコーヒー，日本証券業協会に株式を店頭登録．
　　　　＊平成8年（1996）1月26日，東証2部上場．同9年9月1日，東証1部に指定替え．
◇1～2月　国産米を求め，米屋やスーパーに殺到．平成の米騒動．
◇2-8　主食用輸入米の売却が始まる．
◇2月　この頃，イスラエル産スィーティー（sweetie），出回り始め，話題を呼ぶ．
　　　　＊果皮が緑で酸が少なく甘いので，この名が付けられ，香りも良い．正式な名称はオロブランコ（oroblanco）．カリフォルニア大学のスースト博士が文旦にグレープフルーツを交配して育成したもの．
◇3-6　ラーメンに関するフードテーマパーク「新横浜ラーメン博物館」開館．全国から特徴ある8軒のラーメン店が集まり，昭和33年の夕焼けの下町を再現．新横浜駅から5分．
◇3-7　食糧庁，国産米の単品販売を禁止し，タイ米20%程度のブレンドを原則と指示．
　　　　＊緊急輸入のタイ米不評判．
◇3-8　サントリー，「C.C.レモン」発売．
◇3-11　㈱雪国まいたけ（新潟県南魚沼市，1983年7月21日設立），東証2部に上場．
◇3-25　厚生省（厚生労働省の前身），健康な生活を送るうえで必要な栄養素やエネルギー量を示した「日本人の栄養所要量」を5年ぶりに改定した．
　　　　＊例えば，1日当たり2,300Kcal必要な人の場合，食品群別理想的摂取量は，穀類300g，果物類150g，緑黄色野菜100g，その他

野菜100ｇなど．また，大腸ガンの予防などに効果があるとされている食物繊維について，今回，初めて目標摂取量を設定し，成人の場合，1人当たり20〜25ｇが望ましいとした．
◇3-29　農林水産省，追加輸入米75万トンを決定，総数量265万トンとなる．
◇4-1　酒税法改正により，地ビール生産可能となる．
＊規制緩和の一環として，ビールの製造免許に係る最低製造数量が年間2,000kℓから60kℓに引き下げられたため，地方の中小醸造会社でもビール生産が可能となった．2001年現在，地ビール会社は約250社，生産量は全ビール生産量の0.2〜0.3％．1995年（平成7）5月下旬，新潟県の上原酒造が全国初の地ビール「エチゴビール」を発売した．
◇4-14　ダイエー，日本酒以外の酒類の値下げを実施．以後大手スーパー，コンビニ，百貨店が追随，価格破壊が始まる．
◇4-23〜5-15　金沢市で「お菓子21世紀への愛のメッセージ」をテーマに，第22回全国菓子大博覧会開催．
◇5-1　ウイスキーを除き，酒税値上げ．
◇5-24　世界保健機構，1993年の日本人の平均寿命は男女とも世界一と発表．
◇5-26　国際捕鯨委員会，南極海（南緯40〜60度以南）での捕鯨の全面禁止を決議．日本の南極海での商業捕鯨再開の道が断たれる．
◇5-26　午前4時30分ころ，千葉県富津市の国道127号線で，房州ビワで有名な同県安房郡富浦町南無谷（なむや）(現・南房総市）の「南無谷枇杷組合」の組合員31人が乗ったバスとトラックが正面衝突し，バス運転手死亡，26人重軽傷，同組合はビワ初出荷視察のため，東京の大田市場に行く途中であった．
◇5月　ニュージーランド産リンゴ（品種：ロイヤルガラ），初めて輸入される．この年の輸入量は235トンで，当初見通しの4分の1程度にとどまった．
◇5月　10年ぶりのビール税増税，1kℓ当たり20万8,400円→22万2,000円．
◇6-1　植物防疫（地中海ミバエの上陸阻止など）のため，認められていなかったスペイン産レモン，解禁後初めて横浜港に到着，店頭価格は1個70〜150円で米国産に比べ高め．＊スペイン産は，カビ防止の添加剤を使わず，低温殺菌しているのが特徴．この年の輸入量は124トン，平成23年は輸入なし．
◇6-9　小僧寿し本部，日本証券業協会へ株式を店頭登録．
＊平成16年（2004）12月13日ジャスダック上場→平成22年（2010），大証JASDAQ上場．
◇6-10　食糧庁，輸入米ブレンド義務付けを新米からやめる方針を決定．
◇6-15　北九州コカ・コーラボトリング（コカ・コーラウエストの前身），福岡証券取引所に上場．
＊平成8年11月，東証2部に上場．平成10年6月，東証1部に指定

替え．平成11年7月　山陽コカ・コーラボトリング株式会社と合併し，商号をコカ・コーラウエストジャパン株式会社に変更．平成21年1月，近畿コカ・コーラボトリング㈱および三笠コカ・コーラボトリング㈱を吸収合併し，商号をコカ・コーラウエスト㈱に変更．

◇6-21　米穀店の全国組織，タイ米返上を宣言．
◇6-27　松本サリン事件発生．
◇6月　輸入タイ米，中国米が不評で滞貨．
◇6月　第一屋製パン，『おいしさにまごころこめて：第一パン45年のあゆみ』発刊．＊創業は昭和22年（1947）6月．
◇7-14　食糧庁，輸入米の値引き販売の実施を発表．
◇7月　全国的に記録的な猛暑．7月の東京の真夏日（最高気温が30℃以上の日）は25日（平年14.1日），熱帯夜（最低気温が25℃以上の夜）は20日（平年5.4日）．
◇7月　猛暑のため徳島県下で，ニワトリが衰弱死する被害が続出．
◇7月　モモ，梅雨にはいってから雨が少なく，気温が高かったため，味が良く，値段が安い．
◇7月　四国，中国，九州で水不足深刻．飲料の売行き好調．
◇7月　㈱サイゼリヤ，神奈川県藤沢市に100店舗目に当たる江の島店を開店（『EDINET』）．
◇8-3　日本列島が太平洋高気圧に覆われ，全国各地で猛暑．東京では午後1時半すぎ39.1℃の観測史上最高気温を記録．それまでの記録は1953年（昭和28）8月21日の38.4度．＊各地で水不足被害発生．
◇8-4　東京の最低気温29.3℃，甲府の最高気温39.8℃といずれも観測史上最高を記録．
◇8-4　ダイエー，米国カリフォルニア州産スイカ，グループ会社を含む375店舗で販売．1個を4分の1にカットしたもの（約2kg）380円と，国内産の約半値．7月初旬からの猛暑で需要が高まり，国内産が品薄なため輸入された．
　　　　＊『家計調査』によると，スイカの1世帯当たりの年間購入金額は前年の34.4％増．
◇8-19　農林水産省，米国産リンゴ（デリシャス系の2種）の輸入解禁を決定．
◇8-24　緊急輸入米の最終船が到着．輸入総量254万5千トンで終わる．積来船数387隻にのぼる．
◇8月　不二製油，中国に吉林不二蛋白有限公司を設立（現・連結子会社）（『EDINET』）．
◇8月　㈱マルタイ（福岡市），棒状ラーメン「博多長浜ラーメン」を発売．
◇8月　早川光氏，『ミネラルウォーター・ガイドブック』（新潮社）を著わす．
◇9月　加卜吉，新潟県南魚沼郡に新潟魚沼工場を完成し，冷凍米飯の量産

		体制を確立.
10-1		カゴメ,トマトケチャップ価格改定(値下げ),家庭用製品20%,業務用製品30%,平均23%値下げ.

10-1　カゴメ,トマトケチャップ価格改定(値下げ),家庭用製品20%,業務用製品30%,平均23%値下げ.
　　　＊購入単価(100g),平成5年53.18円,6年50.22円,7年46.10円,8年45.52円(『家計調査』).
◇10-20　サントリー,業界初の発泡酒「ホップス〈生〉」を発売,180円(350mℓ缶).
◇10-25　ウルグアイ・ラウンド合意に伴う農業対策費6兆1,000億円(6年間)閣議決定.
◇10-27　日本たばこ産業(JT),東京・大阪・名古屋の各証券取引所1部に株式上場.
　　　＊11月に京都・広島・福岡・新潟・札幌の各証券取引所に株式上場.
◇10月　サッポロビール,恵比寿ガーデンプレイス開業.
◇11-1　マヨネーズ2位の「ケンコーマヨネーズ」,日本証券業協会に株式を店頭登録.＊平成16年(2004)12月13日ジャスダック上場→平成22年(2010),大証JASDAQ上場,平成23年(2011)3月24日,東証2部上場.
◇11-16　近畿コカ・コーラボトリング(コカ・コーラウエストの前身),東証2部上場.＊東証1部(平成11年6月1日〜18年6月27日).
◇11-16　回転ずしの㈱アトム(名古屋市),株式を日本証券業協会に店頭登録.
　　　＊平成10年11月,名証2部上場.平成12年年9月19日,東証2部上場.
◇11月　サントリー,国立健康・栄養研究所との共同研究で「赤ワインの動脈硬化予防効果」を証明.
◇12-15　乳酸菌飲料「ヤクルト」を全国的なヒット商品に育て上げた松園尚巳氏¶(まつぞの・ひさみ)死去(72).
◇12月　加ト吉,居酒屋チェーンを展開する「株式会社村さ来本社」の株式を取得.
◇12月　日清食品,中国内の第1号の生産基地として,珠海市金海岸永南食品有限公司が操業開始(現・連結子会社)(『EDINET』).
◇12月　森永製菓,製品に栄養成分表示を始める.
◇12月　ドライアイスなどを製造する昭和炭酸,『昭和炭酸50年史』発刊.
　　　＊1944(昭和19)年3月13日,帝国水産統制(ニチレイの前身)と昭和電工の折半出資により設立.

この年

◇昨年の不作の影響で,米の年間平均購入価格(家計調査),1 kg587.5円と前年(536.85円)の9.4%高.
　＊平成7年は前年の15.5%下落の496.64円.

◇記録的猛暑と少雨.
* 米は一転して大豊作（作況指数109）のため，食料自給率は46％（前年37％）に回復.
◇猛暑の影響でビールの消費が増える．総理府『家計調査』の1世帯当たり購入量（61.77ℓ）は前年（54.99ℓ）の12％増で過去最高を記録する.
* ビールの課税移出数量（年度）は，708.6万kℓで過去最高を記録し，酒類全体の総課税移出数量（957.2万kℓ）の74％を占める．その後，発泡酒の増加などから減少に転じる.

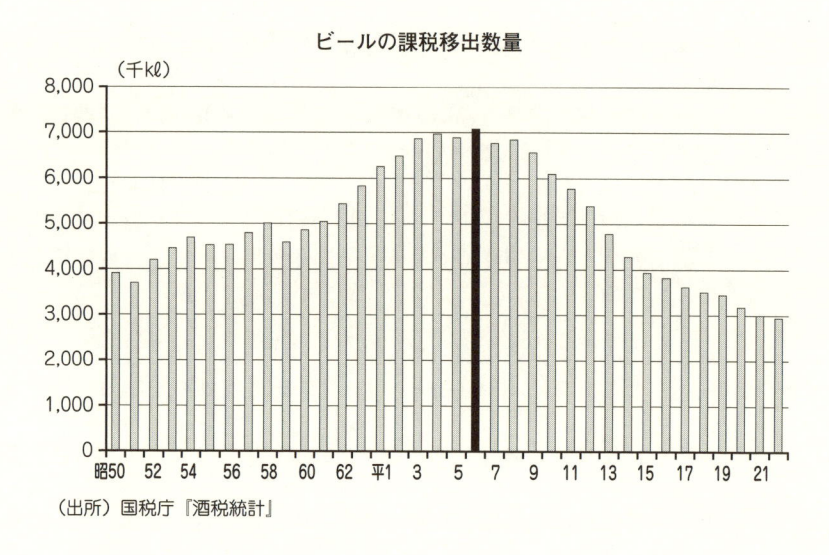

ビールの課税移出数量

（出所）国税庁『酒税統計』

◇7・8月ともビール出荷量は過去最高を記録.
◇魚介類の国内生産量（732万5千トン）（年度）が800万トンを割り，輸入量（563万5千トン）が初めて500万トンを超えたことから，魚介類の自給率（年度）は59％（7,325/12,323千トン）と初めて6割を割る.
◇えびの輸入のうち，最も多いシュリンプ（Shrimp）及びプローン（Prawn）の冷凍品の輸入量（0306.13-000）（グラフ参照）は景気低迷や安全性志向の高まりなどから，平成6年の30万3千トン（3,388億円）をピークに減少傾向をたどる.
* 輸入先はインドネシア，タイ，インド，ベトナムなどの東南アジアが7割以上を占めているが，遠くデンマーク，アルゼンチン，ブラジル，カナダ，アメリカなどからも輸入し，全世界に及び，その国数は52ヵ国の多数にのぼる.
* シュリンプは小エビ，プローンは中大エビ（くるまエビ）.
  なお，特に，東南アジアでは，海岸のマングローブ林を伐採し，養殖池を造成していることから，エビ養殖は環境破壊につながるとして問題と

えびの輸入量

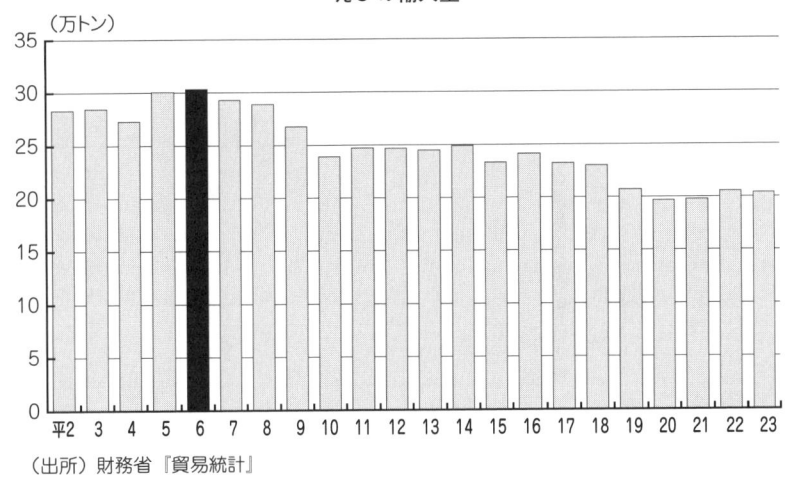

（出所）財務省『貿易統計』

なっている．造成した養殖池は数年で漁獲量が激減するため，新たにマングローブ林を伐採し養殖池に造成する．このため，マングローブ林が急減している．マングローブ森林破壊は2004年12月に発生した「スマトラ島沖地震・津波」の被害を増幅させたという．
◇果実の自給率（年度），47％（4,267/9,167千トン）と初めて50％を割る．
　＊生鮮果実や果汁の輸入増大が原因．
◇生鮮果実の輸入量，174万7,601トン（前年の6.4％増）で過去の最高記録を更新．輸入量のベスト5は①バナナ（92万9千トン），②グレープフルーツ（過去最高の28万5千トン），③オレンジ（過去最高の19万トン），④パイナップル（11万4千トン），⑤レモン・ライム（9万トン），輸入が急増したサクランボは1万5,666トンで第8位（輸入金額では5位）．
　＊オレンジ輸入量（19万376トン）は史上最高の輸入量を記録するが，自由化直前の平成2年の輸入割当量（19万5千トン）を下回る．
◇果汁の輸入量，22万394kℓ（前年の48％増）で，過去の最高記録を更新．輸入量，金額のベスト4（いずれも過去最高）は①オレンジ果汁（10万7千kℓ，180億円），②リンゴ果汁（5万9千kℓ，110億円），③グレープフルーツ果汁（1万5千kℓ，37億円），④ブドウ果汁（1万4千kℓ，36億円）．
◇猛暑のため懸案のミカン果汁在庫，減少に向かう．
◇低価格ビール・ワインが人気を集める．ワインブームの始まり．
◇猛暑を反映し，コカ・コーラを中心とする清涼飲料各社は売上げを伸ばした．
　＊94年「清涼飲料業」の法人申告所得上位ランキング（20位）（別冊週刊ダイヤモンド）①北九州コカ・コーラボトリング（以下，コカと略，114.13億円）②南九州コカ（101.36）③三国コカ（92.07）④近畿コカ（90.11）⑤キリンビバレッジ（82.25）⑥大塚化学（78.89）⑦山陽

玄そばの輸入量

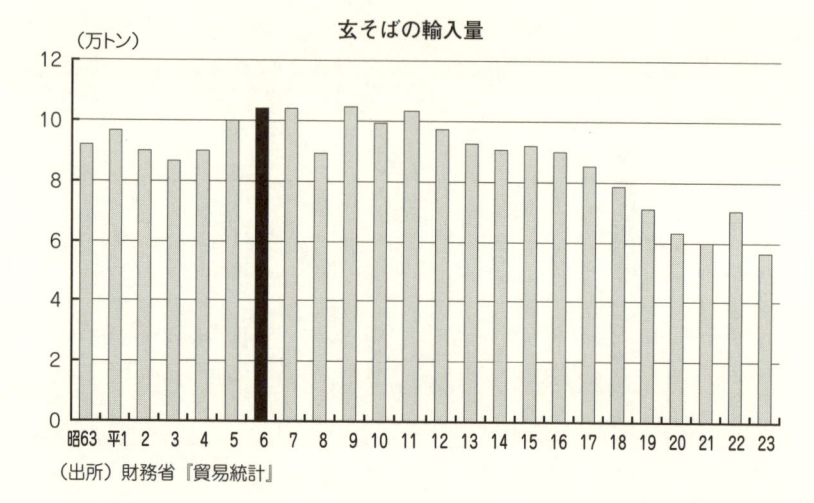

(万トン)

(出所）財務省『貿易統計』

コカ（71.16），⑧北海道コカ（68.36），⑨東京コカ（55.55），⑩中京コカ（54.99），⑪仙台コカ（47.78），⑫利根コカ（45.22），⑬富士コカ（37.22），⑭四国コカ（36.93），⑮みちのくコカ（36.20），⑯伊藤園（32.32），⑰北陸コカ（30.46），⑱ポッカコーポレーション（25.42），⑲愛媛県青果農業連合会（15.44），⑳三笠コカ（14.89）．

◇猛暑や災害時の備蓄用への意識の高まりなどを反映し，ミネラルウォーターの輸入量（2201.10-000）が14万6,821トンと初めて10万トンを超え，前年（6万8,430トン）の2.1倍に急増．
　＊輸入量は（国内生産量41万2,300トン＋輸入量＝55万9,121トン）の26.3%を占める（日本ミネラルウォーター協会HP）．
◇玄そば（殻のついたままのそばの実）の輸入量（1008.10-090），10万4,039トン（29億3千万円）と初めて10万トンを超える．
　＊輸入先は中国（83.5%），米国（11.4%）．
◇キリンビールの申告所得が初めて1,000億円（1,005億円）を超え，上位10位に入る．上位50位までに入った食品関係会社は13位セブン・イレブン・ジャパン（890億円），22位日本たばこ産業（785億円），27位イトーヨーカ堂（740億円），45位日本コカ・コーラ（568億円）．
◇「価格破壊」流行語となる．
◇新光製糖，『50年の歩み　砂糖・氷砂糖の歴史』発刊．

平成7年（1995）

■阪神淡路大震災（1月17日）
■地下鉄サリン事件発生（3月20日）
■円高，史上最高値（79円75銭）
■加工食品の製造年月日の表示が原則として「賞味期限」に切り替わる

◇1-1　世界貿易機関（WTO）発足．
　　　　＊GATT（ガット）が発展解消して成立．
◇1-7　昨年輸入解禁された米国ワシントン州産リンゴの第1便到着．
　　　　＊リンゴはすでに輸入自由化されていたが，植物防疫上の理由から米国からの輸入は禁止されていた．輸入解禁後，初めて約440トン（段ボール約3万個）が東京都江東区のお台場埠頭に荷揚げされた．品種はレッドデリシャスとゴールデンデリシャスの2品種．9日には早くも店頭に並び1個50～60円で販売された．両品種とも日本で消費量の最も多い「ふじ」に比べ甘味が落ちることなどから評判は今一つであった．
◇1-15　カナダ，日本産リンゴ「ふじ」の輸入解禁．
◇1-17　阪神淡路大震災発生．朝5時46分，淡路島北淡町を震源とする震度6の直下型の地震発生，死者6千名を超える．食品関連企業に多大な損害を与える（『新修神戸市史』）．
　　　　＊灘五郷酒造組合加盟の50社がすべて被害を受けた．建物の全壊数は製造工場75棟（うち神戸市内58），瓶詰工場15棟（同12）などで，被害額は約2,000億円にのぼるといわれる．
　　　　＊兵庫県洋菓子協会加入企業212社のうち，70社が店舗の半壊・全壊の被害を受け，そのうち5％が廃業に追い込まれた．そのうち神戸では5，6社が廃業した．
　　　　＊アサヒビールの西宮工場・明石工場・神戸支社等の施設が大被害を受ける（『アサヒビール120年』）．
◇1-31　キリンビバレッジ㈱，東証2部に株式上場．
　　　　＊東証1部（平成8年6月3日～18年8月11日）．18年（2006）10月1日，キリンビールの完全子会社となる．
◇1-20　㈱王将フードサービス（京都市），大証2部及び京都証券取引所に株式上場．＊平成18年（2006）3月1日，大証1部に指定替え．
◇2月　　大手スーパーで営業時間延長の動き拡大．
◇2-26～3-19　シーボルト旧蔵「日本植物図譜展」が東京新宿の小田急美術館で開催され，長崎派絵師・川原慶賀（1786～1820頃）の描いたナカシマミカン，カラタチ，キンカンなどの現物の彩色画が展示さ

　　　　　　れる.
　　　　　＊ナカシマミカンは今の鹿児島県長島（長島町，旧東町）を発生地
　　　　　　とする温州ミカンの古名といわれる.
◇3－7　　家庭料理研究家・土井勝氏¶（1921.1.5生まれ）死去（74）.
◇3－20　朝8時15分前後，地下鉄霞ヶ関駅などを中心にサリン中毒事件発生
　　　　　（地下鉄サリン事件）.
◇3月　　長谷川製菓株式会社，商号をキューサイ株式会社に変更.
◇4－1　　ウルグアイ・ラウンド農業合意がスタート.
◇4－1　　食品衛生法施行規則の一部改正，4月出荷分から加工食品の日付表
　　　　　示の「製造年月日」が原則として「賞味期限」に切り替わる.→平
　　　　　成9年4月1日
　　　　　＊改正のポイントは製造から5日以内に消費する必要がある商品に
　　　　　「賞味期限」（年月日）を記入する．②それ以外の食品には「賞味
　　　　　期限」か「品質保持期限」のどちらかを年月日か年月の形で表示
　　　　　する．③最初の2年間は移行期間として「製造年月日」を記入し
　　　　　た商品を販売してもよい.
◇4－19　円ドル相場，史上最高値．瞬間値一時79円75銭と80円を突破.
◇4－20　サッポロビール，発泡酒「サッポロ生ドラフティー」（麦芽使用率
　　　　　25％未満）を発売.
　　　　　＊先行商品より20円安い160円で大ヒット.
◇4－23　森永乳業，濃縮還元タイプでなく，米国で充填包装したストレート
　　　　　タイプの天然果汁（オレンジ・アップル，360円）を発売.
◇4月　　輸入果実の価格，急激な円高ドル安を背景に，値下がりが目立つ.
　　　　　需要期を迎えた米国産ネーブルオレンジは東京・大田市場の仲卸価
　　　　　格1カートン（カリフォルニア産，88個入り）3,400円前後で前年
　　　　　同期に比べ約13％安い．店頭価格（東京都内）は特売で1個100円
　　　　　以下もあり.
◇4月　　メキシコ産スイカ，出回り始める.
◇4月　　㈱ピエトロ，㈱洋麺屋ピエトロを吸収合併し，レストラン事業を継
　　　　　承.
◇4月　　雪印乳業，『雪印乳業史　第6巻』発刊.
◇5－18　気象庁しか公表できなかった天気予報，民間でもできるように自由
　　　　　化される.
　　　　　＊これに伴い，予報を行う「気象予報士」の資格が創設された.
◇5月　　フジッコ，中国青島市に「青島富吉高食品有限公司」を設立し，佃
　　　　　煮の製造を開始（『EDINET』）.
◇7－1　　製造物責任法（PL法）施行（＊）.
◇7－5　　三菱商事系食品卸2強の㈱菱食，東証2部に株式上場.
◇7－18　中食（なかしょく）（＊）業の「わらべや日洋」，日本証券業協会に
　　　　　株式を店頭登録.

　　　　　　＊設立は昭和39（1964）年3月．平成11年（1999）年11月4日，東証2部上場，平成15年（2003）年8月1日，東証1部指定替え．
◇7－27　㈱グルメ杵屋，東証2部に株式上場．
　　　　　　＊平成8年（1996）9月2日，東証・大証1部に指定替え．
◇7月　　　ミニマム・アクセス米（＊）第1回売買同時入札（SBS）（＊）．
◇8－1　　輸入冷凍牛肉に緊急輸入制限（セーフガード）（＊）発動．関税を48.1％から50％へ引上げ．
◇8－7　　住友金属鉱山，メロン・スイカなど大型果実用のレーザー糖度計を世界で初めて開発したと発表．価格は果物店向け1台1,500万円，農協向けの大型タイプ7千万円，来年度から販売開始．
◇8－21　農林漁業金融公庫，食品企業の動向調査．85％の企業が価格破壊の影響ありと回答．
◇9－20　フルーツパーラーで知られる「新宿高野」の80歳の現役サラリーマン天野秀二氏（1915〜2009），『図説　世界のくだもの365日事典』を著わす．四季折々に登場する内外の果物を歳時記風に豊富な話題で解説．
◇9－20　畜産系エキスを原料とした天然調味料を製造するアリアケジャパン，東証2部に株式上場．
　　　　　　＊平成14年（2002）3月1日，東証1部に指定替え．
◇9－28　㈱キユーピー流通システム（現・㈱キユーソー流通システム，キユーピーの連結子会社），東証2部に上場．
　　　　　　＊平成16年（2004）6月1日，東証1部に指定替え．
◇9－29　九州地盤の即席麺メーカー㈱マルタイ（福岡市），福岡証券取引所に株式上場．
　　　　　　＊設立は昭和35年（1960）6月（創業昭和22年5月）．
◇9月　　　輸入ミネラルウォーターへの細菌，異物混入事件が多発．
◇9月　　　兵庫県伊丹市の小西酒造，『白雪の明治・大正・昭和前期』発刊．
　　　　　　＊創業は天文19年（1550）．
◇10－1　秋田の冬に欠かせぬ"県民魚"のハタハタ魚が3年ぶりに解禁．
　　　　　　＊1960年代後半から2万トンを超えた秋田県の漁獲量は，91年には71トンに激減した．解禁されたが，漁獲量は170トンに制限され，県民1人当たりはわずかに1.4匹の勘定．
◇10－25　塚谷裕一氏，『果物の文学誌』（朝日新聞社）を著わす．近代日本文学における果物観の変遷の歴史を明らかにした．
◇10－26　スターバックスコーヒージャパン株式会社設立．
　　　　　　＊平成8年（1996）8月，東京銀座に1号店オープン．高級感のあるエスプレッソ（espresso）コーヒーなどが若者を中心に受ける．米国スターバックスコーヒー会社は1971年設立の世界最大のコーヒーチェーン会社．名前の由来はハーマン・メルヴィルの小説『白鯨』に登場するコーヒー好きの一等航海士「スターバックス」

に由来.

◇10月　UCC上島珈琲, 『UCCのあゆみ：60年史』発刊.
　　　＊1933年（昭和8）, 上島忠雄氏（1910～93）, 上島忠雄商店を創業.

◇11-1　食糧管理法廃止.「主要食糧の需給および価格の安定に関する法律」（新食糧法）施行. 米の流通, 販売が原則自由となる.
　　　＊1942年（昭和17）から53年間続いた食糧管理法が廃止され, 新食糧法が施行された. 米の販売が許可制から登録制に変わり, 大幅に「売る自由」が認められたため, 価格競争が激化し, 消費者価格は低下傾向にある.

◇11-1　輸入豚肉にセーフガード発動. 基準輸入価格24％引上げ.

◇11-10　日清食品, カップヌードルの国内販売累計100億食を達成.

◇12-4　日本テレビ「思いっきりテレビ」, ココアの健康効用を紹介, ココアに関心が高まり, 需要増.

◇12-22　リンゴ「ふじ」誕生55年を祝う祝賀会が岩手県盛岡市で開催される.
　　　＊ふじは昭和14年（1939）に農林省農業試験場園芸部（青森県藤崎町）で「国光」に「デリシャス」を交配し, 翌年, 果実が実り, 1962年（昭和37）3月に命名し,「リンゴ農林1号」に登録される. 平成12年（2000）8月31日に農林水産省果樹試験場リンゴ支場が中心となってリンゴふじ生誕60周年記念出版として『リンゴふじの60年』が刊行された. ふじの原木は藤崎町から盛岡市（農業・食品産業技術総合研究機構　果樹研究所　リンゴ研究拠点）に移植された. 平成24年現在72歳になる. 平成22年産のふじの生産量は44万100トンで全体の56％を占める.

◇12-26　閣議, 平成17年度（2005）を目標とする「農産物の需要と生産の長期見通し」を決定. 食料自給率の目標は46％.
　　　＊平成17年度の実績は40％.

◇12月　発泡酒増税案に対して, サッポロビール, サントリー, 強く反発.
　　　＊発泡酒課税移出数量（年度）は20万5千kℓで, 前年度（2万6千kℓ）の7.9倍に急増（グラフ参照）.

◇12月　マ・マーマカロニ, 『マ・マーマカロニこの10年の歩み：創立40周年記念』発刊. ＊創立は昭和30年（1955）1月. 日清製粉グループ.

この年

◇阪神大震災, 地下鉄サリン事件などの社会不安が消費行動を鈍らせる.
◇消費者物価指数, 初の前年比下落（98.6→98.5）. ＊平成12年（2000）＝100
◇95年レストラン・外食の法人申告所得上位ランキング（10位）（別冊週刊ダイヤモンド）①日本マクドナルド（179.87億円）②吉野家ディー・アンド・シー（75.36億円）③すかいらーく（67.54億円）④デニーズジャパン（50.63億円）⑤日清医療食品（37.09億円）⑥西洋フードシステムズ（34.39億円）⑦王将フードサービス（30.36億円）⑧日本ケンタッキー・フ

ライド・チキン(26.45億円) ⑨ジョイフル(24.46億円) ⑩サガミチエーン(20.91億円).

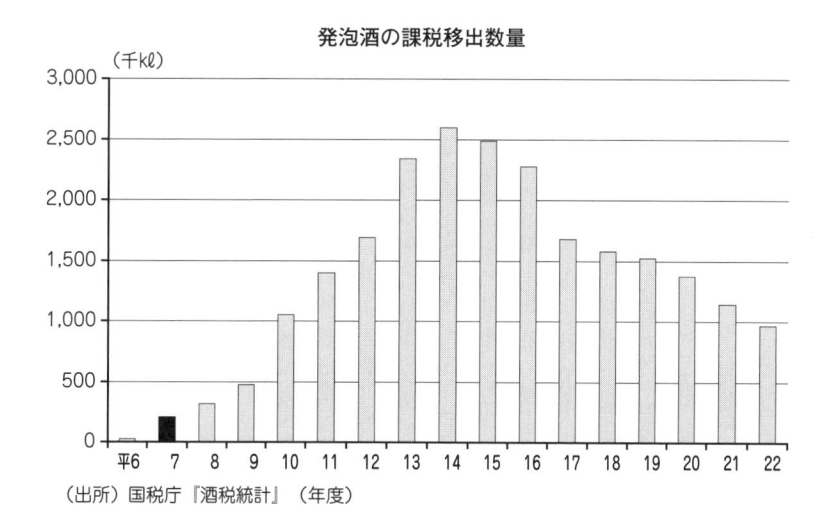

発泡酒の課税移出数量 (千kℓ)

(出所)国税庁『酒税統計』(年度)

平成8年（1996）

■「O（オー）157」中毒事件発生
■新食糧法の施行に伴い，コメ業界に異業種が参入

◇1-1　ダイエー，スーパーマーケット業界で初めて全国規模で元日営業を開始．
◇1-26　キーコーヒー，東証2部に株式上場．
　　　　＊平成9年（1997）9月1日，東証1部に指定替え．
◇1月　　持ち帰り総菜の㈱ロック・フィールド，大証2部に株式上場．
　　　　＊平成12年（2000）2月25日，資本金55億4,416万円に増資し，東証1部に上場，大証1部に指定替え．
◇2-12　司馬遼太郎（1923.8.7生まれ）逝く（72）．
　　　　「食糧のやや足りない程度のときはモラルのしっかりした社会ができるんです．それは働かなければ地獄に落ちるぞという危機意識が人間をちゃんとするのです」と述べている（www.geocities.co.jp「今日のお言葉」）．
◇2-27　農林水産省，ヨーロッパからの狂牛病（＊）（牛海綿状脳症，BSE）の侵入防止のため，英国本土および北アイルランドからの牛肉製品の輸入を全面禁止．
◇3-4　日本たばこ産業（JT），ニアウォーター（水に近い）系商品「桃の天然水」を発売．
　　　　＊平成10年に人気が出始め，JTが飲料に進出して以来のヒット商品となる．
◇3-4　厚生省（厚生労働省の前身），加工食品の栄養表示を統一．
◇3-20　英国政府，狂牛病が人間に感染する可能性がありと発表．
◇3-25　EU，英国産牛肉を全面輸入禁止．
◇3月　　サッポロビール，『サッポロビール120年史：SINCE1876』発刊．
◇4-1　大関，『大関二百八十年史』発刊．
　　　　＊1711年（正徳1），初代大阪屋長兵衛が今津村（現・兵庫県西宮市）で酒造を開始．
◇4-3　サッポロビール，老朽化している九州工場（北九州市門司区大里〈だいり〉）を閉鎖し，新工場を大分県日田市に決定したと発表．

　　　　　＊同工場は1913年（大正2）4月，神戸の鈴木商店が設立した九州初の旧帝国麦酒㈱のビール工場．現在残っている醸造棟（写真上）や本館事務所（北九州市門司麦酒煉瓦館）（写真下）などは門司赤煉瓦プレイス（国登録有形文化財）となっている．
◇5-28　ニンジンジュース，ニンジンミックスジュースのJAS規格施行．
◇5-28　サントリー，発泡酒「スーパーホップス」発売．
◇5-24　加工食品に栄養表示する場合，統一した基準で表示する制度（栄養表示基準制度）スタート．平成10年4月1日全面施行．
◇5月　　沖縄コカ・コーラボトリング株式会社，『さわやか25年』発刊．
◇6-1　新食糧法により米販売の参入要件が大幅に緩和され，ガソリンスタンドでも販売ができるようになる．
◇6-1　病原性大腸菌「O（オー）157」（＊）中毒で，岡山県邑久町（現・瀬戸内市）小学生2名が死去．
　　　　＊月末には大阪府堺市の小学校の学校給食で同細菌による集団中毒が発生し，死者3名，患者6千余名にのぼった．7月31日には，「O157」は伝染病予防法に基づく伝染病に指定された．その後も，各地で中毒事件が発生した．厚生省は，堺市の原因食材として「カイワレ大根」とみられるとしたことから，カイワレ業者に壊滅的な打撃を与えた．この事件を契機にHACCP（＊）が注目されるようになり，生鮮品を取り扱う企業に導入する動きが強まった．O157中毒例は毎年みられるが，なぜ，この年に大量に発生したのか，十分な解明はなされていない．
◇6-3　キリンビバレッジ，東証1部に指定替え．
◇6-17　天皇陛下に献上する房州ビワを決める選果式が千葉県安房郡富浦町公民館（現・南房総市）で行われ，富山町岩井ビワ組合のビワが献上品となる．
　　　　＊千葉県のビワ栽培は250年前に旧富浦町南無谷（なむや）地区に始まったといわれ，大粒の「房州ビワ」の約7割は旧富浦町で栽培されている．品種には田中ビワと大房（おおふさ）ビワがあり，特に田中ビワは植物学界の先覚者・田中芳男¶（1838～1916）が改良重ね，1887年（明治20）5月に結実しもので，長崎県の茂木（もぎ）ビワと覇を競っている．収穫最盛期の6月10日前後には国道127号線沿いに直売店が立ち並び，首都圏からの客でにぎわいをみせる．
◇6-23　大阪府堺市の小学校で発生した「O157」集団中毒6千余名にのぼる．
◇6-30　6月単月のアサヒビールの「アサヒスーパードライ」の出荷量（1,620万ケース）がキリンビールの「キリンラガー」（1,610万ケース）をわずかに上回り，42年ぶりにナンバーワンブランドになる．
◇6月　　加ト吉，新食糧法の施行に伴い，米の販売開始．
◇7-1　精米の産地・品種・産年の表示義務化が始まる．

＊品種名を認証や確認マークなしで印刷すると違反になる．

◇7−1　豚肉輸入でセーフガードを発動（〜9年3月31日）．関税を24％引き上げ．

◇7−15　大阪府堺市の食中毒患者から病原性大腸菌「O157」を検出，患者3,700人突破．

◇7−31　「O157」，伝染病予防法に基づく伝染病に指定．

◇7月　シカゴ商品取引所のトウモロコシの先物相場，5.5ドル／1ブッシェル（＊）と史上最高値を記録．

＊原因は中国が年間1千万トンの輸出国から突如500万トンの輸入国に転じ，需給が逼迫した．2007年，ブッシュ米大統領は年頭の一般教書で「ガソリン消費量の20％を今後10年間で再生可能燃料に置き換える」方針を明らかにした．その主役となるのは，トウモロコシなどを原料としたエタノールである．エネルギー源としてのトウモロコシに対して需要が高まってきており，今後の動向が注目される．

◇7月　大日本製糖と明治製糖が合併し，大日本明治製糖株式会社発足．

＊大日本製糖は明治28年（1895）12月，日本精製糖㈱として発足．明治製糖は明治39年（1906）12月，台湾に設立．

◇8−1　ミニストップ，東証1部に指定替え．

◇8月　果実入りヨーグルト，消費者の健康志向，「O157」騒ぎで，ヨーグルトのビフィズス菌の調整作用があらためて注目されたことなどを背景に，売上好調．

＊この年のヨーグルトの1世帯当たり購入金額（6,486円）は前年（5,959円）を8.8％上回る．平成9年（7,395円）も14％の伸びを示す（『家計調査』）．

◇8月　食品衛生調査会（厚生省諮問機関），遺伝子組み換え作物の大豆，ナタネ，トウモロコシ，ジャガイモなど7品目の安全性を認める答申を提出．

＊10月　厚生省（厚生労働省の前身）・農林水産省両省，7品目の遺伝子組み換え作物の販売を許可．

◇8月　病原性大腸菌「O157」による食中毒が多発した影響で，肉や魚介類が消費者に敬遠され，贈答用の需要がモモなどの果物に集まったため，モモの東京都中央卸売市場の8月上旬平均卸売価格は前年同期より14.1％高い．

◇8月　健康や美容に気を使う消費者心理を背景に，酸味を抑えたすっきりした味のレモン系の清涼飲料が売行き好調（日経夕8/22）．

◇8月　加ト吉，新潟魚沼工場に精米設備を新設し，精米から加工までの一貫生産体制を確立．

◇9−2　㈱モスフードサービス，東証1部に指定替え．

◇9−2　㈱グルメ杵屋，東証・大証1部に指定替え．

◇9-20 農林水産省,輸入野菜5品目(ニンニク,ブロッコリー,サトイモ,根ショウガ,生シイタケ)に,原産国表示を義務付け.
◇9-25 公益財団法人 日本容器包装リサイクル協会発足.
◇9-30 ㈱伊藤園,東証2部に株式上場.
　　　　＊平成10年10月1日,同1部に指定替え.
　　　　＊茶飲料が高い伸び率を示し,8年4月期には売上高1,056億円と1千億円を超える.
◇9月　 病原性大腸菌「O157」の影響を受け食中毒予防で,梅干しが人気を呼び,徳島県美郷(みさと)村(現・吉野川市)など梅産地に注文殺到.
　　　　＊この年の梅干しの1世帯当たり購入数量(811g)は前年(752g)の8％増で過去最高を記録(『家計調査』).

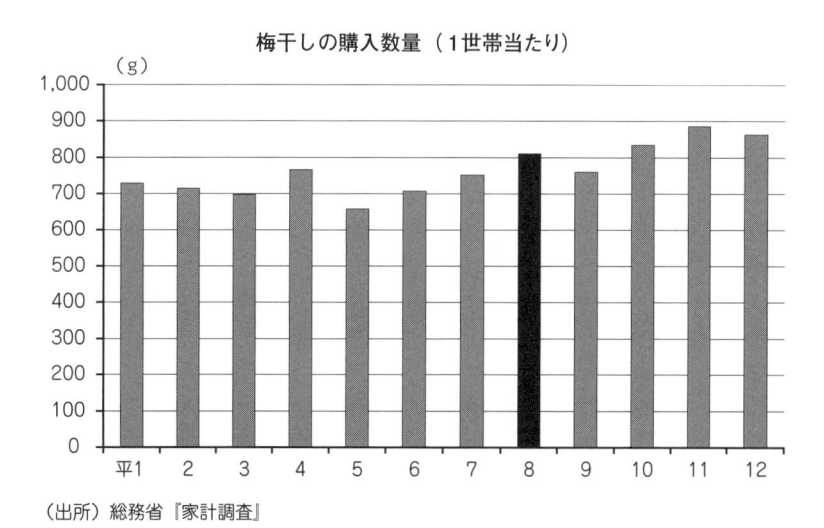

梅干しの購入数量(1世帯当たり)

(グラフ:平1年〜12年までの梅干し購入数量の推移)

(出所)総務省『家計調査』

◇9月　 ニチレイ,『ニチレイ50年史』発刊.
◇10-1 酒税法改正.発泡酒の税率引上げ.
◇10-1 農畜産業振興事業団発足(現・独立行政法人 農畜産業振興機構の前身).
　　　　＊畜産振興事業団と蚕糸砂糖類価格安定事業団が統合したもの.
◇10-17 セブン-イレブン・ジャパン,平成8年8月中間決算で,チェーン全店売上高が,親会社であるイトーヨーカ堂の売上高を初めて上回った.
◇10-22 静岡を地盤とする食肉加工メーカー「米久(よねきゅう)」,東証2部を経ることなく東証1部に株式上場.
　　　　＊平成9年2月期の売上高は684億7,200万円.

◇10-27 神奈川県川崎市麻生区の小田急線柿生（かきお）駅前近くで，禅寺丸柿に親しむ「柿生禅寺丸まつり」開催される．柿販売10個（約900ｇ）200円．
＊禅寺丸柿は建保１年（1214）頃に「王禅寺」で発見されたと伝えられる．
＊柿生駅からバスで15分の「王禅寺」に禅寺丸柿の原木がある．
◇10-31 居酒屋「和民」を経営する「ワタミフードサービス」（ワタミの前身），日本証券業協会に株式を店頭登録．
＊設立は昭和61年（1986）５月．
◇11-７ 北九州コカ・コーラボトリング（コカ・コーラウエストの前身），東証２部に株式上場．
＊平成21（2009）年１月，商号をコカ・コーラウエスト㈱に変更．
◇11-13 世界食糧サミット，国連食糧農業機関（FAO）設立50周年を記念して，本部所在地のローマで開催．
◇11-19 居酒屋などを経営する「マルシェ」（大阪市），日本証券業協会に株式を店頭登録．
＊設立：昭和47年（1972）５月．平成11年（1999）12月14日，東証２部，大証２部に上場．平成18年（2006）９月１日，東証・大証１部に指定替え．
◇11月 食品衛生法改正により，ビール等の賞味期限表示開始．
◇11月 亀田製菓，主食米の販売を開始（『EDINET』）．
◇12-２ 日本かいわれ協会と会員業者19社，食中毒事件の原因食材として「カイワレ大根」を名指しされたことで損害，国に賠償を求める訴訟を起こす．
◇12-17 ㈱ドン・キホーテ，日本証券業協会に株式を店頭登録．
◇12-27 昆布・煮豆などのフジッコ，東証２部に株式上場．
＊平成９年９月　東証・大証１部に指定替え．＊平成９年３月期売上高は377億円．
◇12-29 農林水産省，有機農産物ガイドライン改正，表示を「有機農産物」と「特別栽培農産物」の二つにする．
◇12月 加ト吉，中国山東省に「青島加藤吉食品有限公司」を設立．
◇12月 味の素，味の素（中国）有限会社を設立（『EDINET』）．

この年

◇英政府，BSE（＊）の人体への感染の可能性を発表．
◇O157の影響を受け，生鮮魚介の１世帯当たり購入数量（45.6kg），前年の4.8％減（『家計調査』）．
◇ビール・発泡酒出荷量，前年の2.2％増の５億6,200万函（１函は20本入り〈大瓶換算〉）．
◇ビール・発泡酒課税移出数量（年度），前年度（697.1万kℓ）2.8％増の716.4

万kl.
  * 発泡酒課税移出数量の対前年増加量（11.3万kl）がビールの対前年増加量（8万kl）を上回る（『酒税統計』）.
◇ワインの1世帯当たり購入量（1,468ml）が初めてウイスキー（1,431ml）を超える（『家計調査』）.
◇「牛角」,1号店を東京都世田谷区にオープン.
◇果汁輸入量,21万8,061kl（27万3,249トン）で前年を6.5％下回る.
  * 今年から輸入数量は「l」と「kg」が併記されるようになった.
◇昨年秋の輸入ミネラルウォーターの異物混入事件により,輸入量（2201.10-000）は14万4,721トン（92億円）と昨年（19万8,713トン〈108億円〉）の27％の大幅減（グラフ参照）.
  * この事件を機に,ミネラルウォーターの安全性,品質に対する信頼が購入時のポイントとして消費者に強く意識されるようになる.

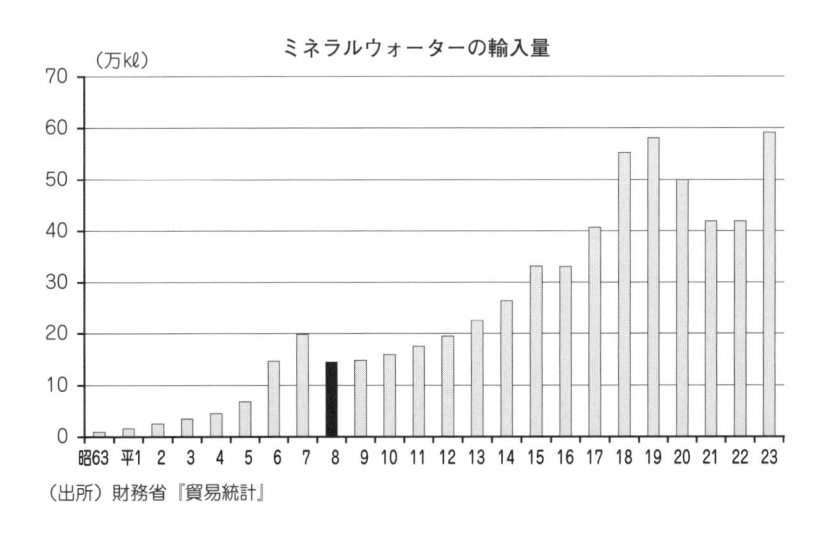

ミネラルウォーターの輸入量

（出所）財務省『貿易統計』

平成9年（1997）

■外食産業の市場規模，過去最高を記録
■消費税率アップ（3％→5％）
■北海道拓殖銀行，京樽，東食の倒産，山一証券の廃業など，経営環境悪化
■遺伝子組み換え食品（GMO）への関心が高まる
■赤ワインブーム

◇1-18　昨年9月に輸入解禁されたスペイン産オレンジが，都内のデパートの店頭等で販売される．
　　　　＊輸送コストが高く，価格が4個500円と米国産の1.5倍と割高．
◇1-19　京樽，東京地裁に会社更生法の適用を申請，事実上倒産．負債総額1,013億円．＊東証1部上場の倒産は平成5年（1993）7月の映画製作会社「にっかつ」以来3年半ぶり．
◇1月　　アサヒビール，ビールの出荷数量で単月トップとなる．
　　　　＊この年，年間ビール出荷量もトップとなる．
◇2-8　国立播州葡萄園跡の地下室から3本のワインが出土．この日，明治時代に西日本で初めてワインを本格生産した兵庫県加古郡稲美町印南，国立播州葡萄園跡の発掘調査をしていた同町教育委員会は，遺構の地下室から3本のワインのビンが出土したと発表した．
　　　　＊播州葡萄園（内務省三田育種場所属）は明治13年（1880）3月に殖産興業政策の一環として開設されたものである．明治16年（1883）に180ℓ，17年には1.1kℓのワインを生産．実務担当者はフクバイチゴの開発で知られる園芸学者の福羽逸人¶（1856～1921）．氏の指導を受けるために各地から園芸家が訪れたが，なかでも岡山の山内善男¶（1844～1920）は熱心で，明治19年（1886）には，片側ガラス張りの温室（約16㎡）でブドウ栽培を岡山で初めて開始し，今日のマスカット作りの基礎をつくった．営利目的のものとしては日本で最初といわれる．昭和31年（1956）にガラス室が復元された．
◇2-21　国学院大学名誉教授・樋口清之氏（1909.1.1生まれ）¶死去（88）．
　　　　＊昭和49年（1974）『梅干と日本刀』，翌年『続・梅干と日本刀』を著わし，日本人と食文化等の関係をやさしく説き，ベストセラーとなる．著作の『日本食物史』（昭和35年）は大学等で使用される代表的な通史．
◇2月　　サッポロビール，4月からビール希望小売価格を参考価格表示すると発表．

◇2月　柑橘類「八朔（はっさく）」の発祥の地，広島県因島市（現・尾道市）の浄土寺の境内で，5年ぶりに「八朔祭」が行われる．
　　　　＊因島はかつて東南アジアまで勢力を広げた村上水軍の根拠地．八朔は東南アジアから持ち込まれたとの説もある．因島には安政年間（1854〜60）に偶発実生として生まれた「安政柑（あんせいかん）」がある．八朔より2回り以上も大きい．
◇2月　山崎製パン，「もっちり」した食感でかむと甘い風味のパン「新食感宣言」を発売．
◇2月　佐竹製作所，『米麦機械100年サタケ社史　1896/1996』発刊．
◇3-17〜23　ワイン産地・山梨県勝沼町（現・甲州市）のワイナリーの9社，各社の醸造所をはしご見学する「蔵めぐりワインウイーク」を開催．
◇3-17　明治製菓，ゼリー状栄養飲料に参入．
◇3-20　農林水産省，口蹄疫（＊）発生のため，台湾産の食肉・生体・加工品のすべてを輸入禁止．
◇3-31　1905年（明治38）から続いた塩専売法廃止．
◇3月　森永製菓，株主配当無配となる．
◇3月　伊藤製油（四日市），『伊藤製油五十年史』発刊．
◇4-1　塩専売制度廃止に伴い，日本たばこ産業㈱の塩専売事業が終了．
◇4-1　消費税アップ（3％→5％）．
◇4-1　加工食品の日付表示，製造年月日から賞味期限表示に完全移行．→平成7年4月1日
◇4-1　容器包装リサイクル法施行．
　　　　＊対象品目はガラスびん（無色，茶色，その他色）及びペットボトル．
◇4-1　昨年7月から発動していた輸入豚肉セーフガード，引き続き6月30日まで継続．
◇4-2　女子栄養大学を設立した香川綾氏¶（1899.3.28生まれ）死去（98）．
　　　　＊1933年（昭和8）に夫の香川昇三氏¶（1895〜1945）とともに栄養知識の普及を目的とした家庭食養研究会（女子栄養大学の淵源）を開設し，計量カップ，食品群別の栄養測定法等を考案した．
◇4-7　日本料理店「吉兆」創業者，湯木貞一氏¶（1901.5.26生まれ）死去（95）．「吉兆」を国賓クラスの外国人に日本料理を供する料亭に育て上げる．著書に『吉兆味ばなし』『料理花伝書』などがある．
◇4-11〜20　長野県更埴（こうしょく）市（現・千曲市）で「あんず祭」．
　　　　＊更埴市は江戸時代より「あんずの里」として知られ，芭蕉の句に「善光寺　鐘のうなりや　花一里」．＊川中島の古戦場がある．
◇4-13　全国有数のモモ産地・山梨県一宮町（現・笛吹市），御坂町（現・笛吹市），モモの花満開，「花まつり」開催，この地域だけでモモの木は100万本を超える．
◇4-17　厚生省，虫歯予防に有効な甘味料の天然素材のキシリトール

平成9

　　　　　（XYLITOL）を食品添加物と認定．
　　　　＊5月からキシリトール入りガムが各社から発売された．この影響で5月のチューインガムの売上高は前年同月の26％の大幅増になったという．
◇4-18　「食料・農業・農村基本問題調査会」(総理大臣の諮問機関) 初会合．
◇4月　　岡山県倉敷市の作陽音楽大学に食文化学部食生活学科を設置し，同時に名称を「くらしき作陽大学」に改称．
　　　　＊日本最初の食文化学部の誕生．
◇4月　　㈱東秀，商号をオリジン東秀㈱に変更．
　　　　＊設立は昭和41年（1966）9月．
◇5-7　 かつてワイン王と呼ばれた神谷伝兵衛¶（1856～1922）が大正7年（1918）千葉県稲毛海岸近くの傾斜地（現・千葉市稲毛区稲毛1丁目，国道14号線沿いの高台）に建てた別荘（旧神谷伝兵衛稲毛別荘）が国登録有形文化財に指定される（写真）．
　　　　＊2階建てのこの建物は市内に現存する鉄筋コンクリート建設としては最も古く，建築史の上からも大変貴重なものといわれる．一般公開されており，JR稲毛駅から徒歩約20分，京成稲毛駅から約10分．
◇5-24　「モスバーガー」のブランドでフランチャイズチェーンを展開した㈱モスフードサービスの設立者・桜田慧（さとし）氏¶死去（60）．
◇5月　　㈱ロッテ，キシリトールガム発売．
◇5月　　日本マーガリン工業会，『日本マーガリン工業史』(第2巻) を刊行．
　　　　＊第1巻は1976年（昭和51）10月発刊．
◇6-2　 三菱商事系の加工食品卸の㈱菱食，東証1部に指定替え．
◇6-6　 コメ小売りの全国団体・日本米穀小売振興会，会員数が平成9年3月末時点で米小売店約2万店となり，1年前のほぼ3分の2に減少と発表．
◇6-18　松坂牛の柿安本店（三重県桑名市），株式を日本証券業協会に店頭登録．
　　　　＊設立は昭和43年（1968）11月．
◇7-1　 輸入豚肉のセーフガード，1年ぶりに解除．
◇7-7　 主婦連合会の会長を務め，消費者運動の推進に活躍した奥むめお氏¶死去（101）．
　　　　＊『労働世界』の記者時代，現実の労働体験を求めて，学歴（日本女子大卒），姓名を偽って紡績工となるが，10日で解雇される．
◇7-29　熊本県，水俣湾に安全宣言．水俣病の公式発表から41年ぶり．
◇8-25　牛丼チェーンの㈱ゼンショー，株式を日本証券業協会に店頭登録．

＊平成11年（1999）9月10日，東証2部に上場．平成13年（2001）年9月3日，東証1部に指定替え．
◇9-1　カルピス食品工業㈱，社名をカルピス株式会社に変更．
◇9-1　フジッコ，東証・大証1部に指定替え．
◇9-1　キーコーヒー，東証1部に指定替え．
◇9-1　日本マクドナルド，通常130円のハンバーガーを99円に値下げ．
　　　＊当面は24日までの限定だが，その後も断続的に実施する予定．7年春まで210円で販売しており，当時の半値の水準．この背景には弁当など調理済み食品の多様化，高級化の進展などによる売上げの伸び悩みがある．
◇9-1　食品スーパーの㈱ヤオコー，東証1部に指定替え．
◇9-2　ラーメン・チェーンの㈱幸楽苑（福島県郡山市，昭和45年11月設立），日本証券業協会に株式を店頭登録．
　　　＊平成14年（2002）3月30日，東証2部株式上場．15年（2003）3月3日，東証1部に指定替え．
◇9-4　青汁の製造販売のキューサイ（福岡市），日本証券業協会に株式を店頭登録．
　　　＊平成11年9月，東証1部及び福岡証券取引所に株式上場．平成19年（2007）3月，株式上場廃止．
◇9-10　農林水産省，フランス産リンゴ（ゴールデンデリシャス）を輸入解禁．
　　　＊フランスは地中海ミバエ，コドリンガ，火傷病の発生国．
◇9-18　ヤオハンジャパン，静岡地裁に会社更生法の適用を申請，事実上倒産．負債総額1,613億円．過大投資が原因．
◇9-25　焼き肉チェーンの㈱安楽亭（さいたま市，昭和53年11月設立），日本証券業協会に株式を店頭登録．
　　　＊平成12年（2000）8月28日，東証2部に株式上場．
◇9月　ネスレ日本，冷凍ピザ「ブイトーニ　ピッツァ（Buitoni pizza）」を発売．
　　　＊ピッツァはピザのこと，イタリア語の原音に忠実に表記すればピッツァとなる．
　　　＊同社はイタリア料理ブームを背景に冷凍ピザで8年ぶりに同分野に再参入した．食品各社も家庭用食材ビジネスを強化．
◇9月　フルーツ（果実）入りヨーグルトの人気が続く．
◇10-1　明治製菓，『明治製菓の歩み　創業から80年』発刊．
　　　＊大正5年（1916）年10月，前身の東京菓子設立．同13年9月，明治製菓と改称．
◇10-22　コメ卸売業界が出資した日本コメ市場㈱，計画外流通米の取引開始．
　　　＊計画外流通米とは，政府米，自主流通米など販売が認可された計画流通米以外の米のことで，従来の闇米や特別栽培米などをいう．

◇10月 　豊醤油株式会社（愛知県知多郡武豊町），商号をユタカフーズ㈱に変更．
　　　　　＊昭和36年（1961）10月2日，名証2部上場．平成12年3月1日，東証2部上場．

◇11-11 　井村屋製菓（井村屋グループ㈱の前身）（三重県津市），東証2部に株式上場．
　　　　　＊明治29年（1896）に井村和蔵氏が現松坂市で菓子製造を始める（『EDINET』）．

◇11-17 　北海道拓殖銀行，都市銀行初の倒産．

◇11-22 　低迷するミカン価格の浮上のため，産地の出荷停止によって全国の主要10市場の入荷がほぼストップ．

◇11-24 　山一證券，自主廃業を正式に決定．負債総額約3兆5,000億円，戦後最大の倒産．従業員約7,500人．

◇11-25 　元気寿司（栃木県宇都宮市），東証2部に株式上場．
　　　　　＊平成14年（2002）9月2日，東証1部上場．

◇11月 　㈱レインズホーム（㈱レックス・ホールディングスの前身），東京都渋谷区宇田川町にFC1号店となる「焼肉問屋　牛角渋谷店」を開設（『EDINET』）．

◇12-7 　果実の小売店で組織する日本果物商業協同組合連合会（日果連），来年から毎月8日を「くだものの日」として，消費促進に取り組むことを明らかにする．
　　　　　＊古事記に不老不死の食べ物として出てくる「ひもで結んだ8個の橘」や，紀伊国屋文左衛門¶が江戸時代11月8日（旧暦）の「鞴（ふいご）祭」に間に合うようにミカンを紀州から運んだという話などにちなんで「8日」にした由．

◇12-18 　小麦などの輸入を行う食品専門商社・東食，東京地裁に会社更生法の適用を申請．事実上倒産．負債総額6,397億円（戦後3番目の規模）．上場企業の倒産は今年に入って9社目．

◇12-18 　オリジン東秀㈱，株式を日本証券業協会に店頭登録．
　　　　　＊東証2部（平成17年3月23日〜18年7月27日）．平成18年（2006），イオン㈱が友好的TOB（＊）．

◇12-19 　スーパーのダイエー，全国主要200店で，輸入物では日本市場初登場のフランス産リンゴ（ゴールデンデリシャス）を発売（1個100円）．
　　　　　＊1個売りは珍しい．フランスのリンゴ生産量（日本の2倍強）は中国，アメリカに次いで世界第3位で，輸出量は世界第1位である．

◇12-25 　熊本製粉，『熊本製粉50年のあゆみ』発刊．
　　　　　＊設立は昭和22年（1947）5月．

◇12月 　持株会社解禁（＊）．

◇12月　静岡市の駿府公園にある「家康お手植えみかん」，本年も180kgほど収穫される．
　　　　＊紀州から献上された鉢植えみかんを家康が自ら庭に植えたと伝えられる．
◇12月　国勢調査など政府の各種統計調査で職業分類の基準に使われる「日本標準職業分類」が11年ぶりに改定され，職業名から「バナナのたたき売り」削除され，「ソムリエ」(仏語sommelier）追加される．

この年

◇上場企業の倒産が相次ぐ．
◇外食産業の市場規模，過去最高を記録（グラフ参照）．

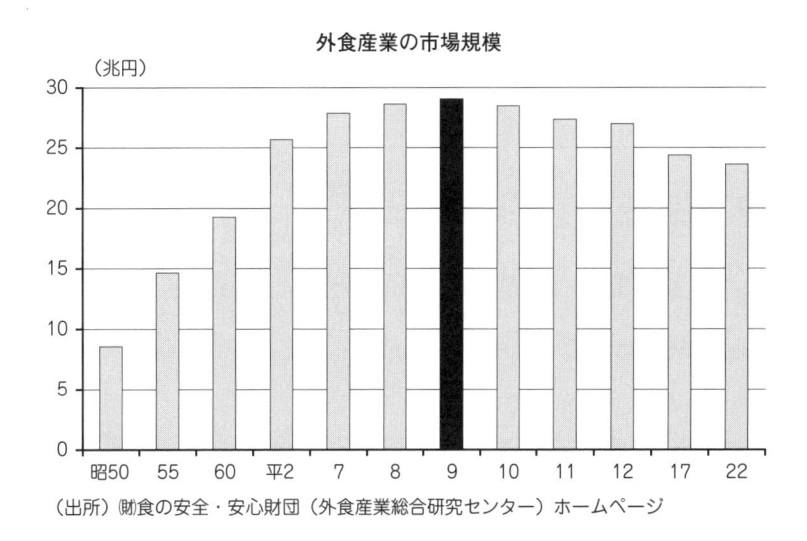

外食産業の市場規模

（兆円）

（出所）（財）食の安全・安心財団（外食産業総合研究センター）ホームページ

外食産業総合研究センター調査によると，外食産業の市場規模（飲食費支出総額の約4割）は，逐年増加し，この年には29兆702億円と過去最高を記録した．しかし，この年をピークに，消費者の節約志向の高まり，牛丼・ハンバーガーなどにみられる価格競争の激化，中食（なかしょく）（＊）市場の拡大などを背景に，減少傾向に入る．
◇食料・農業・農村基本問題調査会などで，農業基本法見直しの検討が活発化．
◇遺伝子組み換え食品（GMO）への関心が高まる．
◇ビール・発泡酒出荷量,前年の0.4％減の5億6,000万函（1函は20本入り〈大瓶換算〉).
　　＊ビール・発泡酒合計の缶化率が50％を超える．
◇ビール出荷量，アサヒビールのスーパードライが首位．
◇赤ワインブームに乗って，この年のワインの消費量（サントリー推計），前

年より3割増えて過去最高．特に赤ワインは動脈硬化などに予防効果があるといわれるポリフェノール（polyphenol）が含まれていることが注目され，消費量は前年より5割増えて，数量で初めて白ワインを上回る．

＊食料費が停滞する中で，この年の1世帯当たりのワイン購入金額（『家計調査』）は2,178円と前年（1,572円）を38.5％上回り，購入量（1,938mℓ）も前年（1,468mℓ）を32％上回る．この傾向は翌年も続く（3,457円〈前年比58.7％増〉，2,899mℓ〈49.6％増〉）．

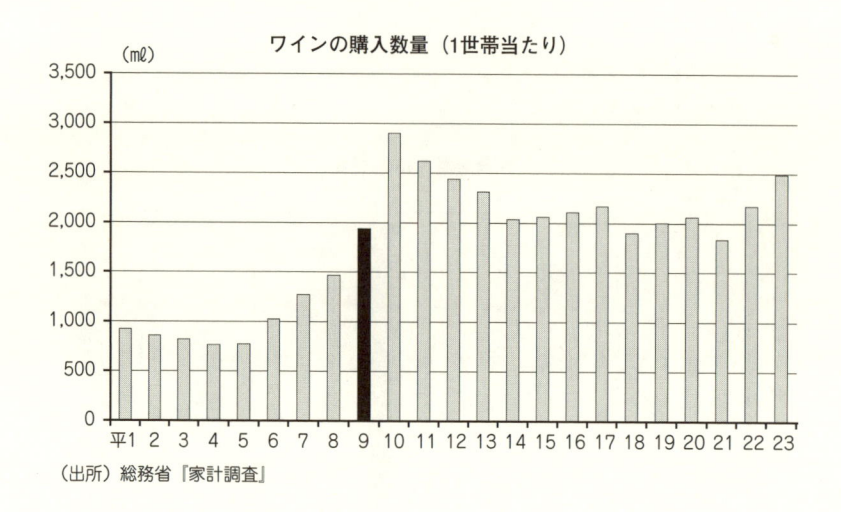

ワインの購入数量（1世帯当たり）

（出所）総務省『家計調査』

平成10年（1998）

■食品関連企業，中食市場へ参入加速
■発泡酒がビール市場を侵食し始める
■ワインブームが続く
■ニアウォーターの売行きが急増

◇2-10 「サントリー・ビール　こだわり限定醸造　麦の贅沢」発売.
　　　＊以後，「小麦で作ったホワイトビール」「深煎り麦酒」「贅沢熟成」発売.
◇2-25 キリンビール，発泡酒「麒麟淡麗〈生〉」（350mℓ缶，希望小売価格145円，500mℓ缶，195円）を発売．ビール価格より3割安い．発売1ヵ月で1億缶（350mℓ換算）が売れ，発泡酒ブームの先駆けとなる．
　　　＊この年，サッポロビールの「ブロイ」，11年にサントリーの「マグナムドライ」が発売され，発泡酒がビール市場を侵食し始める．
◇3-8 日本マクドナルド，1日の総売上げが過去最高の16億9千万円を記録．これまでの最高記録であった97年（平成9）11月30日の記録を2,400万円上回った．
◇3-17 サントリー，清涼飲料「なっちゃんオレンジ」を発売．
　　　＊平成11年（1999）5月18日，日本パッケージデザイン大賞1999の金賞受賞．
◇3月 アサヒ飲料，ノンシュガーコンディショニングウォーター「オー・プラス」発売．
◇4-1 輸入生鮮野菜の原産国表示の対象に，新たにタマネギ，アスパラガス，ゴボウ，サヤエンドウの4品目を追加．計9品目となる．→平成8年9月20日
◇4-23 イタリア料理の㈱サイゼリヤ，日本証券業協会に株式を店頭登録．
　　　＊設立は昭和48年（1973）5月．平成11年7月6日，東証2部に株式上場．12年8月1日，同1部に指定替え．
◇4-24～5-17 岩手産業文化センターで「夢を創る」をテーマに，第23回全国菓子大博覧会を開催．
◇4月 キリンビール，ニュージーランドのビール会社「ライオンネイサン社」に約1億円を投資，45%程度の株式を取得（『キリンビールの大逆襲』）．
◇4月 アサヒビール，ASAHI BEER U.S.A., INC（現・連結子会社）設立（『EDINET』）．
◇4月 日本たばこ産業，㈱ユニマットコーポレーションと清涼飲料事業で

の業務提携に関する契約を締結．その後，同社の発行済株式の過半数を取得．

◇4月　㈱レインズホーム，商号を㈱レインズインターナショナル（現・㈱レックス・ホールディングス）に変更．

◇4月　柿安本店，洋総菜店舗業態「柿安ダイニング」の第1号店舗を，そごう千葉店（千葉市）に開設（『EDINET』）．

◇5-1　政府，米飯給食の回数を増やしたい学校に対して備蓄米を無償交付することを決定．

◇5-13　農林水産省果樹試験場・京都府立医科大学などの研究グループ，世界で初めて，柑橘の中に含まれる二つの成分に強い発ガン抑制効果があることを明らかにした．
　　　＊二成分は，温州ミカンの果肉部分に含まれる色素の1種「β－クリプトキサンチン（cryptoxanthin）」と夏ミカン，ハッサク，ユズなどの果皮などに多く含まれる「オーラプテン（auraptene）」と発表した．

◇5-16　厚生省（厚生労働省の前身），平成9年度輸入ミニマム・アクセス米最終検査報告．11ヵ国から輸入した54万トンの中から発がん性のカビ毒，基準値以上の臭素検出．

◇5月　アサヒビール，ASAHI BEER URROPE LTD.（現・連結子会社）設立（『EDINET』）．

◇5月　㈱グルメ杵屋，元気寿司（東証2部，栃木県宇都宮市）と業務・資本提携．6月，元気寿司の株式300万株（グルメ杵屋出資比率35.48％）を公開買付で取得（『EDINET』）．

◇6-1　北九州コカ・コーラボトリング（コカ・コーラウエストの前身），東証1部に指定替え．

◇6-1　鳥越製粉，東証1部に指定替え．＊1962（昭和37）年9月3日，東証2部上場．

◇6-25　二十世紀ナシの命名100年を記念する「二十世紀梨由来の碑」が鳥取県に初めて導入された鳥取市桂見に整備中の「とっとり出会いの森」敷地内の「二十世紀梨の故郷」に完成，除幕式を行う．

◇6月　㈱ロッテ，創立50周年を迎え，お口の恋人ロッテ50周年記念キャンペーンをスタート．『ロッテ50年のあゆみ：21世紀へ』発刊．
　　　＊創業は昭和23年（1948）6月．

◇7-5　石川県畜産総合センターと近畿大学農学部，世界で初めて2頭のクローン（clone，お互いに全く同じ遺伝子組成をもつ）牛の誕生に成功．

◇7-7　長崎ちゃんぽんの㈱リンガーハット（福岡市），東証2部に株式上場．
　　　＊設立は昭和39年（1964）3月．平成12年（2000）2月1日，東証1部指定替え．

◇7-18　岐阜県の長良川鵜飼いに，初の女性船頭が登場．
◇7-24　ジャムなどの製造販売の「アヲハタ」（広島県竹原市），広島証券取引所に株式を上場．
　　　　＊平成12年（2000）3月1日，東証2部に上場．＊設立は昭和23年（1948）12月．株式の5割以上はキユーピー関係が占める．
◇7-25　和歌山ヒ素中毒事件発生．和歌山園部の空き地で25日夜開かれた夏祭りで，自治会がつくったカレーライスを食べた小学生，女子高校生ら4人が26日未明から午前にかけて4名死亡．
◇7-25　東京・板橋にパートの募集対象を60歳以上に絞った居酒屋チェーン「心の居酒屋」1号店がオープン．
◇7-27　メルシャン，サントリー，キッコーマンなどワインメーカー大手3社，平成10年（1998）6月期中間決算（1～6月）を発表．食品の売上げが停滞するなかで，空前のワインブームを背景にワイン部門の売上高は過去最高を記録．
◇7月　　オリオンビール（沖縄県浦添市），『オリオンビール40年のあゆみ』発刊．
　　　　＊設立は昭和32年（1957）5月．
◇8-21　小麦などの輸入を行う旧大倉財閥（大倉喜八郎）の中堅商社・大倉商事，自己破産申請．負債総額2,500億円．
◇8-28　ワタミフードサービス（ワタミの前身），東証2部に株式上場．
　　　　＊平成12年（2000）3月1日，東証1部に指定替え．
◇8月　　食品スーパーの㈱マルエツ，8月からメロン，モモ，スイカなどの糖度表示を全店で実施．各スーパーで果物の糖度表示が定着し始める．
◇8月　　日清食品，『日清食品・創立40周年記念誌　食創為世』発刊．
◇10-1　㈱伊藤園，東証1部に株式上場．
◇10-12　穀物商社米カーギル，会社更生法申請の㈱東食を傘下に収めると発表．
◇10-18　台風10号襲来．リンゴの産地青森，長野県等で落果等の被害が発生．
◇10-23　日本長期信用銀行破綻．46年の歴史に幕．
◇10-30～11-3　鹿児島県西之表市で，鹿児島県種子島へのサツマイモ伝来300周年を祝う記念イベント開催．
　　　　＊同島にサツマイモが伝わったのは元禄11年（1698）．琉球王から同島を治めていた種子島久基¶（1664～1741）に贈られ，栽培が始まった．以来，全国に広まった．
◇10月　敷島製パン，小麦粉を低温熟成させ，ごはんのような「もっちり」感のあるパン「超熟」発売．2000年度にはシリーズで年間売上げ360億円を達成．1日1億円の大ヒットとなる．
◇10月　キッコーマン，KIKKOMAN FOODS, INC.カリフォルニア工場を新設（『EDINET』）．

◇10月　　ダイドードリンコ，医薬品を含めた総合飲料事業への本格的推進のため，大同薬品工業の全株式を取得し，完全子会社化（『EDINET』）。
◇10月　　サッポロビール，発泡酒「〈芳醇生〉ブロイ」発売。
◇11-20　鮮魚安売店を展開する㈱魚力（うおりき，東京都八王子市），日本証券業協会に株式を店頭登録。
　　　　　＊平成15年（2003）3月4日，東証2部に株式上場。
◇11-25　食品衛生法の改正により，鶏卵を生で食べる場合の賞味期限の表示が義務づけられる。サルモネラ菌による食中毒を防止するためにもうけられた。
◇11月　　「うまみ調味料」の語彙が，『広辞苑（第5版）』の見出し語に登場し，「化学調味料」は削除される。
◇12-18　閣議，翌年4月からの米の輸入関税化を決定。11年度は1kg当たり351.17円の従量税。
◇12月　　10年12月期のアサヒビールの売上高，初めて1兆円（1兆284億円）を超える。
　　　　　＊同期のキリンビールは1兆1,478億円，サッポロビールは5,361億円。
　　　　　＊この年のビール・発泡酒出荷量は前年の0.2％増の5億6,100万函（1函は20本入り〈大瓶換算〉）。
◇12月　　10年12月期のメルシャンの売上高，ワインブームを背景に初めて1千億円（1,081億円）を超える。

この年

◇食品関連企業，中食市場への関心が高まる。
　消費者の節約志向の高まりや家庭での料理時間の短縮化などを背景に，スーパー，コンビニ，デパートなどで総菜や調理済み食品（HMR〈home meal replacement〉），冷凍調理食品，持ち帰り弁当など，いわゆる「中食（なかしょく）」を買い求める人が増えてきた。このため，松坂牛主体に高級レストランを展開する「柿安本店」も，千葉そごうに総菜1号店をオープンするなど，様々な食品関連企業が，外食市場規模が減少に転じる中で，中食市場の成長性に着目し参入してきた。
◇発泡酒の課税移出数量（年度）が105万3千kℓと初めて100万kℓを超え，ビール市場を侵食（グラフ参照）。
◇日本たばこ産業（JT）が平成8年3月に発売を開始した「桃の天然水」に人気が出始め，JTの飲料進出以来のヒット商品となる。キリンビバレッジの「サプリ」，アサヒ飲料の「オー・プラス」などとともに，ほのかな甘みや栄養素を加えたニアウォーター（水に近い飲料）の売行きが急増。この影響を受けて，果実飲料の消費が伸び悩む。
◇カップラーメンのカップから環境ホルモン（内分泌攪乱物質）の一種，スチレンが溶出するという事件があり，カップ麺に打撃を与える。

ビールと発泡酒の課税移出数量

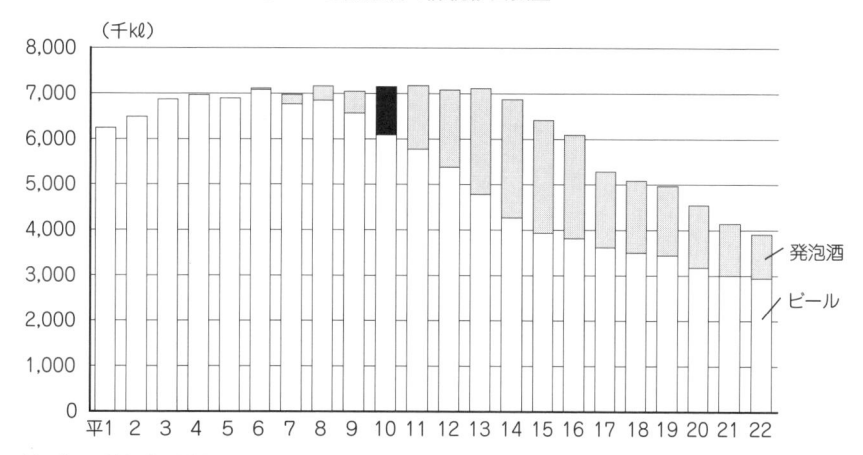

(出所) 国税庁『酒税統計』
(注) 第3のビール (*) については公表されていない.

平成10

平成11年（1999）

■農林水産省，遺伝子組み換え食品の表示義務化を決定
■「農業基本法」廃止，「食料・農業・農村基本法」公布

◇2-1　テレビ朝日「ニュースステーション」，埼玉県所沢市産の野菜から高濃度のダイオキシン検出と報道．翌日，大手スーパーなどが所沢市産や埼玉県産野菜の取り扱いをやめる動きが出る．
◇2-9　農林水産省・厚生省（厚生労働省の前身）両省，所沢市産の野菜について，「安全上に特段の問題がない」との見解を発表．
◇2-19　伊藤ハム，介護食品分野に参入．
◇2-20　キユーピーと三菱商事，共同出資会社「サラダクラブ」を設立．袋をあけてそのまま食べられるパッケージサラダを製造販売する生鮮野菜事業に進出．
◇2-24　農林水産省，食品産業と農業の連携に関する研究会開催．
◇2-24　サントリー，発泡酒「麦の薫り〈生〉」発売．
◇2-25　明治乳業，日本コカ・コーラとチルド果汁飲料で業務提携．
◇2月　㈱サカタのタネ，坂田種苗（蘇州）有限公司設立（『EDINET』）．
◇3-9　サントリー，「スーパーチューハイ」（レモン，グレープフルーツ）発売．350㎖入り缶（140円）．
　　　　＊缶チューハイの低価格路線に火を付ける．
◇3-9　全国の地ビール業者124社，東京都内のホテルで市場拡大を図るため，全国地ビール醸造者協議会を発足させる．
◇3-11　朝日放送社長，所沢市産の野菜ダイオキシン報道で「不適切な部分があった」と衆議院通信委員会で謝罪．
◇3-31　厚生省，医薬品販売の規制緩和を実施しドリンク剤の一部（リポビタンD，アリナミンVなど）を医薬品外とし，コンビニエンス・ストアーやスーパーでの販売を認める．
◇3月　キッコーマン，イタリア産のオリーブ油，ワインビネガーの輸入販売．
◇4-1　米，輸入自由化→平成10年12月18日．
◇4-1　株式会社ゼンチク，商号をスターゼン株式会社（東証1部）に変更．
◇4-21　湯葉と豆腐の店「㈱梅の花」（福岡県久留米市），日本証券業協会に株式を店頭登録．
　　　　＊設立は平成2年（1990）7月．平成14年（2002）6月24日，東証2部上場．
◇4月　東洋製油，味の素㈱横浜工場を統合．これに伴い，社名を味の素製油㈱（J-オイルミルズの前身）に変更．

- ◇5-20 「週刊金曜日」編『買ってはいけない』発刊．超有名食品・飲料などが槍玉に上げられ，大反響を呼ぶ．
- ◇6-1 近畿コカ・コーラボトリング（コカ・コーラウエストの前身），東証1部に指定替え．
- ◇6-7 吉田菊次郎氏，『デパートB1物語』(平凡社新書) を著わす．
- ◇6-9 レギュラーコーヒーの焙煎・加工メーカーの㈱ユニカフェ，日本証券業協会に株式を店頭登録．
  - ＊設立は昭和47年（1972）11月．平成12年（2000）8月18日，東証2部上場．13年9月3日，東証1部に指定替え．
- ◇6-10 サントリー，辛口発泡酒「スーパーホップス　マグナムドライ」を発売．ビール・発泡酒事業の躍進により，2000年1～6月の出荷シェアが10.1％と初めて2桁台に乗る．
- ◇6月 月桂冠（京都市伏見区），『月桂冠三百六十年史』発刊．
  - ＊寛永14年（1637）大倉治右衛門¶（1615～84）が「笠置屋」創業．
- ◇6月 中村芳平氏，『キリンビールの大逆襲：麒麟淡麗〈生〉が市場を変えた！』(日刊工業新聞社) を著わす．→平成10年（1998）2月25日
- ◇7-1 北九州コカ・コーラボトリング（福岡市），山陽コカ・コーラボトリング（広島市）と合併し，商号をコカ・コーラウエストジャパンに変更．大証1部及び広島証券取引所に上場．
- ◇7-6 ㈱サイゼリヤ，東証2部に株式上場．
  - ＊平成12年（2000）8月1日，東証1部に指定替え．
- ◇7-16 「食料・農業・農村基本法」公布・施行．
  - ＊昭和36年（1961）に制定された「農業基本法」は廃止された．新基本法は食料の安定供給の確保，多面的機能の発揮，農業の持続的な発展，農村の振興，水産業及び林業への配慮などを政策目標として掲げ，食料自給率の目標等の基本計画を作成しなければならないとしている．
- ◇7-30 農林水産省，米国産リンゴの「ふじ」，ガラ，グラニースミス，ジョナゴールド，ブレイバーン，サクランボのスウィートハートとラピンの輸入を解禁．
- ◇7月 日本たばこ産業，旭フーズ㈱など子会社8社を含む旭化成工業㈱の食品事業を取得（『EDINET』）．
- ◇7月 アサヒビール，深圳青島啤酒朝日有限公司（現・持分法適用関連会社）を開業（『EDINET』）．
- ◇8-10 農林水産省，「遺伝子組み換え食品」の表示の義務化を平成13年（2001）4月1日から実施を決定．
  - ＊この決定により，食品製造各社は遺伝子非組み換え原料（大豆，トウモロコシなど）の確保に奔走することとなり，納豆などに早くも「遺伝子組み換え大豆は使用していません」などの商品が出始める．またビール各社は表示の対象となっていないビー

ルの副材料「コーンスターチ」の原料であるトウモロコシについては非遺伝子組み換え（Non-GMO: Non-Genetically Modified Organism）を使用することを宣言するなど，各企業は消費者の信頼を得るべく積極的な取組みを開始した．

◇8-13　森永製菓，第100回創業記念式典を挙行．
　　　　＊明治32年（1899）8月，森永太一郎¶（1865～1937），東京・赤坂溜池に森永西洋菓子製造所を創業．

◇8-24　キリンビール，副原料に使用するトウモロコシを全量非遺伝子組み換えにする方針を明らかにする．
　　　　＊副原料はトウモロコシを粉状にしたコーンスターチとあらびきしたコーングリッツ．

◇8-26　受精卵クローン牛（clone）と明示された牛1頭が，初めて新潟県長岡市の肥育農家から同市内の食肉処理施設に出荷され，9月上旬に東京都と長野市内の小売店で「クローン牛」と表示され販売された．この4月に表示のないまま市場にクローン牛が出荷されたことから問題となった．

◇8-31　アサヒ飲料，東証1部に株式上場．
　　　　＊平成20年4月22日，上場廃止．

◇8月　　江崎グリコ，江崎格力高食品（上海）有限公司設立（平成13年，上海格力高食品有限公司と合併し，上海江崎格力高食品有限公司に社名変更）(『EDINET』)．

◇9-2　　埼玉県所沢市の農家，テレビ朝日などにダイオキシン報道の訂正放送と謝罪広告，損害賠償を求め，浦和地裁に提訴．→2001年5月15日，原告農家の請求棄却．

◇9-9　　大手スーパー「ジャスコ（イオンの前身）」，遺伝子組み換え農産物を使用した食品であるかどうかの表示を始める．

◇9-22　森永ミルクキャラメル，郵政省「20世紀デザイン切手」に採用される．

◇9-28　キューサイ，東証1部及び福岡証券取引所に株式を上場．
　　　　＊平成19年（2007）3月，株式上場廃止．

◇9-30　茨城県東海村の民間ウラン加工施設「ジェー・シー・オー（JCO）」東海事業所でわが国初の臨界事故が発生し，避難勧告が出される．
　　　　＊臨界事故の発生で茨城県産の農水産物，加工食品の売行きが急減し，問題化．
　　　　＊発生89日目に被爆したJCO大内氏死去（35）．

◇10-31　サントリー，『日々新たに－サントリー100年誌』発刊．
　　　　＊明治32年（1899）2月，鳥井信治郎¶（1879～1962），大阪市西区に鳥井商店を創業．

◇10月　コンビニエンス・ストア大手，缶ビールを値下げ．
◇10月　カゴメ，『カゴメ100年史　本編　資料編』発刊．

	＊明治32年（1899）の春，蟹江一太郎¶（1875〜1971），西洋野菜の栽培に着手する．最初のトマトの発芽をみる．
◇10月	カゴメ，生鮮トマト事業のモデル菜園「美野里菜園」が完成，生鮮事業に本格的に参入．
◇10月	吉野家ディー・アンド・シー，更生会社㈱京樽の株式取得（現・連結子会社）．
◇11−1	食品衛生法の改定により，卵パックなどへのタマゴの賞味期限（生で食べられる期間）の表示が義務付けられる．
◇11−1	おつまみ（イカやサラミなど）の㈱なとり，日本証券業協会に株式を店頭登録．
	＊平成13年（2001）9月17日東証2部，平成14年（2002）9月2日東証1部上場．
◇11−2	日清食品，「インスタントラーメン発明記念館」を大阪府池田市に竣工．
◇11−3	企業の文化事業活動に先べんをつけたサントリー会長・佐治敬三氏¶死去（80）．
◇11−4	中食（なかしょく）業の「わらべや日洋」，東証2部に株式上場．
	＊平成15（2003）年8月1日，東証1部に指定替え．
◇11−11	東京証券取引所，ベンチャー企業向け株式市場「東証マザーズ」（＊）を開設．＊以下「マザーズ」と略称．
◇12−4	さくらんぼの産地・山形県東根市に「さくらんぼ東根駅」誕生．
	＊山形新幹線新庄延伸に合わせて命名された．果物の名を冠した駅名はきわめて珍しい．東根市はさくらんぼの主力品種「佐藤錦」（1912年，佐藤栄助¶創成）の誕生の地で，さくらんぼ生産量日本一を誇る．りんご生産量も県内トップで全国有数の産地．→平成5年（1993）4月1日「勝沼ぶどう郷駅」．
◇12−14	日本経済新聞，主要相場欄に「遺伝子非組み換え米国産大豆」の価格を掲載開始．
	＊この日から，米国産大豆（インディアナ・オハイオ・ミシガン）について取引が増えている「選別，遺伝子非組み換え分別品」と「選別，不分別品」の価格を相場表に毎日掲載．13日の「分別品」の価格は（1トン当たり）5万6千円で「不分別品」（5万円）の12％高．1年7ヵ月後の平成13年（2001）7月19日の「分別品」価格は5万8,500円で「不分別品」（5万2,500万円）の11.4％高．
◇12−31	米国やブラジルなどからの日本向け穀物等の輸送船が利用するパナマ運河がパナマに返還される．

この年

◇英国以外のEU諸国でもBSE発生が急増
◇食料自給率（年度），前年度と同じ40％．

ミネラルウォーターの国内生産量と輸入量

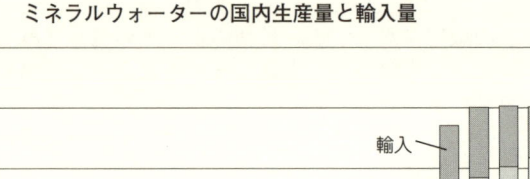

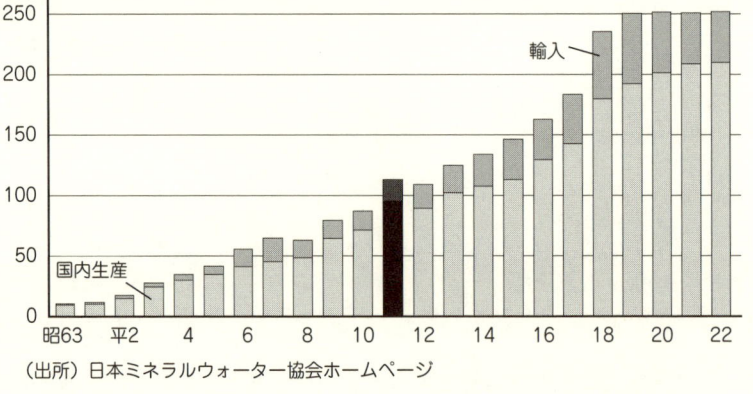

（万kℓ）

（出所）日本ミネラルウォーター協会ホームページ

　都道府県別自給率を初めて公表．最低は東京都の1％，最高は北海道の178％．
◇ビール・発泡酒出荷量は前年の0.5％減の5億5,800万函（1函は20本入り〈大瓶換算〉）．
◇缶入りチューハイがヒット．
◇ワインブーム6年目を迎える（ワインブームは平成6年の1本500円の低価格ワインから始まる）．
◇冷凍食品生産量，150万4,962トン（前年比1.1％増）と初めて150万トンを超える（日本冷凍食品協会調査）．
◇2000年対応問題（Y2K）などでミネラルウォーターの需要増大．
　＊国内生産量95万6,400kℓ（前年比33.8％増），輸入量（2201.10-000）17万5,582kℓ（同10.3％増），総計で113万1,982kℓ（同29.6％増）となり，初めて100万kℓの大台を超える（日本ミネラルウォーター協会調査）．
◇深層水売上げが急増．
◇IT経費の増大が外食費の停滞に影響か．
　この年の総務庁の全国消費実態調査結果によると，30歳未満の電話代は平成6年（1994）の約2倍となっており，40歳代のパソコン費は10倍に伸び，食費や衣料費を削って対応しているのがうかがわれる．外食費の伸び悩みの原因の一つに情報技術化（IT＝Information Technology）対応への経費の増大が挙げられている．
◇NHK教育テレビの『おかあさんといっしょ』のオリジナルナンバー「だんご3兄弟」が大ヒット．この影響でだんごの売行き好調．

平成12年（2000）

■雪印乳業中毒事件
■三宅島全島避難
■百貨店そごうグループ倒産
■国際流通グループのカルフール，日本1号店をオープン

◇1月　総務省，発泡酒・ビール風アルコール飲料の購入が増えたことから，『家計調査』では従来，「他の酒」の項目で一括して購入金額のみを調査していたが，この1月から「発泡酒・ビール風アルコール飲料」の項目を設け，購入金額，購入数量の調査を開始し，購入単価も明らかになる．
平成12年と11年後の23年（2011）を比較すると，発泡酒などが大幅に増加する一方，ビールが大幅に減少し，発泡酒などがビールを浸食していることがうかがえる．ただし，平成12年は発泡酒の値である．
＊1世帯当たり（平成12年）：金額3,580円，数量10.12ℓ，1ℓ当たり353円64銭．同ビール：金額2万5,629円，数量50.39ℓ，1ℓ当たり508円63銭．
＊1世帯当たり（平成23年）：金額9,085円（12年の2.5倍），数量28.28ℓ（同2.8倍），1ℓ当たり321円24銭．同ビール：金額1万2,759円（12年の50.2％減），数量24.38ℓ（同51.6％減），1ℓ当たり523円44銭．

◇1月　総務省，茶飲料の購入が増えたことから，『家計調査』では従来，「他の茶葉」の項目で一括して調査していたが，この1月から「茶飲料」の購入金額の調査を開始．
＊1世帯当たり（平成12年）：3,662円→平成23年：5,749円（12年の57％増）．

◇1月　総務省，健康志向などからココアへの関心が高まってきたことなどから，『家計調査』では従来，「他の飲料」の項目で一括して調査していたが，この1月から「ココア・ココア飲料」の購入金額の調査を開始．
＊1世帯当たり（12年）：448円，15年637円へ増えたが，その後減少し23年は402円．

◇2-1　長崎ちゃんぽんの㈱リンガーハット，東証・大証1部に指定替え．
◇2-9　「シーチキン」で知られる「はごろもフーズ」（静岡県清水市〈現・静岡市清水区〉），東証2部に株式上場．
＊設立は1947年（昭和22）7月．
◇2-10　カレー専門店の㈱壱番屋，日本証券業協会に株式を店頭登録．
＊平成16年（2004）3月8日，東証2部及び名証2部に株式上場．

17年5月2日，東証1部及び名証1部に指定替え．
◇2-13　グリコ・森永事件のすべての時効（15年）が成立．
　　　　＊昭和60年（1985）2月，東京・名古屋のスーパーで「どくいりきけん」のシールを付けたチョコレートを置く．
◇2-13　中堅スーパーの長崎屋グループ，会社更生法適用申請，事実上倒産．
◇2-14　日本マクドナルド，平日に限ってハンバーガーを130円から65円に，チーズバーガーを160円から80円に値下げ．
◇2-25　総菜の㈱ロック・フィールド，資本金55億4,416万円に増資し，東証1部上場・大証1部に指定替え．
◇2月　　㈱ニチロサンフーズ（現・マルハニチロ食品の子会社），日本証券業協会に株式を店頭登録．
◇2月　　亀田製菓，咀嚼・嚥下困難者用「ふっくらおかゆ」の製造販売を開始（『EDINET』）．
◇2月　　ダイドードリンコ，田辺製薬と業務提携し，同社のドリンク剤「アスパラドリンクX」の販売を開始．
　　　　＊アスパラドリンクXは田辺製薬の委託を受け，大同薬品工業が製造し，ダイドードリンコが販売する．
◇2月　　㈱ロッテ，クールミントガム誕生40周年記念スタート．
◇3-1　 ユタカフーズ（愛知県知多郡武豊町），東証2部に株式上場．
　　　　＊昭和36年（1961）10月2日，名古屋証券取引所2部に株式上場．
◇3-1　 ワタミフードサービス（ワタミの前身），東証1部に株式を指定替え．
◇3-1　 亀田製菓（新潟市江南区），新潟証券取引所と東京証券取引所の合併に伴い，東証2部に株式上場．
　　　　＊昭和59年（1984）10月31日，新潟証券取引所に上場．
◇3-1　 ㈱ブルボン（新潟県柏崎市），新潟証券取引所と東京証券取引所の合併に伴い，東証2部に株式上場
　　　　＊1954年（昭和29）4月1日，新潟証券取引所に上場．
◇3-1　 アヲハタ（広島市竹原市），広島証券取引所廃止により，東京証券取引所2部に株式上場．
　　　　＊平成10年（1998）7月24日，広島証券取引所に上場．
◇3-10　26年間親しまれてきた「新幹線の食堂車」が歴史の幕を閉じる．午後4時7分東京発博多行の「ひかり127号」が下りの最後の食堂連結車となる．
◇3-23　農林水産省・文部省・厚生省，望ましい食生活のあり方を示した「食生活指針」を発表．
　　　　＊食生活改善に取り組みやすくするため，次の「食生活指針10ヵ条」を示した．
　　　　　(1)食事を楽しみましょう．
　　　　　(2)1日の食事のリズムから，すこやかな生活リズムを．

　　　　(3)主食，主菜，副菜を基本に，食事のバランスを．
　　　　(4)ごはんなどの穀類をしっかりと．
　　　　(5)野菜・果物，牛乳・乳製品，豆類，魚なども組み合せて．
　　　　(6)食塩や脂肪は控えめに（1日に10g未満にしましょう）．
　　　　(7)適正体重を知り，日々の活動に見合った食事量を．
　　　　(8)食文化や地域の産物を活かし，ときには新しい料理も．
　　　　(9)調理や保存を上手にして無駄や廃棄を少なく．
　　　　(10)自分の食生活を見直しましょう．
◇3-24　政府，平成22年度（2010）の食料自給率目標（カロリーベース）を45％とした食料・農業・農村基本計画を閣議決定．
　　　　＊実績は6％下回る39％．
◇3-25　農林水産省，口蹄疫の疑惑のある肉用牛を宮崎市で確認．
◇4-17　「オロナミンC」「ポカリスエット」などのヒット商品を生み出した元大塚製薬社長の大塚正士（まさひと）氏¶死去（83）．
◇4-23　地ビールの日．
　　　　日本地ビール協会を中心とする「地ビールの日選考委員会」が公募により平成11年（1999）11月に制定．1516年，バイエルン国王ウィルヘルム4世が発布した「ビール純粋令」により，水，ホップ，大麦・小麦の麦芽，酵母だけがビールの醸造に使用できることとなったことにちなむ．ドイツの「ビールの日」でもある．
◇4-29　みそラーメンの考案者・札幌ラーメン「味の三平」店主大宮守人氏¶（1919.2.13生まれ）死去（81）．
◇5-8　大阪証券取引所，新興企業向け市場「ナスダック・ジャパン」開設．
◇5-11　福岡証券取引所，新興企業向け市場「Q-Board」開設．
◇5-18　東京穀物商品取引所，遺伝子組み換え技術を使わない大豆（非遺伝子組み換え大豆＝非GMO大豆）の先物取引を世界で初めて開始．
　　　　＊上場大豆は米国産の非GMO大豆．大豆などの組み換え作物は平成13年4月から表示が義務付けられた．
◇5-23　「りんごの唄」切手発売．
◇5-24　改正商法成立，会社分割制度創設．
◇5月　東京市場5月の野菜卸売価格，過去10年の最安値．
◇5月　日本製粉，米国PASTA MONTANA, L.L.C.（現・連結子会社）を買収（『EDINET』）．
◇5月　㈱レインズインターナショナル（現・㈱レックス・ホールディングス），「牛角」100店舗を達成．
◇6-27　すかいらーく系の和食レストランチェーン・㈱藍屋（あいや），東証2部上場廃止．
◇6-29　雪印乳業食中毒事件発生．
　　　　大阪市環境保健局は雪印乳業大阪工場製造の「雪印低脂肪乳」を飲んだ人がおう吐や下痢の症状を相次いで訴えていると発表．同社は

28日までに約29万8千本を回収.
◇6-29 ソース大手のブルドックソース社長に生え抜きの池田章子常務が就任した.広報活動等で頭角を現わす.女性が社長を務める上場企業は10社に満たず,同族企業の経営者が多く,サラリーマン出身は極めて珍しい.
◇6月 エバラ食品工業,『エバラ食品40年史:味な文化を創造する』発刊.
 ＊昭和33年（1958）5月,前身の荏原食品工業設立.
◇7-1 JAS法の改正により,野菜や魚介類など生鮮食料品に原産地の表示を義務付ける制度がスタート.
◇7-2 雪印乳業大阪工場,営業停止処分.被害者1万3千人.
◇7-3 ㈱ドン・キホーテ,東証1部に指定替え.
◇7-11 雪印乳業,全国21ヵ所の牛乳工場の操業停止.
◇7-12 百貨店そごうグループ倒産,民事再生法適用申請.負債総額約1兆8,700億円（金融機関を除き過去最高）.
 ＊9月24日,そごう東京店が閉店.
◇7-26 三菱商事系の㈱ローソン,東証・大証1部に株式上場.
◇7月 ㈱サイゼリヤ,オーストラリアに製造子会社　Saizeriya Australia Pty.Ltd.（現・連結子会社）を設立（『EDINET』）.
◇8-1 ㈱サイゼリヤ,東証1部に指定替え.
 ＊12年8月期売上高397億円.
◇8-10 清涼飲料受託生産で大手のジャパンフーズ（千葉県長生郡長柄町）,日本証券業協会に株式を店頭登録.
 ＊12年3月期連結売上高160億円.15年2月25日,東証2部に上場.平成17年3月1日,東証1部に上場.伊藤忠商事系.自社ブランドはなく,相手先ブランド.
◇8-18 伊豆諸島三宅島で大規模噴火.9月4日,三宅村一般住民全員が島外避難（三宅島全島避難）.
◇8-18 ㈱ユニカフェ,東証2部に株式上場.
 ＊12年9月期売上高152億円.13年9月3日,東証1部に指定替え.
◇8-28 焼き肉チェーンの安楽亭,東証2部に株式上場.
 ＊12年3月期連結売上高324億円.
◇8月 リンゴ「ふじ」の交配実生が芽を出してから満60歳を迎えたことを記念し,『リンゴふじの60年』が刊行された.「ふじ」の原木は農林水産省果樹試験場リンゴ支場（現・独法　農業・食品産業技術総合研究機構　果樹研究所リンゴ研究拠点）に現存している.
◇8月 森永製菓,『森永製菓一〇〇年史:はばたくエンゼル,一世紀』発刊.
◇9-14 和食レストランチェーンの㈱キンレイ（大阪市）,日本証券業協会に株式を店頭登録.
 ＊12年3月期連結売上高332億円.平成17年（2005）12月　上場廃

　　　　　　止．
◇9－27　㈱松屋フーズ，牛めし（並）を400円から290円に値下げ．
◇9月　　㈱吉野家ディー・アンド・シー（吉野家ホールディングスの前身），
　　　　京樽株を買い増し，京樽を子会社とする．
◇9月　　（合）八丁みそ（愛知県岡崎市），『カクキュー　山越え谷に越え350
　　　　年』発刊．
◇10－1　「ほっかほっか亭」，11月末まで，牛めし弁当を290円で売り出す．
◇10－13　㈱そごう，東証1部上場廃止．
◇10月　　日本たばこ産業，㈱加ト吉と業務提携．
◇10月　　キッコーマン㈱，『キッコーマン株式会社八十年史』発刊．
　　　　　＊大正6年（1917）12月，前身の野田醬設立．
◇11月　　日新製糖，東日本製糖（現・新東日本製糖）の株式を取得し，大日
　　　　本明治製糖との折半出資の合弁会社とする（『EDINET』）．
◇11－6　㈱吉野家ディー・アンド・シー，会社更生法適用から20年目に東証
　　　　1部に株式上場．
　　　　　＊12年2月期連結売上高971億円．
◇11－13　㈱ドトールコーヒー，東証1部に株式上場．
　　　　　＊12年3月期連結売上高397億円．
◇11－22　科学技術庁資源調査会（現・文部科学省），『五訂　日本食品標準成
　　　　分表』を発表．
　　　　　＊『日本食品標準成分表』の18年ぶりの全面改定．食物繊維やコレ
　　　　　ステロールについてのデータや，輸入品と国産品，調理前後の成
　　　　　分の違いなど，より利用性の高いものとなっている．食生活の多
　　　　　様化などを反映し，収録食品数は『四訂版』(1982年10月発表）よ
　　　　　り16％増の1,862品目となっている．18年前に比べコメの蛋白質
　　　　　が減少していること（蛋白質が少ない方がおいしいと感じるとい
　　　　　われている），標準的なホウレンソウのビタミンCが半減してい
　　　　　ること，また輸入サバの脂質が国産の2倍以上あることや，マダ
　　　　　イの蛋白質，脂質，ビタミンBなどいずれも養殖の方が天然もの
　　　　　より多いことなどを示している．「旬がある」といわれる野菜と
　　　　　魚介類の代表19品目についても季節による成分の変動を初めて分
　　　　　析した．冬のホウレンソウのビタミンCは夏の3倍，秋の戻りカ
　　　　　ツオの脂質は春の初カツオの12倍などと変化を認めたが，カボ
　　　　　チャや大根，イワシ，サバなどには明確な季節差はないとしてい
　　　　　る．
◇11－29　日本製紙系の四国コカ・コーラボトリング，東証1部に株式上場．
　　　　　＊平成21年（2009）9月25日，上場廃止．10月1日，㈱日本製紙グ
　　　　　ループ本社との株式交換により同社の完全子会社となる．
◇11月　　日本ケンタッキー・フライド・チキン，1号店オープンから30周年．
◇12－1　神奈川・静岡・山梨の三県が地盤の富士コカ・コーラボトリング

(神奈川県海老名市),東証1部へ指定替え.
　　　＊12年12月期連結売上高1,165億円.13年6月22日,上場廃止.6月28日,富士コカ・コーラボトリングと中京コカ・コーラボトリングが共同して,株式移転によりコカ・コーラセントラルジャパン株式会社を設立.

◇12-8　カルフール,日本1号店をオープン.
　　　＊千葉市幕張地区に開店したカルフール(Carrefour)は世界最大の小売業,米ウォルマートに次ぐ国際流通グループ.特徴は中間業者を通さずメーカーから直接大量仕入れで流通コストを削減し,低価格で販売.幕張店では周囲15kmの他店で価格が安かった場合は差額を返す「最低価格保証」と同時に「無条件返品」をアピール.日本の小売業界に脅威をもたらした.しかし,業績は伸びず,日本進出後,5年を経ずして平成17年(2005)に撤退を余儀なくされた.

◇12-18　焼き肉「牛角」を展開する㈱レインズインターナショナル(現・レックス・ホールディングス),日本証券業協会に株式を店頭登録.
　　　＊12年12月期売上高87億円.

◇12-31　文明堂総本店,『文明堂総本店百年史』発刊.
　　　＊1900年(明治33)に長崎市で中川安五郎氏¶(1879～1963)が創業.実弟の宮崎甚左衛門氏¶(1890～1974)は東京文明堂の創始者.

この年

◇牛乳・乳製品の自給率,68%と初めて70%を割る.
◇首都圏では国産牛に比べ価格の安い輸入牛肉を使った焼き肉店チェーンが続々進出した.焼き肉の特徴はすき焼と違ってホルモンやハラミなども食べられる.外食産業が停滞するなか,全国焼肉協会によると,焼き肉店の売上高は年々増加し,7千億円に達しているという.
◇百貨店・チェーンストアの食料品の売上げが何れも前年を下回る(日本百貨店協会,日本チェーンストア協会調べ).百貨店は前年の1%減の2兆504億円〔売上高の23.2%〕.スーパーは単価下落の影響を受けて3.6%減の8兆4,173億円〔売上高の51.8%〕.
◇冷凍食品生産数量,初めて前年を下回る(日本冷凍食品協会調べ).
　　　＊生産数量(149万8,700トン)が昭和33年統計作成開始以来,初めて前年を下回り(0.4%減),生産金額(工場出荷金額,7,377億円)も昭和39年以来,36年ぶりに減少(1.6%減)した.これは主としてフライ類等の減少によるものである.
◇清酒の課税移出数量(年度),99万9千kℓと100万kℓの大台を割る.ピークの昭和48年度(176万6千kℓ)の43.4%減(グラフ参照).
　　　＊平成22年度は60万3千kℓ(ピーク時の65.9%減).

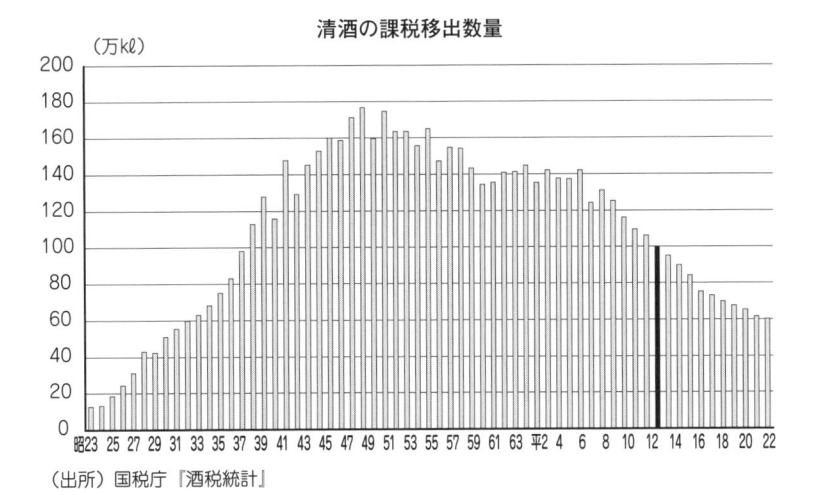

清酒の課税移出数量

(万kℓ)

(出所) 国税庁『酒税統計』

平成12

平成13年（2001）

■BSE感染の乳牛，日本で初めて発見される
■口蹄疫の侵入を防止するため，EU加盟国からの豚肉などの輸入を停止
■遺伝子組み換え食品の表示の義務化
■外食の低価格化すすむ（牛丼，おにぎり，弁当などの値下げ）

◇1-9　東京・霞が関中央省庁内に初めてのコンビニエンス・ストアー開店．1月6日の省庁再編で新築された中央合同庁舎2号館地下1階に「am/pm　霞が関合同庁舎店」がオープンした．売場面積は約85㎡で，通常の店舗よりやや小さいため，取扱商品は1,300〜1400品と少ないが，コンビニエンス・ストアーの「空白地帯」だっただけに，昼休みには弁当を買う人で大混乱し，引き返す人もいたという．1日当たりの来客数は平均店舗の倍の約2千人を見込む．

◇1-18　農林水産省，有明海の養殖ノリの色落ちによる不作問題に対応するため，有明海ノリ不作対策本部を設置．

◇1-25　東京・赤坂に「昼食戦争」に参戦するために開発した新業態「エス・ガスト」第1号店を開店．売れ筋は「ハンバーグ定食（390円）」．価格は同社の郊外型店より2割程度安い．食材の6割以上は輸入品といわれる．

◇1-26　ニッカウヰスキー，東証2部上場廃止．

◇1-26　横浜市中区伊勢佐木町にフードテーマパーク「横濱カレー・ミュージアム」開館．七つのカレー有名店や，アトラクションを売り物にする．インドカレー4店のほか，和風，タイ風カレーの店，神奈川県横須賀市が売り出し中の欧風「よこすか海軍カレー」で構成されている．大正時代の港町や客船をイメージした施設では，民俗衣装を身につけた店員がサービスする．
　　＊平成19年（2007）3月31日，事業期間満了に伴い閉店．

◇1-27〜3-11　千葉県立安房博物館（館山市）で「関澤明清と房総の漁業」展，開催．＊関澤明清¶（せきざわ・あききよ，1843〜97）は近代漁業の先覚者で，初代の水産伝習所所長（東

京海洋大の前身）などに就任し，地方の漁業の振興を図るとともに多数の有能な水産研究者を育てた．

◇1月　農林水産省，EUの牛肉や肉骨粉の輸入停止を決定．
◇1月　日本水産，ニュージーランドの「SEALORD GROUP LTD.」へ資本参加（『EDINET』）．
◇1月　合同酒精（オエノンホールディングスの前身），茨城県牛久市のシャトーカミヤ内に神谷伝兵衛記念館オープン．＊シャトーカミヤの前身，牛久醸造場は，神谷伝兵衛¶（1856～1922）が明治36年（1903）9月に竣工．
◇2-1　㈱ジャスダック，株式店頭市場業務開始．
　　　＊日本証券業協会が店頭市場の執行業務を委託していた㈱ジャスダック・サービスを㈱ジャスダックと商号変更．
◇2-5　サンヨー食品，袋めん「サッポロ一番」の発売35周年を記念して，同ブランドの縦型カップめんを期間限定で発売．＊昭和41年（1966）1月，「サッポロ一番しょうゆ味」を発売．
◇2-21　アサヒビール，同社初の発泡酒「アサヒ本生」（麦芽使用率25％未満，アルコール分約5.5％）を発売．海洋深層水を使用．
　　　＊ついに，アサヒも発泡酒市場に参入し，一気に拡大してビール・発泡酒合計の28.9％を占める．発泡酒市場が拡大したことから，発泡酒増税案が浮上してきた．
◇2-26　食品の売上げが約7割を占める㈱ファミリーマート，全国約5,200店のうち不採算の500店舗を平成14年2月期に閉鎖すると発表．13年2月期の営業収益1,760億円．
◇3-3　「電気ブラン」で知られる浅草・神谷バーの4代目社長神谷進弥氏死去（63）．
◇3-12　青森県深浦町議会，未成年者の飲酒，喫煙防止を目的に酒類やタバコの自動販売機の撤去を定めた全国初の条例案を賛成多数で可決．4月1日施行．業者に180日以内の撤去を求める．
◇3-13　伊藤忠商事，伊藤忠食品株式会社の株式を東証1部に上場（現・連結子会社）（『EDINET』）．
　　　＊12年9月期の売上高4,998億円．
◇3-14　農林水産省，平成12年産水稲の産地品種生産量（上位10産地品種）を発表．
　　　1位は新潟県産「コシヒカリ」（53万1,600トン〈全国生産量の5.6％〉），2位は秋田県「あきたこまち」（45万400トン〈同4.8％〉），3位は北海道産「きらら397」（40万6,200トン〈4.3％〉）．上位10位以内に4県（新潟，茨城，栃木，千葉）の「コシヒカリ」が入る．
◇3-17　サッポロビール，3月23日から発売する発泡酒「北海道生搾り」のテレビコマーシャルに岩間辰志社長自らが出演し商品を売り込む．発泡酒は2月のアサヒビールの参戦で販売競争が一段と激化した．

◇3-23　農林水産省，デンマークなど欧州連合（EU）加盟国産の豚肉や豚肉加工品の輸入を24日から全面的に停止すると発表．
　　　　＊家畜の伝染病である口蹄疫（＊）が域内全体に広がっている恐れがあるためで，2月に英国で初めて発見され，オランダ，フランス等でも相次いで発見されている．EU産の豚肉は輸入品の42％，国内需要の18％を占めている．特にデンマーク産の豚肉は欧州からの輸入量の8割近くを占め，ハム，ソーセージなどの加工原料として利用されている．
◇3-24　農林水産省，口蹄疫（＊）の侵入を防止するため，EU加盟国産の豚肉などの輸入を停止．
◇3-27　農林水産省が財政，経済産業両省へ，急増している中国産のネギ，生シイタケなどに対する緊急輸入制限措置（セーフガード）（＊）発動要請を決定．
◇3月　ボンカレーの大塚化学（大阪市），レトルト食品「冷しカレー」を関東・中四国の地域限定で発売．4～6月の3ヵ月で200万個近くを売り上げるヒット商品になる．
◇3月　日清製粉，『日清製粉100年史』発刊．
◇3月　亀田製菓，品質の国際規格ISO9001認証取得（『EDINET』）．
◇3月　日清食品，13年3月期連結売上高3,000億円（3,010億8,100万円）を達成．
◇3月　塩水港精糖，東洋精糖・日本精糖（現・フジ日本精糖）と業務提携し，太平洋製糖で10月共同生産開始．9月同社横浜工場を太平洋製糖へ譲渡（『EDINET』）．
　　　　＊塩水港精糖の起源は明治36年（1903）12月，台湾の大糖商王震農を中心に，塩水港庁岸内庄（現・台南県）に創立した塩水港製糖株式会社（資本金30万円）．
◇4-1　改正日本農林規格（JAS）法施行．遺伝子組み換え食品，有機農産物や米についての表示が義務づけられ，表示が厳しくなる．
　　　　＊①遺伝子組み換え食品（豆腐，納豆など24品目）：遺伝子組み換え作物を原料に用いた食品は「遺伝子組み換え」ないし「遺伝子組み換え不分別」と必ず表示しなければならない．遺伝子組み換え表示をしない場合，大豆，トウモロコシは組み換え混入率5％の上限を目安とする．②有機農産物：有機農産物の定義を「化学肥料と農薬を3年以上使用していないもの」に限定し，農林水産省に登録した認証機関による認証を義務づける．③米：産地，品種，生産年の表示を義務付け，違反した場合，業者などの名前を公表．違反者には50万円以下の罰金を課す．
◇4-1　厚生労働省，一定の条件を満たした食品を「保健機能食品」と認める制度を発足．厚生労働省認可マークが付けられる．
　　　　＊ビタミン，ミネラル，食物繊維など不足しがちな食品を「栄養機

能食品」として販売できるようになる．「特定保健用食品（トクホ）」も保健効果を表示できる．

◇4-1 食品リサイクル法施行．食品の製造加工業者，飲食店などで出る食べ残しを農畜産物の肥料や飼料に再資源化する．

◇4-1 アルコール事業法施行．
＊これにより，昭和12年施行のアルコール専売法により国の一元的な管理の下にあったアルコール専売制度が廃止され，「アルコール事業法」の下で新たなスタートを切る．

◇4-1 三井製糖，新名糖を吸収合併し，商号を新三井製糖に変更．

◇4-2 ㈱ゼンショー経営の牛丼チェーン「すき家」，この日から12日まで，308店全店で並盛り280円を30円引き下げて250円で販売．同社は3月5日に400円だった並盛りを280円に引き下げたばかりであった．牛丼の最大手の㈱吉野家ディー・アンド・シーが，4月4日から10日まで並盛りを250円に値下げすると発表したばかりである．サラリーマンの小づかい費が伸び悩むなか，外食をめぐる価格競争が一段と熾烈を極める．

◇4-11 ㈱吉野家ディー・アンド・シー，「牛丼並盛250円セール」についてお礼とお詫びの広告を各紙に掲載．
＊4月4日から10日まで期間限定で通常400円の牛丼並盛を150円値引きでセールを実施したところ，予想を上回るお客が押し寄せ牛肉などの食材が払底し，7日以降，全国約100店が一時閉鎖に追い込まれる異例の事態が起こった．来店客数は通常時の3倍に増加したという．

◇4-11 無菌包装切り餅・米飯のトップメーカー，サトウ食品工業（新潟市，昭和41年10月設立），東証2部に株式上場．＊平成12年4月期連結売上高359億円．

◇4-17 閣議，ネギ，生シイタケ，畳表の暫定的な緊急輸入制限措置（セーフガード）を23日発動することを決定．
＊セーフガードにかかる追加関税はネギ256％，生シイタケが266％，畳表が106％となる．輸入品価格に追加関税を上乗せすると，国産価格と同程度になる．一定の枠内（1997～99年の年平均の輸入量）であれば，追加関税はかからない．枠内数量はネギ5,383トン，生シイタケ8,003トン，畳表7,949トン．

◇4-19 キリンビール，7月に缶入りチューハイを発売すると発表．アサヒビールも5月に参入し，首位のサントリーや宝酒造，メルシャンがシェア争いを展開．

◇4-19 奈良市漢國（かんごう）町の漢國神社内の林神社内で「饅頭祭」が行われる．
＊この日，毎年，日本にあん入りの饅頭をもたらしたといわれる林浄因（りんじょういん）の功績をたたえて，奈良市漢國町の漢國

神社境内の林神社で，全国の製菓業者などが集まり饅頭祭を開催する．

◇4-23 中国のネギ・生シイタケ・畳表の緊急輸入制限措置（セーフガード）を実施．

◇4-23 武田薬品工業，当社初の100円台のドリンク剤「アリナミン7」（100㎖，146円）を新発売．ドリンク剤の低価格競争が一段と激化．2000年度の市場規模は前年度比15％増の約2,700億円になった模様（日経）．

主な100円台のドリンク剤（容量はすべて1本100㎖）
〔日本経済新聞調べ〕

製品名	企業名	価格
・アリナミン7	武田薬品工業	146円
・新グロモントゴールド	中外製薬	180円
・ファンテユンケル3Bドリンク	佐藤製薬	150円
・チオビタ・ドリンク	大鵬薬品工業	146円
・エスカップL	エスエス製薬	146円
・リポビタンD	大正製薬	146円
・ビタシーローヤルD	常盤薬品工業	146円
・アスパラドリンク	田辺製薬	143円
・Jリゲイン	三共	194円

◇4-24 キリンビバレッジ，サッカー日本代表公式飲料「キリン サムライ」（500㎖，140円）を発売．カロリーオフのスポーツドリンクで，シトラス風味．

◇4-27 「鳥取二十世紀梨記念館」，鳥取県倉吉市にオープン．二十世紀梨の古木の展示や梨を使った世界の料理の紹介など梨のテーマパーク．
＊鳥取の二十世紀梨は1904年（明治37），北脇永治¶（1878～1950）が現・千葉県松戸市の松戸覚之助¶（1875～1934）から導入したのに始まる．

◇4月 アサヒビール，ニッカウキスキー株式会社（現・連結子会社）から営業譲受（『EDINET』）．

◇4月 日本製粉，『日本製粉社史 近代製粉120年の軌跡』発刊．

◇4月 ロッテのキシリトールガム＋2（クールハーブ），厚生労働省の「保健機能食品（特定保健用食品）」の許可を受ける．

◇4月 丸美屋食品工業，『丸美屋食品50年史』発刊．

◇5-6 コシヒカリの生みの親といわれる元福井農業試験場長石墨慶一郎氏（いしずみ・けいいちろう）¶死去（79）．研究グループの中心として1956年（昭和31）にコシヒカリの育成に成功．コシヒカリの命名は「越の国に光り輝く」ことを願ったものだといわれる．1979年（昭和54）以降，水稲作付面積で第1位．

◇5-7 文部科学省，全国の小中学校で給食に携わる栄養職員に「食」に関

　　　　　する指導をしてもらう方針を決め，学識経験者などでつくる研究会を発足させた．子供の食生活の乱れが子供の学習態度等に悪影響を与えているとの指摘をうけて取り組むこととなった．

◇5-8　食事や酒を楽しみながら，テーブルに設けられた液晶パネルでアニメやホームページを見たり，ゲームを楽しめる「ITファミレス」「IT居酒屋」が増え始める（日経夕5/8）．

◇5-9　マルハの元部長ら，関税が免除されるアフリカの国から冷凍タコを輸入したと偽って約4億円を脱税したとして，関税法違反で東京地検に逮捕される．水揚げのない国（ガンビア）から大量の冷凍タコが輸入されていたことから発覚．
　　　＊この年のタコの輸入量は8万5,685トン，このうち，ほぼ全量が冷凍タコ（0307.59-100）で輸入金額は376億円．輸入先は24ヵ国にのぼっているが，モロッコ（68.1％），モーリタニア（12.0％），中国（4.7％）の3ヵ国で全体の約85％を占める．

◇5-14　農林水産省，平成12年度のチーズの消費量は過去最高と発表．プロセスチーズが11万7,045トン（前年の1％増），直接消費用ナチュラルチーズが14万2,531トン（同11.5％増）．食品需要が全体として停滞している中で，チーズは数少ない成長食品の一つである．チーズ消費量全体に占める国産の割合は13.9％．
　　　＊平成22年度は19.0％（前年度19.1％）．

◇5-15　埼玉県所沢市農家，さいたま地裁で行われた「テレビ朝日ダイオキシン報道訴訟」の判決で，敗訴．

◇5-15　欧州連合（EU）の「たばこ製造・表示・販売規制法」が欧州議会で成立．
　　　1902年9月末に発効し，「喫煙は人を殺す」といった直接的な警告文が義務づけられる．たばこの紙袋などに「マイルド」「ライト」などと表示することは誤解を招くとして禁止される．欧州でたばこ販売している日本たばこ産業（JT）は深刻な影響を受けかねないとして，裁判闘争をする構えであるという．

◇5-15　アサヒ飲料，カゴメと清涼飲料の生産・販売で提携を発表．カゴメの主力製品の「果実・野菜ミックスジュース」をアサヒ飲料の全国の自動販売機網（約8万台）で6月から販売．アサヒ飲料は自社ブランドのミックスジュースをやめる．

◇5-29　回転ずし「くら寿司」を経営する㈱くらコーポレーション（大阪府堺市），ナスダック・ジャパン市場（現・大阪証券取引所ジャスダック「JASDAQ」）株式上場．
　　　＊平成16年10月4日，東証2部上場．平成17年10月3日．東証1部に指定替え．

◇6-5　宝酒造，発泡酒「ドライモルト」を全国発売．昨年3月に発泡酒を発売したが，不振で今年3月にいったん販売を中止していた．商品

名と缶のパッケージを一新し，発泡酒市場に再挑戦．生産委託先は前回と同様，韓国ビール大手のハイト麦酒．

◇6-14 みそ及び豆乳・飲料の製造販売を主な事業とする「マルサンアイ」（愛知県岡崎市），株式を名証2部に上場．
＊12年9月期の連結売上高158億円．

◇6-26 民営機械製粉業発祥の地（東京都江東区扇橋1-20），江東区の史跡に指定される．
＊明治12（1879）年，明治を代表する実業家　雨宮敬次郎¶（1846～1911）が水運の便のよい小名木川に着目して，この地にそれまでの水車動力に代わる蒸気機関を動力源とした．民営では最初の近代機械製粉所「泰晴社（たいせいしゃ）」を創設した．

◇6-29 コカ・コーラ　セントラル　ジャパン，愛知・岐阜・三重が地盤の中京コカ・コーラボトリング及び神奈川・静岡・山梨が地盤の富士コカ・コーラボトリングが共同して，株式移転により設立．6月28日，東証1部上場．両社は完全子会社となる．

◇6月 ダイドードリンコ，武田薬品工業と業務提携し，同社のドリンク剤「アリナミン7」の販売を開始．
＊「アリナミン7」は武田薬品工業の委託を受け，大同薬品工業が製造し，ダイドードリンコが自販機で販売．

◇7-1 カレー専門店の㈱壱番屋，冷やしカレー「Bubu（ブブ）カレー」（500円）を発売．冷たいご飯にカレー味スープをかけ，かつおぶし，きざみのり，大根おろしなどを乗せて食べる．
＊この頃，猛暑を吹きとばすため「冷やし系食べ物」が出回る（茶碗むし，おでんなど）．
＊7月の東京の平均気温は，28.5℃と猛暑の平成6年（28.3℃）を上回る（『理科年表』）．

◇7-2 政府の許可の下で調査捕鯨を行っている日本鯨類研究所は南氷洋での調査捕鯨で得た鯨肉について，一般市販用の赤肉と胸肉を前年より9～12%値下げすると発表した．供給量が少ないことから高値で推移していた．

◇7-2 日清製粉，持株会社となり，商号を「株式会社日清製粉グループ本社」に変更し，全ての事業を分社化（連結対象33社）．製粉部門は新会社「日清製粉株式会社」としてスタート．
＊13年3月期の連結売上高4,029億円．

◇7-3 JR東日本の大塚陸毅社長は，同社の子会社，㈱日本レストランエンタプライズ（旧日本食堂）が米国で製造した冷凍弁当の輸入販売

を決めたことに農林水産省,自民党議員,農業団体等が反発している問題について,「計画を変更することはない」と表明した.

◇7-5 吉野家ディー・アンド・シー,主力の牛丼並盛の価格400円を280円に値下げするなど「新価格」を発表.愛知県以西の西日本地区(365店)は7月26日から,静岡県以東の東日本地区(424店)は8月1日から実施.最大手が業界最低水準の価格を打ち出したことで,価格競争が一段と熾烈化する.

◇7-10 公正取引委員会,「コーヒー牛乳」「フルーツ牛乳」などの名称を禁止.
＊公正取引委員会は,乳業メーカーで構成する全国飲用牛乳公正取引協議会から申請のあった飲用乳の表示規約の変更を認定した.生乳100％などの条件を満たした飲料だけが「牛乳」と表示できることとし,生乳の使用割合(「100％」,「50％以上」,「50％未満」)の表示を義務付けた.これにより「コーヒー牛乳」「フルーツ牛乳」「いちご牛乳」などの名称は1年後には使用できなくなった(1年間猶予期間).新規約は11日から適用される.

◇7-11 キリンビール,缶チューハイ「氷結果汁」販売開始.4ヵ月で30万ケース出荷.＊ウオッカをベースに果汁を加熱せず凍結して使用.

◇7-12 ㈱ダイエー,韓国の大手ビールメーカー「OBビール」が日本人好みに開発した辛口ビールタイプの「D-ドライビール」をプライベートブランド(PB)で発売(1缶354㎖入り138円).同社店頭のナショナルブランドビール(NB)の通常価格に比べ30％安く,発泡酒と同価格.

◇7-17 ㈱日本レストランエンタプライズ,米国産有機米を使って「健康志向の安くておいしい弁当」と銘打って「O-bento(オーベントー)」を売り出す.種類は「鮭ちらし弁当」「牛すき焼き風弁当」など3種類.価格は600円(大),330円(小).農協等の生産者団体は発売前から反発を強めた.

◇7-18 人気の高まってきている無洗米などを販売する木徳神糧㈱,株式を日本証券業協会に店頭登録.

◇7-22 主要国首脳会議(ジェノバ・サミット),3日間にわたる討議を終え,8ヵ国による首脳宣言を採択し,閉幕した.宣言の中に,遺伝子組み換え食品について,食品の安全性を十分認識し,透明で科学的なアプローチを支持することを取り上げた.

◇7-26 日本マクドナルド(藤田　田社長),ジャスダック市場へ上場.初値(額面50円)は公募・売出し価格(4,300円)を9.3％上回る4,700円.総額5,000億円.資本金を241億1,387万円に増資.

◇7-26 吉野家,牛丼並盛(400円)を280円に値下げ(西日本は26日,東日本は8月1日).

◇7月 ㈱レインズインターナショナル(現・㈱レックス・ホールディング

平成13

		ス)，「牛角」米国1号店（ビコ店）をロサンゼルスにオープン．
◇	8-2	厚生労働省，日本人の寿命が女性で0.63年伸びて84.62歳，男性で0.54年伸びて77.64歳と過去最高になったと発表した（「2000年簡易生命表の分析結果」）．長寿の大きな要因の一つに食生活の豊かさが上げられると思われる．男女の差が広がった理由については，同省では飲酒や喫煙が多いことなども考えられるとしている．
◇	8-9	ダイドードリンコ（大阪市），東証2部に株式上場． ＊15年1月6日，東証1部に指定替え．
◇	8-21	ジャスコ㈱，イオン㈱に社名変更．
◇	8-31	定食専門店の㈱大戸屋（昭和58年5月設立），日本証券業協会に株式を店頭登録． ＊16年12月13日ジャスダック証券取引所に株式上場→22年大証ジャスダック（JASDAQ）上場．
◇	9-2	山形特産のサトイモや山形牛などを食材とした「日本一芋煮会フェスティバル」，山形市の馬見ヶ崎（まみがさき）川双月橋一帯を会場に開催． ＊山形に芋煮会シーズンの到来を告げる恒例の行事で13回を数える．
◇	9-3	㈱ユニカフェ，東証1部に株式上場．
◇	9-10	農林水産省，BSE（＊）に汚染した恐れのある乳牛（乳廃牛）1頭を千葉県で日本で初めて発見したと発表．同省は「汚染しているとすれば，飼料用として輸入した牛の肉骨粉（MBM:Meat Bone Meal）が原因の可能性が高い」と指摘．
◇	9-11	米国で同時多発テロ発生．日本人24人死亡．
◇	9-12	外食向け食材卸の㈱久世（くぜ，1950年1月設立），日本証券業協会に株式を店頭登録． ＊平成16年（2004）12月13日ジャスダック証券取引所→22年大証ジャスダック（JASDAQ）上場．
◇	9-14	BSEの疑いのある乳牛の肉や骨が業者に渡って肉骨粉になっていることが判明．
◇	9-17	おつまみを製造販売する㈱なとり，東証2部に株式上場． ＊14年（2002）9月2日，東証1部に指定替え．
◇	9-25	フジ製糖，東証2部上場廃止．
◇	9月	日本精糖，横浜工場の精製糖の生産を中止．
◇	9月	ロッテ，「雪見だいふく」発売20周年記念キャンペーン実施（～翌年3月）．
◇	10-1	日本精糖，フジ製糖と合併し，商号をフジ日本精糖に変更し，東証2部に株式上場．
◇	10-1	BSEの影響で，東京都中央卸売市場・食肉市場の枝肉卸売価格（指標となる去勢和牛〈ステーキ向けのA4規格〉），1kg1,520円と先週末比117円（7.2％）の大幅下落．前年同期比20％安．

- ◇10-4 農林水産省，BSE汚染源とされる肉骨粉の輸入・製造・流通を一時的に全面停止．
- ◇10-5 厚生労働省，牛から成分を抽出して原料としている製品を総点検し，危険部位が含まれる可能性のある食品は店頭から自主回収するようにメーカーに通知．
- ◇10-10 日清医療食品，日本証券業協会に株式を店頭登録．
  ＊04年3月期連結売上高　1,390億円．
- ◇10-10 スターバックスコーヒージャパン，大阪証券取引所ナスダック・ジャパン（現・大阪証券取引所JASDAQ（スタンダード））市場に株式を上場（『EDINET』）．
- ◇10-12 シュークリームで知られる「洋菓子のヒロタ」倒産．民事再生法の適用を申請．負債総額約57億円．＊ヒロタを子会社化した「21LADY」が平成17年7月7日，再生手続き終結．＊社史『洋菓子のヒロタ30年史』（昭和54年〈1979〉）がある．
- ◇10-18 厚生労働省，食肉処理される牛全頭を対象にBSEの検査を開始（全頭検査）．11月30日までに全国で約12万5千頭が検査を受ける．
- ◇10月 太平洋製糖，精製糖の3社（東洋精糖，塩水港精糖，フジ日本精糖）の共同生産を開始．
- ◇10月 塩水港精糖，大日本明治製糖と業務提携し，翌年3月，関西製糖を設立．当社大阪工場を賃貸し，7月，共同生産を開始（『EDINET』）．
- ◇10月 日本水産　NIPPON SUISAN (U.S.A.), INC.，北米における家庭用の水産調理冷凍食品「ゴートンズ」「ブルーウォーター」の事業を買収（『EDINET』）．
- ◇10月 伏見酒造組合（京都），『伏見酒造組合一二五年史』発刊．
- ◇11-21 厚生労働省，北海道で19日解体された牛1頭がBSEと確認したと発表（国内2頭目）．
- ◇11-30 埼玉県内で解体された群馬県産の乳牛1頭がBSE汚染と判明（国内3頭目）．
- ◇11-30 東京都中央卸売市場・食肉市場の枝肉卸売価格，主要品種が軒並み9月のBSE発生以来の最安値を付け，ステーキ向けのA4規格1kg1,312円と前日比163円（11.1％）安，前年同期比30％安．
- ◇12月 ビール4社社長，恵比寿ガーデンプレイスで発泡酒増税反対署名運動実施．

この年
- ◇BSEの影響で牛肉や焼き肉の需要が減退し，13年度の牛肉輸入量は過去最高を記録した前年度（105万5千トン）を18万7千トン下回る86万8千トンに減少（『食料需給表』）（平成16年のグラフ参照）．
- ◇総菜の量り売りなど「デパ地下」ブーム．
- ◇前半の猛暑に加え，後半はBSEの影響を受け，生乳生産量830万500トンと平

成6年以来最大の落ち込み（前年比2.3％減）（グラフ参照）．
◇飲料水に対する安心・安全志向などを反映し，ミネラルウォーターの生産量が102万1,200トン（前年比14.2％増）と初めて100万トンを超え，一方，輸入量も22万6,061トン（前年比15.7％増）と過去最高を記録（平成11年のグラフ参照）．
◇はごろもフーズ，『はごろもフーズの七十年』発刊．
　＊昭和6年（1931）後藤磯吉氏¶（1897〜1946）が静岡県清水市（現・静岡市清水区）に後藤缶詰所を設立．

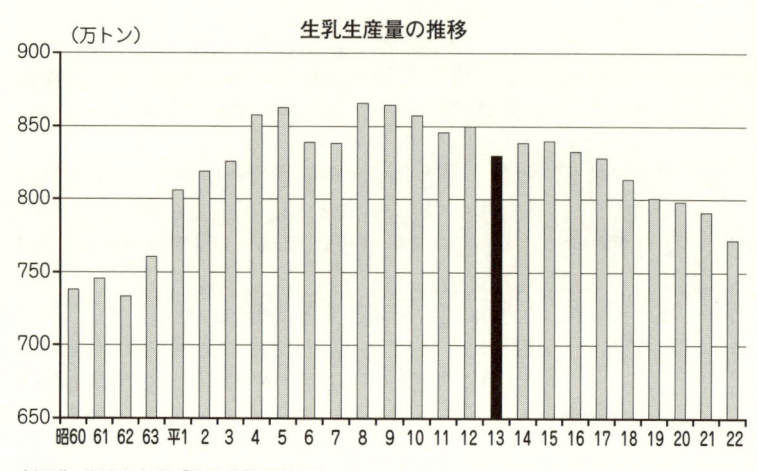

生乳生産量の推移

（出所）農林水産省『牛乳乳製品統計』

平成14年（2002）

■偽装表示など食品企業の不祥事が相次ぐ
■無許可添加物の製造が発覚，これを使ったメーカー，一斉に各紙に「お詫びと回収のお知らせ」を掲載

◇1-23　BSE対策を悪用して，雪印系のハム・食肉メーカーの雪印食品が豪州産牛肉を国産と偽り，業界団体に買い取らせていた事件が発覚．
　　　　＊その後，最大手の日本ハムがBSE対策を悪用して輸入牛肉を国産と偽ったり，全農系の全農チキン，丸紅系の丸紅畜産が鶏肉を偽装したり，また，著名な食品会社においても無許可添加物を使用し，お詫び広告を出すなど，食品企業に対する信頼が大幅に低下した．51年の歴史をもつ雪印食品は解散せざるをえない状況に追い込まれた．不祥事のため，上場食品企業が消滅した事例は過去にほとんどないようである．
◇2-1　農林水産省，廃用牛の買取り実施開始（1年間）．乳用の30万頭と肉用7万頭．
◇2-1　各紙夕刊．農林水産省，雪印食品の関西ミートセンター立ち入り検査（1月28～31日）の結果，BSEが発生する以前の少なくとも約2年前から，牛肉に異なる産地表示をしていたことが判明したと報道．
◇2-7　天丼・天ぷら専門店を展開する㈱テンコーポレーション，日本証券業協会に株式を店頭登録．＊平成18年6月，ロイヤルホールディングス㈱がテンコーポレーションの株式を取得し連結子会社化．
◇2-15　キリンビバレッジ，「アミノサプリ」（清涼飲料水）を販売開始．
◇2-19　農林水産省，厚生労働省，公正取引委員会の「食品表示関係三省連絡会議」開催．
◇2-22　雪印食品，再建を断念，4月末解散を発表．
◇2-23　ハウス食品，カレー専門店最大手の㈱壱番屋の発行済株式の19.62％を取得し，㈱壱番屋の第2位株主となる（日経）．
◇2-28　農林水産省，JAS法に基づき全国約500の食肉販売業者に表示実態調査を開始．
◇2月　キリンビール，標準より10円安い発泡酒「極生」(350mℓ缶）を発売．
◇2月　亀田製菓，「青汁パウダー若稲」，「発芽玄米」の販売を開始（『EDINET』）．
◇2月　焼き肉「牛角」の㈱レインズインターナショナル（現・㈱レックス・ホールディングス），レッドロブスタージャパン㈱の全株を取得し，完全子会社とする．
◇2月　キーコーヒー㈱，『キーコーヒー近10年史：パブリックカンパニー

へのあゆみ：1988-2001』発刊．
- ◇ 3 - 1　調味料メーカーのアリアケジャパン，東証1部に指定替え．
- ◇ 3 - 4　全農系の鶏肉加工会社「鹿児島くみあいチキンフーズ」（鹿児島市）がコープネット事業連合（さいたま市）に納入した鹿児島県産の産直若鶏の中に，タイや中国産鶏肉が少なくとも7トン混ぜられていたことが判明．
- ◇ 3 - 6　全農チキン，抗生物質入りのエサで飼育した国産鶏の肉と加工品計約232トンを，抗生物質不使用の「鹿児島産鶏肉」と偽って，コープネット事業連合に出荷していることが判明．
- ◇ 3 - 15　丸紅畜産の仙台営業所が平成11年（1999）から13年にかけて少なくとも，10数トンの輸入鶏肉を国産と偽って販売していたことが判明．
- ◇ 3 - 15　大阪地裁，大阪市堺市で，平成8年（1996）に起きた「O（オー）157」による集団食中毒で，カイワレ大根生産者がカイワレ食中毒情報で被害を受けたとして，国に600万円の賠償を命令．
- ◇ 3 - 19　ダイエー，産業再生法適用申請．
- ◇ 3 - 20　㈱幸楽苑，東証2部に上場．＊平成15年3月3日，東証1部に指定替え．
- ◇ 3月　キリンビール，サンミゲル社（フィリピン）に資本参加．
- ◇ 3月　日本製粉の2002年3月期の売上高（連結），2,013億8,900万円と初めて2千億円を超える．
- ◇ 4 - 1　ロビンソン百貨店小田原（神奈川県小田原市），輸入牛肉を「国産」，また普通の豚肉に香草を配合した飼料で飼育した「ハーブ豚」などと偽装販売していたことが判明．
- ◇ 4 - 1　寶酒造株式会社，持株会社に移行し，商号を宝ホールディングス株式会社に変更．東証1部上場．
  ＊物的分割の方法により，酒類・食品・酒精事業及びバイオ事業を分離し，それぞれ新設の宝酒造株式会社及びタカラバイオ株式会社が承継．
- ◇ 4 - 1　㈱豊年味の素製油（㈱J-オイルミルズの前身）設立．
  ＊㈱ホーネンコーポレーションと味の素製油㈱の共同持株会社．
- ◇ 4 - 2　BSE問題に関する調査検討委員会の報告書が提出される．
  ＊同報告書では，農業政策の方向付けに影響力を持つ族議員の存在を指摘し，消費者保護を軽視した農政のあり方を厳しく批判し，消費者の健康を最優先させるべきだとしている．
- ◇ 4 - 10　3月の大手5社のビール出荷量，前年同月比14.7％減，24ヵ月連続で前年実績を割り込む．一方，発泡酒は70ヵ月連続で前年比増（ビール・発泡酒の業界団体発表）．
  ＊大手5社は，アサヒ，キリン，サッポロ，サントリー，オリオンビール．
- ◇ 4 - 16　ドレッシングとパスタ料理レストラン事業の㈱ピエトロ，東証2部

に上場．＊設立は昭和60年（1985）7月．

◇4-17　丸紅畜産の輸入鶏肉偽装の問題で，同様の偽装が全国10ヵ所すべての営業所であり，数量は3年間で約1,000トンに上ることが判明．

◇4-20　中堅食品卸会社のユアサ・フナショク（本社：千葉県船橋市），「新潟こしひかり」などの銘柄米の商品に低価格米を混ぜて，首都圏のスーパーやドラッグストアーに出荷していたことが判明．

◇4-25　宝幸水産，会社更生手続申請．負債総額　約287億円．
＊7月26日，東証1部上場廃止．

◇4-25　全農チキンの食肉産地偽装事件を受けて，全農会長ら役員が引責辞任．

◇4-30　雪印食品，東証2部上場廃止．解散．

◇4月　日清製粉グループ本社，中国に「青島日清製粉食品有限公司」を設立（『EDINET』）．

◇4月　コカ・コーラウエストジャパン，三笠コカ・コーラボトリングの株式を取得．

◇4月　武田薬品工業，食品事業を武田キリン食品㈱〔持分法適用会社〕に営業譲渡（『EDINET』）．

◇4月　日清製油（日清オイリオグループの前身），リノール油脂及びニッコー油脂を完全子会社とする株式交換を実施（『EDINET』）．

◇4月　食肉卸首位のスターゼン，スターゼン（アメリカ），INC.を設立（『EDINET』）．

◇5-7　食糧庁調査によると，昨年4月からの1年間で，コメの小売店の14.8％がJAS法に違反する不適正な表示を行っていたことが判明．

◇5-8　韓国産の輸入カキが仲買段階で宮城県産として出荷，販売されていたことが判明．

◇5-11　北海道で解体処理された乳廃牛（6歳1ヶ月，ホルスタイン種），BSEと確認される（国内4頭目）．
＊この牛は，農林水産省が肉骨粉の使用禁止を指導する前の平成8年（1996）3月23日生まれ．

◇5-19　ミツカングループ本社社長（食酢メーカー「中埜酢店」7代目）・中埜又左エ門氏¶死去（79）．
＊量り売りが一般的であった食酢を初めてビン詰めで販売，「味ぽん」の成功で業績を拡大．

◇5-19　国際捕鯨委員会（IWC），山口県下関市で始まる．
＊捕鯨容認国と反捕鯨国との対立が続く．

◇5-21　大阪府警，「ミスタードーナツ」の肉まんに法定外添加物（t-ブチルヒドロキノン〈TBHQ〉）が混入していた問題で「ダスキン」に対し，食品衛生法違反の疑いで本格捜査に乗り出す方針を固める．

◇5-21　厚生労働省，輸入品の中国産冷凍ホウレンソウから国際的に製造・使用が原則禁止されている殺虫剤「ディルドリン（Dieldrin）」が

　　　　　　検出されたと発表．
　　　　　＊この年の中国産ホウレンソウなどの輸入量（品目番号：0710.30-000）は2万2,683トン，翌年4,552トンに激減．
◇5－24　厚生労働省の調査によると，食品工場やスーパーなど18万7千施設の立ち入り検査の結果，食品衛生上の表示違反が約2％の4,333施設で見つかった．
◇5－31　茨城県日立保健所，協和香料化学㈱の茨城工場（茨城県十王町）を無許可添加物販売の疑いで操業停止と自主回収を命じた．
◇6－1　金融庁，有価証券届出書等の提出についてEDINET（Electronic Disclosure for Investors' NETwork，証券取引法に基づく有価証券報告書等の開示書類に関する電子開示システム）を適用．
　　　　　＊パソコンから有価証券報告書が閲覧できるようになる．
◇6－3　協和香料化学の茨城工業が，食品衛生法上，使用が認められていない成分を含んだ香料を全国600事業所に販売していた疑いの強いことが判明．
　　　　　＊問題の香料を使って食品を製造したメーカーは6月上旬に相次いで各新聞の社会面下段の広告欄にお詫びと回収のお知らせを掲載した．
◇6－7　BSE特別措置法成立，改正JAS法成立，違反業者の公表と罰則強化．
◇6－12　政府，BSE問題で農林水産省と厚生労働省の縦割り行政の批判を招いたことから，新たな食品安全行政組織「食品安全委員会」の設置を決める．来年4月の発足を目指す．
◇6－21　アサヒビール，この日の工場出荷分から発泡酒「アサヒ本生」（350mℓ缶）を10円値下げし，希望小売価格を135円とする．
◇6－24　湯葉と豆腐の店「㈱梅の花」（福岡県久留米市），東証2部に株式上場．
◇6－28　日本食品（福岡市），輸入牛肉122トンを国産と偽り，1億3,660万円の不正受給が判明．
　　　　　＊7月16日，農林水産省は同社の2役員を詐欺容疑で告発．
◇6月　キリンビール・サッポロビール・サントリーの各社，発泡酒（350mℓ缶）を10円値下げし，市場争奪戦激化．
◇6月　日新製糖，豊洲工場閉鎖（『EDINET』）．
◇6月　敷島製パン，『敷島製パン八十年の歩み』（安保邦彦著）を発刊．
　　　　　＊敷島製パンは米騒動のあった翌年の1919年（大正8）12月，盛田善平¶（1864～1937）が名古屋市に設立，パン製造に当たっては第一次大戦で捕虜となったドイツ人製パン技師・フロインドリーブ，ハインリッヒ¶（1884～1955）を招いた．
◇7－6　総務省，生鮮食品の表示に関する消費者調査（全国スーパー利用者，5月実施），「現在の表示で十分」との回答は，畜産物4％，農産物7％，水産物8％，一番高い精米でも16％．

- ◇7-12 厚生労働省，中国製ダイエット食品の服用者に肝障害患者が相次いでいる問題で，因果関係が疑われる3種類の商品のうち，薬事法で国内販売が禁止されている「未承認医薬品」に該当する2つの商品名を公表．
- ◇7-19 東京・池袋のサンシャインシティ内の屋内型テーマパーク「ナムコ・ナンジャタウン」に，「池袋餃子（ギョーザ）スタジアム」がオープン．
  - ＊昭和30年代を彷彿とさせる街並みに全国23の有名餃子店が出店．
- ◇7-22 伊藤園会長・本庄正則氏死去（68）．
  - ＊初の缶入り緑茶や「おーいお茶」を売り出すなどして伊藤園を，日本を代表するお茶メーカーに育て上げた．
- ◇7-26 宝幸水産，東証1部上場廃止．
- ◇7-31 輸入食品の規制を強化する改正食品衛生法成立．
- ◇7月 日新製糖，新東日本製糖で大日本明治製糖との精製糖等の共同生産を開始（『EDINET』）．
- ◇8-2 栄養改善法（昭和27年7月31日制定），これを改正した健康増進法の公布にともない，廃止される．＊健康増進法の施行は平成15年5月1日．
- ◇8-6 日本ハム，国産牛肉買上げ申請した後，無断で焼却した1.3トンのうち約520kgの輸入牛肉が含まれていたことが判明．→会長らが辞任，社長は専務に降格．
- ◇8-20 韓国産カキを宮城県産と偽装していた16社の仲買業者名を宮城県が公表．
- ◇8-22 神奈川県で解体された乳廃牛，BSEと確認される（国内5頭目）．
- ◇8-22 雪印乳業・全農・全酪連は，三者の牛乳事業を統合する新会社「日本ミルクコミュニティ」を来年1月発足すると発表．新ブランドは「メグミルク」．
- ◇8-28 厚生労働省関西空港検疫所の検査で，中国産マツタケから食品衛生法で定められた安全基準値の約28倍の残留農薬が検出される．
- ◇8月 正栄食品工業，中国山東省青島市に100％出資の青島秀愛食品有限公司（現・連結子会社）を設立（『EDINET』）．
- ◇9-2 元気寿司，東証1部に指定替え．
- ◇9-2 ㈱なとり，東証1部に指定替え．
- ◇9-5 読売新聞社の全国世論調査（先月24〜25日）によると，「食の安全性に不安を感じている」人は87％．
- ◇9月 アサヒビール，協和発酵工業と旭化成から酒類事業を譲受（『EDINET』）．
- ◇9月 旭化成，焼酎及び低アルコール飲料事業をアサヒビール及びニッカウヰスキーへ譲渡（同社HP）．
- ◇10-1 日清製油，社名を純粋持株会社「日清オイリオグループ株式会社」

平成14

に変更. 東証1部上場.
◇10月　名糖産業, バウムクーヘン・ゼリーを主要製品とする㈱エースベーカリーの株式を100％取得し, 子会社化 (現・連結子会社) (『EDINET』).
◇11-1～18　熊本市で「お菓子ルネッサンス―お菓子と人が築く, 21世紀の夢創造―」をテーマに第24回全国菓子大博覧会を開催.
◇11-7　今月21日発売解禁となる仏ワインの新酒「ボージョレ・ヌーボー」(＊) の受注条項まとまる. ワインを強化するビール大手は受注数を大幅に伸ばしたが, ワイン老舗は苦戦. 総市場は昨年より5％多い58万ケース (サントリー) という (日経11/7).
◇11-19　群馬県警, 無登録農薬を販売した同県新田郡農協職員を逮捕.
◇11月　キリンビール, 焼酎販売開始.
◇11月　㈱リンガーハット, 中国青島市に「リンガーハット中国1号店」を開店.
◇11月　カゴメ, 雪印ラビオ (現・カゴメラビオ) の全株式を取得 (『EDINET』).
◇12-2　東京都, コメの虚偽表示一掃のため監視体制を強化.「コシヒカリ100％」などと表示しながら異種米が混入しているのを発見するDNA鑑定などを抜き打ち的に実施.
◇12-16　大阪証券取引所, 新興企業向けの専門市場「ヘラクレス」(＊) スタート.
◇12-18　焼き肉店などを経営する㈱あみやき亭 (愛知県春日井市), 東証2部に株式上場.　＊平成17年3月1日, 東証1部に指定替え.
◇12-27　米国のウォールマート・ストアーズ, スーパーマーケット西友の筆頭株主になる.

この年
◇食品の履歴を明確にするトレーサビリティー (traceability) の取り組みが始まる.
◇カスピ海ヨーグルトが流行.
　＊予防栄養学研究者の家森幸男氏が種菌を持ち帰り, 株分が契機となって広まる.
◇発泡酒の課税移出数量 (年度) は260万kℓで過去最高を記録 (平成7年のグラフ参照). ビールは427.1万kℓで過去最高 (平成6年度, 708.6万kℓ) の40％減 (『酒税統計』)(平成6年のグラフ参照).
◇芋焼酎ブーム始まる
◇飲料メーカー, 果汁の清涼感を強調した「缶チューハイ」の販売に力を入れる.
◇レタスの生産量, 56万2千トンと史上最高を記録.
　＊1963年度 (昭和38) には2万9千トンに過ぎなかったが, 5年後の68年

（同43）には11万3千トンと10万トンを，72年度には20万トンを超えた．その後も食生活の洋風化の進展を背景に，増加傾向をたどり，77年度（同52）には30万トンを，さらに86年度（61）50万トンを超えた．最近（2009年度〈平成21〉）では54万9千トンとピーク時に比べ減少しているが，50万トン台を維持している．

◇野菜の1人当たり消費量（純供給量）（年度），97.4kgと初めて100kgを割る（『食料需給表』）．

＊はくさい，大根など重量野菜の需要の減少が原因．

◇加糖あんの輸入量が初めて8万トンを超え，過去最高を記録．

＊加糖あんは小豆やインゲン豆などに砂糖を加え，あんの状態に加工した半製品．製菓業界での価格競争の激化を背景に，中国から安い加糖あんの輸入（2005.51-190）が急増し，14年には前年を約1万トン上回って8万37トン（73億9千万円）と遂に8万トンを突破した．低価格の加糖あんの流入は原料高，コスト高に悩むわが国の製あん業者を圧迫している．また，消費者にとっても残留農薬問題などから不安が増していることから，あんの原産地表示の早急な実施が望まれた．

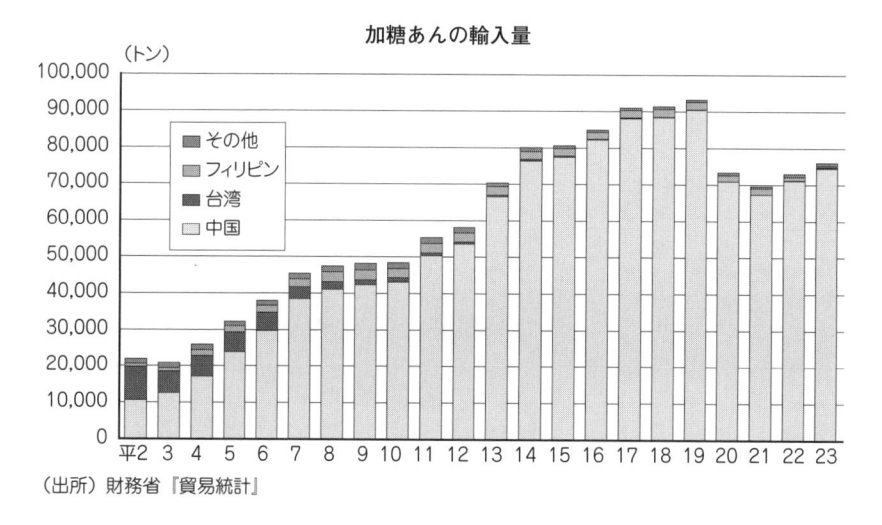

加糖あんの輸入量

（出所）財務省『貿易統計』

◇ミネラルウォーターの輸入量（2201.10-000），26万4,078kℓと前年の16.8％増を示す（平成11年のグラフ参照）．

＊エビアンなど有力ブランドが多いフランスが全体の約4分の3を占める．増加の背景には，大手飲料メーカーが海外の飲料メーカーと提携したことなどがある．輸入額は173億円．ミネラルウォーターの総供給量（国産品＋輸入品）は130万kℓを超え，市場規模は1,000億円を超えたともいわれている．

◇醤油の生産量（年度）が99万5千トンと100万トンの大台を割る．

＊『家計調査』によると，醤油の購入金額は減少傾向にあるが，「つゆ・たれ」は漸増傾向にある．
◇ゴマ油生産量，4万4千トンと過去最高を記録（『食料需給表』）．
　＊1961年度（昭和36）（7千トン）に統計初出．緩やかな増加傾向をたどり，02年（以下，暦年）に史上最高を記録．その後も健康志向を背景にほぼ横ばいで推移．最近（2008年〈平成20〉）は4万4千トンとピーク時と同水準．原料のゴマは殆んどが輸入品．平成14年（2002）のゴマの輸入量（1207.40-000）は15万3,019トン，輸入額は116億2,760万円に上る．平成23年（2011）の輸入量は16万4,097トン，輸入額は199億6,741万円．
◇コーヒー豆の輸入量（0901.11-000＋0901.12-000），40万771トンと初めて40万トンを超える（平成18年のグラフ参照）．
　＊内訳は，いっていないもの（0901.11-000）40万294トン，いっていないものでカフェインを除いたもの（0901.12-000）477トン．
◇大阪・梅田の阪急デパートの大食堂，営業をやめ，レストラン街に変わる．
　＊同食堂は1929年（昭和4），実業家小林一三¶（1873～1957）が開設し，カレーライス（20銭）が人気商品として注目を集めた．

平成15年（2003）

■食品安全基本法成立
■カナダ，米国でBSE牛発見されたため，両国からの輸入禁止
■鳥インフルエンザ発生で鶏肉の需要が停滞
■10年ぶりの冷夏で米不作

◇1－1　　日本ミルクコミュニティ㈱発足．
◇1－6　　ダイドードリンコ（大阪市），東証1部に指定替え．
　　　　　＊15年1月期の売上高1,461億円．
◇1－8　　全農の福岡県本部が同県のブランド茶「八女茶」に他県産の葉茶を混ぜて販売していたことに対し，農林水産省はJAS法に基づく改善を指導（1月20日から5日間の業務停止命令）→1月18日，福岡県選出の全農副会長辞任．
◇1－19　　和歌山県内で解体された乳廃牛（6歳11ヵ月），厚生労働省のBSE全頭調査で国内6頭目の感染牛と確認される．
　　　　　＊西日本では初確認．
◇1－23　　北海道内で解体された乳廃牛（6歳6ヵ月），BSEと確認される（国内7頭目）．
◇1－24　　洋和菓子のフランチャイズチェーンを展開する大証1部上場の㈱タカラブネ（京都府久御山町），京都地裁に民事再生法適用申請．倒産．負債総額256億円．
　　　　　＊同年7月，㈱スイートガーデンに事業を譲渡．
◇1月　　和菓子・製パン機械で世界首位のレオン自動機（宇都宮市），食パン自動生産ライン「VM1500」製造販売開始（『EDINET』）．
◇1月　　亀田製菓，中国青島市に子会社「青島亀田食品有限公司」設立許可（『EDINET』）．
◇2－13　　食糧庁，静岡県経済農業協同組合連合会の「静岡コシヒカリ」の産地偽装（他県産混入）に対し，改善命令を出す．
◇2－25　　飲料受注生産の最大手「ジャパンフーズ」（千葉県長柄町），東証2部に株式上場．
　　　　　＊平成17年（2005）3月1日，東証1部に指定替え．
◇2月　　江崎グリコ，Ezaki Glico USA Corp.設立．（菓子・食品等の販売）（『EDINET』）．
◇3－3　　㈱幸楽苑，東証1部に指定替え．
◇3－4　　鮮魚専門店の㈱魚力，東証2部に株式上場．
◇3－14　　「キャラメル・コーン」で知られる菓子メーカー「㈱東ハト」，東京地裁に民事再生法の適用を申請．倒産．負債総額460億円．

　　　　　＊本業の食品事業は黒字経営であったが，不動産事業で失敗．
◇3−16〜23　世界の水問題を話し合う「第3回世界水フォーラム」，京都市などで開催．
◇3−21　スーパーマーケットの㈱西友，産業再生法適用申請．
◇3月　日本製粉，中国上海地区にプレミックス工場の建設決定を発表．
　　　　＊16年11月竣工．
◇3月　アリアケジャパン，パリに現地法人として，子会社F.P.Natural Ingredients（S.A.S.）を設立（『EDINET』）．
◇3月　東京都など，コメ偽装表示を摘発，ブランドコメ価格が急騰．
◇4−1　㈱豊年味の素製油，株式交換により吉原製油㈱を完全子会社化するとともに，社名を㈱J-オイルミルズに変更し，東証1部上場．
◇4−1　メイトーブランドの牛乳，アイスクリーム等乳製品の製造・販売の協同乳業，『協同乳業50年史』刊行．
　　　　＊創業は昭和28年（1953）12月．
◇4−11　体細胞を使ったクローン牛や牛乳の安全性を検討してきた厚生労働省の研究班は，「食品としての安全性が損なわれることは考えにくい」とする報告書をまとめた．
◇4−24　農林水産省の研究会，全国の卸売市場の集約や業務の民間委託などを進めるよう提案する報告書をまとめた．
◇4月　㈱日清製粉グループ本社，「オリエンタル酵母工業株式会社」（東証2部）の株式を追加取得し，連結子会社化（『EDINET』）．
◇4月　日新製糖，新光製糖と精製糖等の生産・販売に関する業務提携基本契約を締結（『EDINET』）．
◇4月　国産野菜，天候不順で不作，野菜輸入量が急増．
◇5−1　発泡酒，ワイン，合成清酒の増税実施．
◇5−12　農林水産省，鳥インフルエンザウイルスの発見を理由に中国産ブロイラーなどの食鳥の輸入を停止．
　　　　＊この年から翌年にかけて，鶏肉の1世帯当たり購入数量が減少（『家計調査』）．
◇5−20　厚生労働省，中国産冷凍ホウレンソウから相次いで残留基準を超えた農薬クロルピリホス（Chlorpyrifos）が検出されたことから，輸入業者に対して輸入自粛を指導．
◇5−20　カナダでBSE汚染牛発見．
◇5−21　日本政府，カナダ産牛肉の輸入停止．
◇5−23　食品安全基本法公布（＊），7月1日施行．
◇5−26　花王，「ヘルシア緑茶」発売．
　　　　＊脂肪を消費しやすくするということで，注目を集める．
　　　　＊平成16年（2004）3月期約200億円売上げ，17年（2005）3月期400億円売上げ．
◇5−30　「食品衛生法などの一部を改正する法律」公布．ポジティブリスト

　　　　制度（＊）が公布後3年以内（平成18年5月末まで）に導入され，平成18年5月29日から施行されることとなる．
◇5月　　オリオンビール，アサヒスーパードライ他のライセンス生産並びに沖縄県内でのアサヒビール商品の販売開始（『EDINET』）．
◇6-1　西武百貨店とそごう，統合して持株会社ミレニアムリテイリング発足．
◇6-9　日本マクドナルド，59円ハンバーガーの割引終了を発表．7月から80円に，セットメニューの一部も値上げ（日経6/15）．
◇6-10　英スーパー最大手のテスコ，東証1部上場の食品スーパー，シートゥーネットワーク（東証1部上場期間，平成13年3月～15年10月）の買収を発表（日経6/15）．
　　　　＊平成19（2007）年9月18日　テスコジャパン株式会社に商号変更．
◇6-11　5月の発泡酒出荷量，増税前特需の反動で前年同月比30.2％減と過去最大の減少（日経6/15）．
◇6-30　食糧庁，54年の歴史を閉じる（昭和24年6月1日～）．
◇6月　　㈱サイゼリヤ，上海市に上海薩莉亜餐飲有限公司（現・連結子会社）を設立（『EDINET』）．
◇6月　　自主流通米，表示規制強化で2年ぶりに高値．
◇6月　　国立科学博物館，東京・日本橋に「産業技術史資料情報センター」開設．
◇7-1　内閣府に食品安全委員会設置．
◇7-1　サッポロビール，純粋持株会社へ移行し，サッポロホールディングス株式会社と社名変更．東証1部に上場
　　　　＊傘下にサッポロビール，サッポロビール飲料，恵比寿ガーデンプレイス，サッポロライオンの4事業会社を置く．
◇7-1　合同酒精，持株会社体制に移行し，オエノンホールディングス株式会社に商号変更．東証一部上場．新たに子会社　合同酒精株式会社を設立．
◇7-14　厚生労働省，日本人の平均寿命を発表．女性初めて85歳（85.23歳）を超える．男性78.32歳．男女差6.91歳（2002年「簡易生命表」）．
◇7-25　農林水産省・厚生労働省共同会議，加工食品にも原産地の表示義務付けを提言．＊現在は，漬物，ウナギのかば焼，乾燥ワカメなど8品目に限られているが，対象品目としては，納豆，ハム，うどんなどを挙げる．
◇7-31　明治乳業がヨーグルト，栄養食品生産のため，同社として最大規模の工場を大阪府に建設すると，報道（日経7/31）．
◇7-31　東京青山の高級スーパー「紀ノ国屋」，デベロッパーのダイショウ・ティーディーエーに売却し，売却益を有利子負債（約75億円）の圧縮に充てると報道（日経7/31）．
◇7月　　欧州の猛暑を受け，小麦の国際価格が急騰．

平成15

◇7月　中国産ウナギ加工品から使用が禁止されている合成抗菌剤「エンロフロキサシン」(Enrofloxacin) が検出される.

◇7月　味の素，アミラムフランス社保有のうまみ調味料の生産・販売会社であるオルサン株式会社（現・欧州味の素食品㈱）の全株式を取得（『EDINET』）.

◇7月　旭化成，清酒・合成酒関連事業をオエノンホールディングス㈱へ譲渡（同社HP）.

◇7月　日本ハム，東京都港区の株式会社宝幸（現・連結子会社）を設立（『EDINET』）.

◇8-1　牛肉，豚肉のセーフガード（緊急輸入制限措置）発動（～04年3月31日）.
　　　＊牛肉の場合，一定期間の「生鮮・冷蔵牛肉（冷凍は除く）」が前年に比べ17％以上増えた場合，関税が現行の38.5％から50％に引き上げられる．この措置に対して，小売や外食業界などから生産者寄りの対応だと強い不満が続出．また，輸出国も強い反発を示す.

◇8-1　弁当・調理パン製造の「わらべや日洋」，東証1部に指定替え.
　　　＊同社の軌跡は昭和48年（1973）設立のセブン－イレブン・ジャパンの成長と重なる．昭和53年（1978）に取引を開始し，現在売上高1,116億円のうち7割以上をセブン－イレブンで稼ぐ．しかし，セブン－イレブンの同社への出資比率は僅か3.5％（日経8/27）.

◇8-29　茨城県漁業協同組合連合会，民事再生法の適用を申請．負債総額45億円．
　　　＊都道府県単位での漁連の経営破綻は全国で初めて.

◇8-29　東京都渋谷区，中国産の健康食品「鳳凰軽身痩（ほうおうけいしんそう）」に，下痢などの症状を引き起こす甘味料が多量に含まれているとして，回収命令を出す.

◇8月　関西商品取引所，一般大豆の上場廃止を決定.

◇8月　国産米の不作見通しを受け，輸入米の政府売り渡し価格が急騰，中国産が3年8ヵ月ぶりに高騰.

◇8月　日清食品，カップヌードルブランドで世界販売累計200億食達成．9ヵ国で生産，世界80ヵ国で販売（同社社史）.

◇9-1　酒類の販売が原則，自由化される．今後はスーパー・コンビニ・ドラッグストアなど酒の販売に乗り出すとみられ，現在約11万店ある酒販店は競争激化にさらされる.
　　　＊ただし，完全自由化ではなく，中小酒販店を保護する観点から，新規参入を1年間凍結する「緊急調整地域」を設定．該当地域は全国の約3割を占める.

◇9-3　農林水産省，米不足が予想されることから，14年産の政府備蓄米約9万トンの市場放出を決定.

◇9-8 福島県の米穀小売会社,安価な米国産コシヒカリを混入した米を「会津産コシヒカリ」と偽って販売し,逮捕される.

◇9-18 回転すし「スシロー」を経営する㈱あきんどスシロー(大阪府吹田市),東証2部に上場.＊15年9月期の売上高291億円.21年(2009)4月1日,上場廃止.

◇9月 農林水産省のBSEに関する技術検討会,国内で確認された7頭のBSE感染牛について,1980年代に輸入された英国の牛やイタリア産肉骨粉が感染源となり,それを食べた国内牛を介して二次感染が広まった可能性が高いとする報告書を公表.

◇10-1 独立行政法人　農畜産業振興機構発足.
＊同機構は,平成13年12月19日に閣議決定された「特殊法人等整理合理化計画」に基づき,農畜産業振興事業団と野菜供給安定基金が統合したもの.

◇10-4 神奈川県平塚市で「村井弦斎まつり」.
＊村井弦斎¶(1864〜1927)は,『食道楽』の著書で知られる明治後期・大正期に活躍した小説家.今日,食育の必要性が強調されているが,すでに100年余前に『食道楽』の中で「小児には徳育よりも智育よりも食育が先」と説いている.弦斎を記念して平成12年(2000)から毎年秋に,旧居住地の同市八重咲町の村井弦斎公園で「村井弦斎まつり」が行われている.

◇10-6 茨城県で屠殺された生後23ヵ月の雄のホルスタイン牛,BSEと確認(国内8頭目).これまで報告例のない新型の異常プリオンをもつ.

◇10-16 最高裁,テレビ朝日ダイオキシン報道(1999年2月1日)で,「番組の重要部分が真実であるとの証明はない」として審理を東京高裁に差し戻し,農家側が実質逆転勝訴.

◇10-17 厚生労働省,コロンビア産コーヒー豆から残留農薬が相次いで検出されていることから,すべての輸入業者に検査を義務付け,合格しないと流通させないとした.先月4日にはブラジル産にも検査命令が出された.＊この年の輸入量は37万8千トンと40万トンを割り,前年の5.8％減(平成18年のグラフ参照).

◇10-28 カルビーの創業者・松尾孝氏死去(91).
＊瀬戸内海の小エビをもちい「かっぱえびせん」を創製,爆発的人気を集めロングセラー商品となる.

◇10月　　霞ヶ浦北浦で鯉の大量死発生（原因はコイヘルペスウイルス病）．
◇10月　　㈱ピエトロ，保育士常駐のキッズルームを設けた，洋麺屋ピエトロ次郎丸店を福岡市早良区にオープン（『EDINET』）．
◇11-4　広島県で10月29日処理された牛，西日本初のBSEと確認（国内9頭目）．
◇11-13　「焼肉のたれ」で知られるエバラ食品工業（横浜市，1958年5月設立），日本証券業協会に株式を店頭登録．
　　　　　＊平成16年（2004）12月13日ジャスダック上場→平成22年（2010），大証JASDAQ上場．「焼肉のたれ」の発売は昭和43年（1968）．15年3月期連結売上高482億円．
◇11-28　豆腐関連企業の篠崎屋（埼玉県越谷市），東京証券取引所マザーズ（＊）に上場．同社は豆腐，豆乳など大豆加工製品の製造販売や関連商品の仕入販売，外食産業として豆腐・ゆば料理専門店「三代目茂蔵」を展開．初値44万2,000円，公開価格26万円の1.7倍．
◇11月　　野菜卸値，供給潤沢で安値，16年ぶりの低水準．
◇11月　　自主流通米，供給不足で再び急騰．
◇12-23　米政府，BSEに汚染している疑いのある牛が発見されたと発表．その後の検査で汚染が確認される．米国初のBSE牛．
◇12-24　日本政府，米国産牛肉の輸入停止を決定．
◇12-24　日本ハム子会社が未承認ワクチンを豚約6万頭に使用していたことが判明．
◇12-29　長崎県大村市のスーパーで，米国産など外国産の牛肉を国産牛肉と偽装して，販売していたことが判明．
◇12-30　吉野家ディー・アンド・シー，米国産牛の輸入禁止が続いた場合，2月10日頃にも牛丼の販売を停止すると発表．

この年

◇米不作（作況指数90）．米，サクランボ，ナシ，リンゴなど農作物の泥棒事件が頻発．
　　＊米の購入価格（『家計調査』），下落傾向から上昇に転じる（グラフ参照）．
◇外食産業の市場規模，前年比3.5％減の24兆5,684億円（外食産業総合調査研究所調べ）．6年連続の減少．
◇ビール・発泡酒出荷量（課税ベース），前年比6.3％減の5億1,320万8千ケース（1ケース大瓶20本換算）で1991年に現行方式の統計になってから最大の落ち込み幅となった．＊冷夏や発泡酒増税が影響．
◇焼酎の課税移出数量（年度）(90万kℓ)，初めて清酒（84万1千kℓ）を上回る．
◇冷夏であったが，清涼飲料の生産量，前年とほぼ同水準（全国清涼飲料工業会調べ）．
◇健康茶ブームで緑茶飲料市場規模（推定），前年比10％増の3,092億円（伊藤園調べ）．飲料メーカーから引合いの多いカテキン成分を多く含む国産番茶

米の購入価格の推移（1kg当たり）

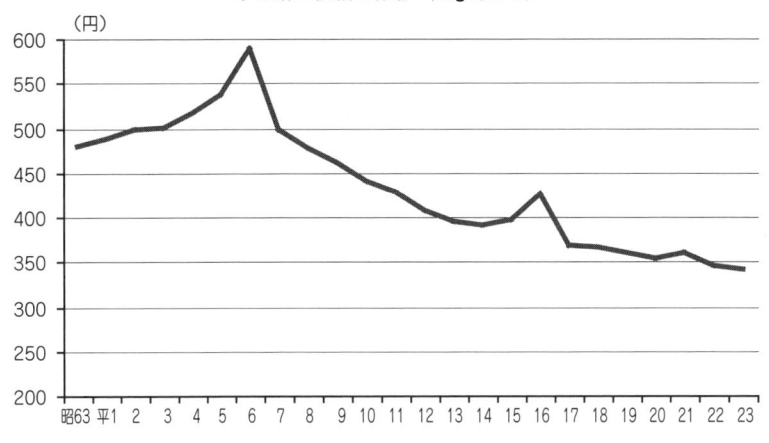

（出所）総務省『家計調査』

清酒と焼酎の課税移出数量の推移

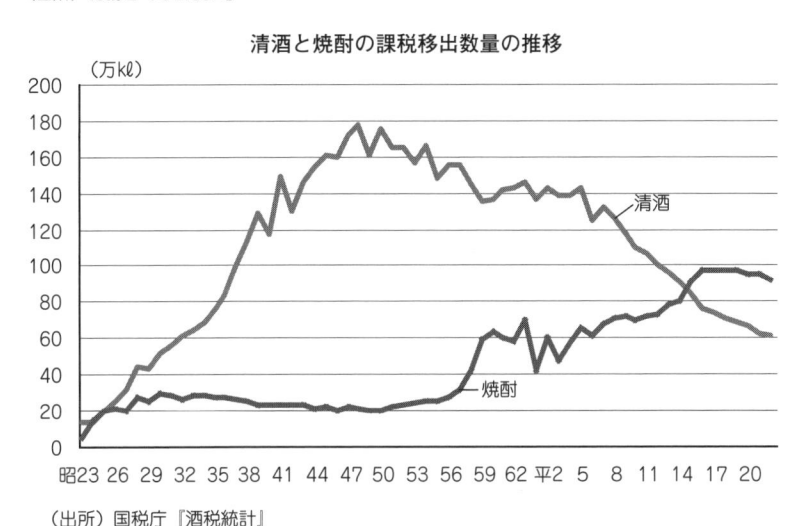

（出所）国税庁『酒税統計』

の取引価格が上昇．
◇ミネラルウォーターの輸入量（2201.10-000），33万1,575kℓ（前年比25.6％増）
　と初めて30万kℓを超える（平成8年のグラフ参照）．
◇第二次豆乳ブーム．BSEによる牛乳離れも後押し．
　＊第一次豆乳ブームは昭和57〜58年（1982〜83）．

平成16年（2004）

■米国産牛肉の輸入禁止で，豚肉輸入が過去最高を記録
■鳥インフルエンザの影響で鶏肉の消費，昨年に引き続き減少
■サッポロビール，業界初の第3のビール「ドラフトワン」を全国発売
■㈱ジャスダック証券取引所開設

◇1-11　京都府城陽市の農事組合法人「山城養鶏生産組合」，昨年6月に採卵した約5万個を冷蔵庫で保管し，半年後に虚偽の採卵日や賞味期限を表示して大阪，京都両府内のスーパーや生協などに出荷していたことが判明．
　　　　＊27人が下痢など食中毒症状を訴えたという．
◇1-12　山口県阿東町の養鶏場の鶏から，鳥の病気の一種「鳥インフルエンザウイルス」が検出され，この約半月間に約6千羽が死亡したと，同県と農林水産省が発表．
　　　　＊このウイルスは高病原性H5亜型で致死性が高く，発症は大正14年（1925）以来79年ぶりという（朝日1/13）．
◇1-14　日本経済新聞社，「平成の名経営者」100名を紙上で発表．食品関係者は次の9名．15位：樋口広太郎（アサヒビール），32位：藤田田¶（日本マクドナルド），44位：江頭邦雄（味の素），53位：瀬戸雄三（アサヒビール），57位：安藤百福（日清食品），70位：広田正（菱食），86位：渡辺美樹（ワタミフードサービス），93位：安部修仁（吉野家ディー・アンド・シー），93位：荒蒔康一郎（キリンビール）．
◇1-22　農林水産省，タイで高病原性鳥インフルエンザが発生した疑いがあるとして，タイ産鶏肉など家きん肉の輸入停止を発表．
◇1-26　農林水査省，インドネシアで高病原性鳥インフルエンザの発生を受け，同国からの鶏肉など家きん肉の輸入停止を発表．
◇1-28　農林水産省，中国で高病原性鳥インフルエンザの発生を受け，同国からの鶏肉類の輸入停止を発表．
◇1月　　牛丼チェーン店，米国産牛肉の輸入停止により，「豚丼」や「豚どんぶり」に切り替える．
　　　　＊この年度，豚肉の輸入が増加．また，米国産牛肉の代替としてオーストラリア産牛肉の輸入が急増し，9月には，オーストラリア産牛丼が登場．
◇1月　　アリアケジャパン，海外拠点としてベルギー・マースメヒレン市に現地法人として，子会社F.P.N.I.BELGIUM（N.V.）を設立（『EDINET』）．

◇2-4 サッポロビール，第3のビール（新ジャンル）（＊）とも呼ばれるビール風アルコール飲料「ドラフトワン」を全国発売．125円（350mℓ缶）．
　　　＊原材料は，エンドウ豆から抽出した「エンドウたんぱく」で，麦芽や麦は一切使用されていない．
◇2-7 農林水産省，米国で高病原性鳥インフルエンザが発生した疑いがあるとして，米国産の鶏肉など家きん肉や加工品などの輸入を暫定的に停止．
◇2-11 吉野家ディー・アンド・シー，米国でBSEが発見され，原料の確保ができなくなったことから，牛丼の販売中止を余儀なくされる．
　　　＊原料のほぼ全量を米国産に依存．
◇2-27 京都府丹波町の浅田農産船井農場で，2月中旬，鳥インフルエンザ感染の疑いのある病気で大量の鶏が死ぬが，府に報告せずに対応を怠っていたことが発覚．
◇2月 ㈱紀文フードケミファ，キッコーマンと資本業務提携．
　　　＊平成20年8月，紀文フードケミファの全株式を取得（平成21年4月　株式会社フードケミファに商号変更）（『EDINET』）．
◇3-2 日本郵政公社，郵便局に清涼飲料の自動販売機を設置すると発表．
◇3-3 京都府，「浅田農産船井農場」に近接した養鶏場で高病原性鳥インフルエンザの陽性反応を確認したと発表．
◇3-4 ヤクルト本社，仏食品大手ダノンと海外の乳酸菌事業で提携すると発表．
◇3-8 カレー専門店の㈱壱番屋（愛知県一宮市），東証2部及び名証2部に株式上場．
　　　＊16年5月期の売上高302億円．
◇3-16 政府，高病原性鳥インフルエンザ対策のため，感染拡大と再発防止策，影響を受けた養鶏業者等への支援策を柱とする「鳥インフルエンザ緊急総合対策」を決定．
◇3-16 サントリー，緑茶飲料「伊右衛門」500mℓのペットボトルを中心に，2ℓ，300mℓ，AS缶，245ｇ缶，250mℓ紙パックの計6種類を全国発売．
　　　＊売行き良好で，発売4日目で発売停止を発表．発売2年目5,250万ケース，売上げ1,000億円を達成（『なぜ，伊右衛門は売れたのか』）．
◇3-20 熊本県長陽村の阿蘇ファームランドに「阿蘇焼酎蔵」オープン．
◇3-22 大豆のシカゴ相場（期近），1ブッシェル10.56ドルと約16年ぶりの高値となる．
◇3月 フジ日本精糖，清水工場の精製糖（液糖を除く）生産を停止（『EDINET』）．
◇3月 カゴメの3月期連結売上高，初めて1,500億円（1,549億円）を超える．

平成16

- ◇4-1　消費税総額表示の義務付け開始.
- ◇4-1　株式会社マルハグループ本社（資本金150億円）設立. 東証1部に上場.
  * マルハ株式会社の株式移転により, 同社を完全子会社とする持株会社.
- ◇4-1　ニチメンと日商岩井が合併し, 双日株式会社が発足.
- ◇4-1　㈶自主流通米価格形成機構, ㈶全国米穀取引・価格形成センター（コメ価格センター）に名称変更.
- ◇4-6　東京農業大学「食と農の博物館」オープン.
- ◇4-13　明星食品の共同創業者で元明星食品社長, 元日本即席食品協会会長の八原昌元氏（やはら・まさもと）死去（85）.
- ◇4-13　日清食品, 中国の即席めん2位の河北華龍麺業集団有限公司（河北省）に資本参加すると発表（日経4/14）.
- ◇4-21　日本マクドナルド創業者・藤田田（ふじた・でん）氏¶（1926.3.13生まれ）死去（78）.
  * 昭和46年（1971）米国マクドナルド本社との合弁で日本マクドナルドを設立, この年の7月20日に1号店を東京・銀座の三越一階にオープンし, 旧来の日本の食文化に挑戦. その後, 全国に店舗を展開し, 国内有数の外食産業に育て上げ, 57年（1982）には外食産業では売上高トップとなった.「勝てば官軍」「成功の確率が60％なら挑戦する」という攻めの経営哲学でのぞんだ. 彼自身はハンバーガーをほとんど口にしなかったという. 著書に『ユダヤの商法：世界経済を動かす』など.
- ◇4月　「ドトールコーヒーショップ」チェーン, 1,000店舗を達成.
- ◇5-10　日本コカ・コーラ, ほうじ茶ベースのブレンド茶「颯爽（さっそう）」を発売開始. 同社初の特定保健用食品.
- ◇5-14　味の素, 16年3月期の連結決算で売上高1兆395億円と発表.
  * 多角化が奏功し, 初めて1兆円を突破.
- ◇5-17　日清食品, 16年3月期の連結決算で, チキンラーメンの販売数量の急増により売上高3,200億円と過去最高を記録.
- ◇5-17　国税庁, 平成15年（2003）分の高額所得税納税者を発表. 第1位はダイエット食品「スリムドカン」などの健康食品を販売する斎藤一人氏で, 11億4,849万円. 93年（平成5）以降, 11年連続でトップ10位に入っており, その間の納税額は160億円を超えるといわれる.
  * 高額納税者公示制度は, 平成17年（2005）年4月1日から個人情報保護法が施行されたことから, 平成18年（2006）(17年分) から廃止された.
- ◇5月　ミツカングループ本社, ミツカングループ創業200周年を記念して,『MATAZAEMON　七人の又左衛門　新訂版』『尾州半田発　限りない品質向上を目指して』を発刊.

◇6-1 ㈱キユーソー流通システム（現・キユーピーの連結子会社，04.11期売上高，1,213億円），東証１部に上場．
＊食品物流では首位を占め，チルド・冷凍品に強い．

◇6-11 「梅酒の日」．
＊チョーヤ梅酒株式会社（大阪府羽曳野市）が，今年より６月の入梅（にゅうばい）の日を「梅酒の日」と制定（日本記念日協会認定）した．丁度，この「入梅」の時期から梅酒の原料である青梅の収穫がピークを迎え，梅酒造りに最適な時期であるという．

◇6-18 湖池屋を子会社に持つスナック菓子製造販売の㈱フレンテ（04.6期連結売上高229億円），日本証券業協会に株式を店頭登録．
＊12月13日ジャスダック上場→平成22年（2010），大証JASDAQに上場．

◇6-22 元サッポロビール社長・枝元賢造氏死去（71）．

◇6-29 国内初の水だし麦茶を開発した前石垣食品会長・石垣敬義氏死去（79）．

◇6月 旭松食品，中国山東省膠南市に青島旭松康大食品有限公司（現・連結子会社）を設立（『EDINET』）．

◇6月 残留農薬問題で揺れた中国産冷凍ホウレンソウ（0710.30-000）の輸入自粛が解除される．
＊輸入自粛を契機に生産工場を中国からベトナムにシフト動きがみられ，これに伴い，平成16年のベトナムからの輸入量（5,193トン）が中国（4,974トン）を上回り，１位となる．

◇6月 ㈱吉野家ディー・アンド・シー，国内で1,000店舗達成（『EDINET』）．

◇7-5 総合飲料メーカーとしての基礎を固めた元サントリー社長・鳥井信一郎氏死去（66）．

◇7月 J-オイルミルズ，連結子会社である㈱ホーネンコーポレーション，味の素製油㈱，吉原製油㈱及び日本大豆製油㈱を吸収合併（『EDINET』）．

◇8-7～10-24 東京・ニューオータニ美術館で北大路魯山人（きたおうじ・ろさんじん，1883～1959）が料理との調和を目指して作陶した器などを展示した「魯山人の宇宙」展が開催される．
＊北大路魯山人は美食家，料理研究家，陶芸家．東京赤坂の日枝神社境内に高級料亭「星岡茶寮（ほしがおかさりょう）」を設立し，自ら調理にあたり「食器は料理のきものである」が彼の口ぐせであり，店で使用する器を自ら作った．

◇8月 日清食品，河北華龍麺業集団有限公司（現・今麦郎食品有限公司及び河北今麦郎紙品有限公司）に資本参加（『EDINET』）．

◇9-9 首都圏中心に99円ショップを展開する㈱九九プラス，日本証券業協会に株式を店頭登録．

- ◇9－14 ＊12月13日ジャスダック証券取引所上場．2010年6月28日（株式会社ローソンと株式交換）．
- ◇9－14 西日本で回転すし店を運営する「㈱マリンポリス（岡山市）」，日本証券業協会に店頭登録．
  - ＊12月13日ジャスダック証券取引所上場→平成19年（2007）9月29日（株式会社びっくり本舗の子会社となり上場廃止）．＊16年10月期に売上高100億円を達成．
- ◇9－17 愛知などで焼き肉店を展開する「がんこ炎」(名古屋市)，日本証券業協会に株式を店頭登録．
  - ＊12月13日ジャスダック証券取引所上場→平成18年（2006）年9月26日（株式会社アトムに合併）．＊16年9月期の売上高55億円．
- ◇9－29 低カロリーキャンデーを生産・販売する「三星食品」（兵庫県姫路市），大証ヘラクレスに上場→平成19年（2007）10月28日（キャドバリー・インベストメンツ・ジャパン株式会社がTOB）．
  - ＊還元麦芽糖水飴を原料としたキャンデー．16年10月期売上高60億円．バイオ企業の林原グループ．
- ◇9月 大豆利用の食品加工メーカー「マルサンアイ」（愛知県岡崎市）本社みそ工場，ISO9001の認証を取得（『EDINET』）．
- ◇10－23 平成16年新潟県中越地震，震度7，死者40人．
- ◇10月 ㈱レインズインターナショナル（現・㈱レックス・ホールディングス），高級スーパーマーケット「株式会社成城石井」の経営権を取得．
- ◇10月 伊藤園の子会社「ITO EN AUSTRALIA PTY.LIMITED」，豪州ビクトリア州に荒茶加工工場を建設（『EDINET』）．
- ◇11－13 老舗和菓子店・駿河屋（東証2部，大証2部上場），架空増資などの疑いで，同社社長らを逮捕．東京・大阪両証券取引所は13日，駿河屋株を同日から監理ポストに割り当てる．
- ◇11月 ㈱ニチロ（マルハニチロHDの前身），冷凍食品事業強化のため，ほくれい㈱を子会社化．
- ◇11月 日本製粉，上海日粉食品有限公司（現・連結子会社），プレミックス工場竣工（『EDINET』）．
- ◇12－1 日本経済新聞社，2004年度の予想連結経常利益，1,000億円以上の企業，過去最高の60社と発表．このうち食品企業は日本たばこ産業（2,350億円，前年比18％増），キリンビール（1,020億円，同8％増）の2社．
- ◇12－7 タカラバイオ㈱，東京証券取引所マザーズ（＊）に株式上場．
  - ＊筆頭株主は宝ホールディングス．設立は平成14年4月．
- ◇12－10 文化審議会，スコットランドの中世城郭をイメージしたとされるニッカウヰスキー北海道工場事務所棟（北海道余市町），有形文化財に登録するよう文科相に答申．

◇12-13 ㈱ジャスダック証券取引所，開設
　　　　＊日本証券業協会が創設した店頭登録に代わって登場した証券市場．
◇12-13 ㈱テンコーポレーション，日本証券業協会への店頭登録を取消し，ジャスダック証券取引所に株式上場．
◇12-13 ㈱グリーンハウス，日本証券業協会への店頭登録を取消し，ジャスダック証券取引所に株式上場．
◇12-13 ケンコーマヨネーズ，ジャスダック証券取引所に株式上場（『EDINET』）．
◇12-13 エバラ食品工業，日本証券業協会への店頭登録を取消し，ジャスダック証券取引所に株式上場（『EDINET』）．
◇12-13 小僧寿し本部，日本証券業協会への店頭登録を取消し，ジャスダック証券取引所に株式上場（『EDINET』）．
◇12-13 日清医療食品，日本証券業協会への店頭登録を取消し，ジャスダック証券取引所に株式上場（『EDINET』）．
◇12-13 滝沢ハム（栃木市），ジャスダック証券取引所に株式上場（『EDINET』）．
◇12-13 ㈱ニチロサンフーズ，ジャスダック証券取引所に株式上場（『EDINET』）．
◇12-13 新光製糖，ジャスダック証券取引所に株式上場．
◇12-28 中国の自社工場で生産した冷蔵食品などを販売する「ミホウジャパン」，ヘラクレス（＊）に株式上場．
◇12月　理研ビタミン，米国イリノイ州にRIKEN VITAMIN USA INC.（現・連結子会社）を設立（『EDINET』）．

この年

◇米国産牛肉の輸入が禁止されたことから，豚肉輸入量（年度）が過去最高を記録する（『食料需給表』）（グラフ参照）．
◇米国産牛肉は輸入禁止されたため，前年の26万7,277トンから1,276トンに激減．一方，これを補完するため，オーストリア産の輸入は28万3,698トンから39万4,068トンへ大幅増となり，シェアは49.2％から91.3％に上昇．
◇鳥インフルエンザの影響で，輸入が大幅に減少し，鶏肉の1世帯当たり購入量（10,849g）は前年（11,553g）の6.1％減（『家計調査』）．
◇黒酢ブーム（カバヤ食品の「まろやか玄米黒酢飴」など）
　　＊黒酢ブームを反映し，酢の1世帯当たり購入量は，前年（2,979mℓ）の10.3％増の3,285mℓで，過去最高を記録（『家計調査』）（グラフ参照）．
◇砂糖の1人当たり純食料供給量（年度），甘み離れが進むなか，辛うじて20kgを維持．
　　＊最も多かった昭和48年度は28.1kg．平成22年度は18.9kg（『食料需給表』）．
◇愛媛県，34年間死守してきた「ミカン生産量日本一」の座を和歌山県に明け渡す．

肉類の輸入数量

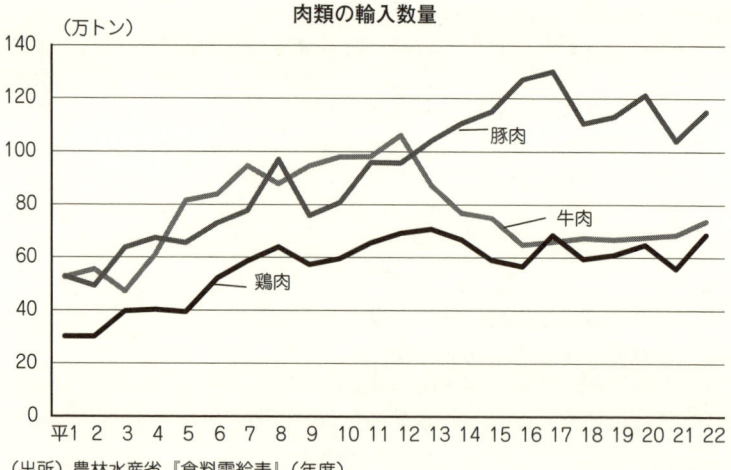

（出所）農林水産省『食料需給表』（年度）

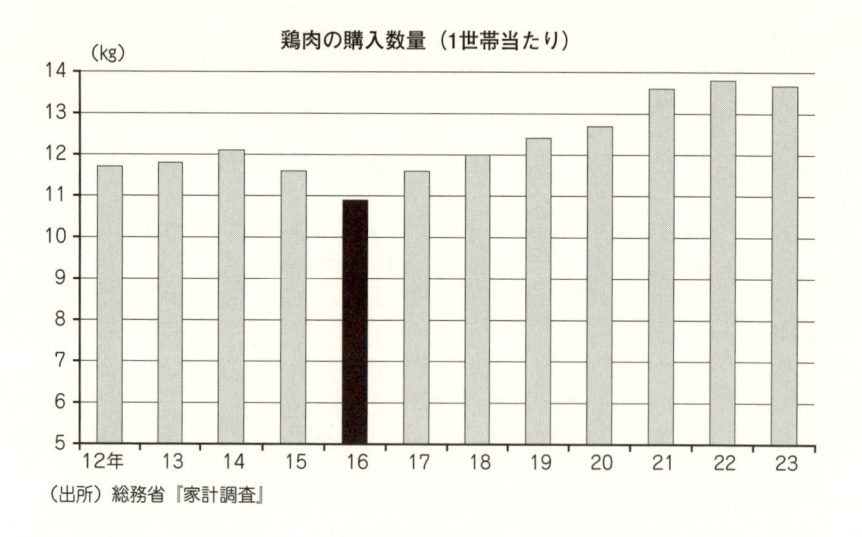

鶏肉の購入数量（1世帯当たり）

（出所）総務省『家計調査』

＊愛媛県17万200トン（15年産19万5,200トン），和歌山県18万300トン（同17万200トン）．

◇フランス産ワインの新酒「ボージョレ・ヌーボー」（＊）の市場，104万ケース（1ケース750mℓ瓶12本換算）に達し，過去最高を記録（フランス食品振興会調べ）（日経20/11/7）．

◇全国の地ビール醸造所（年度），244ヵ所．平成11年度には264ヵ所まで急増したが，目新しさが薄れ，需要も停滞し，ここ数年停滞や倒産が目立つ（日経18/8/2）．

◇バナナの1世帯当たり購入量（18.3kg）がミカン（16.8kg）を抜いて第1位

酢の購入数量（1世帯当たり）

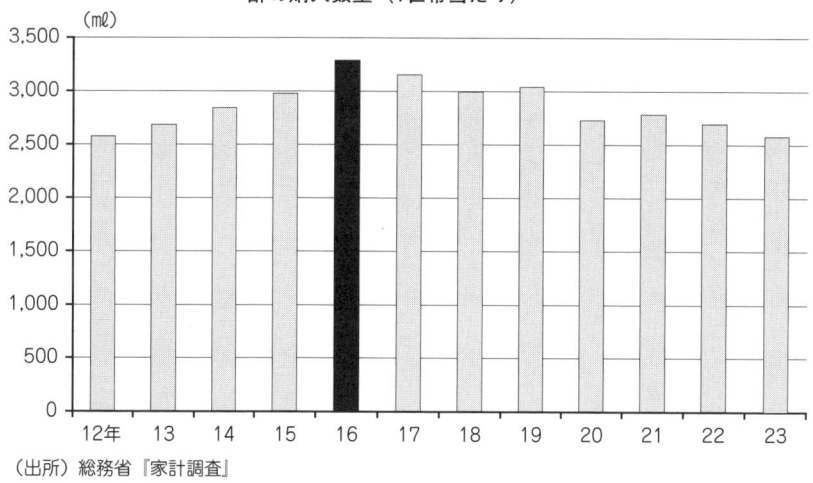

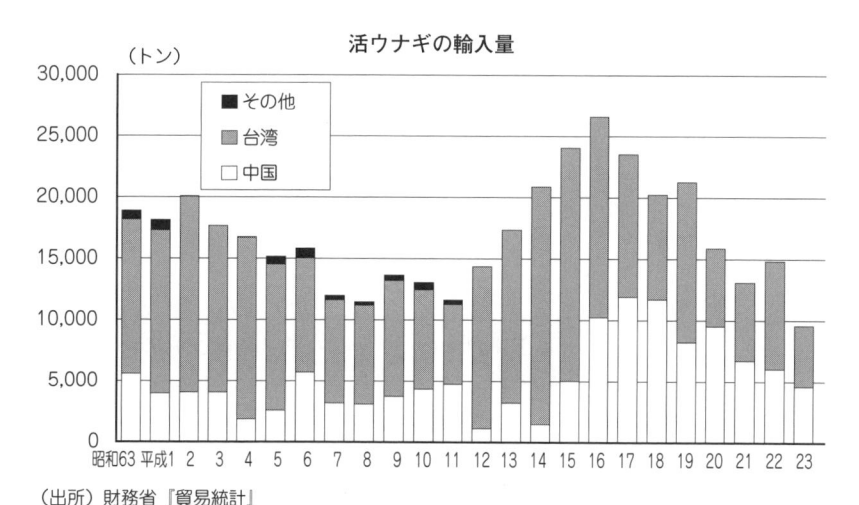

（出所）総務省『家計調査』

活ウナギの輸入量

（出所）財務省『貿易統計』

平成16

となる（『家計調査』）．
◇活きたまま航空機で輸入されるウナギの輸入量（0301.92-200）は，2万6,601トン（300億6千万円）と過去最高を記録（グラフ参照）．
　＊この年，白焼きやかば焼きなどに加工された状態で輸入された加工ウナギの輸入量（1604.19-010）は4万8,758トン（656億7千万円，歩留まりを65％とし活魚換算すると7万5千トン）国内生産量は天然ものと養殖ものとを合わせて約2万2千トン，従って，ウナギの自給率は約18％（2.2/〈2.7＋7.5＋2.2〉×100）となる．

平成17年（2005）

■人口減時代に入る
■食に変革をもたらした多くの人材が死去
■ジャスダック，東証マザーズ，ヘラクレス等の新興市場に上場する企業がふえる
■大手４社の「第３のビール」製品出そろう
■芋焼酎ブーム

◇1－1　コカ・コーラ セントラル ジャパン，中京コカ・コーラボトリング及び富士コカ・コーラボトリングを吸収合併．

◇1－7　架空増資事件で前社長が逮捕・起訴された駿河屋，東証・大証２部で上場廃止．

◇1－10　元日本ハム副会長・大社照史（おおこそ・てるちか）氏死去（82）．

◇1－18　㈱カステラ本家　福砂家（長崎市），『カステラ読本　復古創新　福砂家』を発刊．

◇1月　総務省，『家計調査』の品目別調査にミネラルウォーターと乳飲料の購入金額の項目を追加．
　　＊この年の１世帯（3.17人）当たりのミネラルウォーターの購入金額は2,029円→23年（3.08人）は3,291円．乳飲料は975円→1,283円．

◇2－11　吉野家D&C，牛肉の在庫をかき集め，150万杯分を１日限定で販売．

◇2－6　元キユーピー社長・藤田近男氏死去（78）．

◇2－9　福岡県中心にとんこつラーメンを主力にラーメン店を展開する「ワイエスフード」（福岡県香春町），ジャスダック証券取引所に上場．
　　＊17年３月期の売上高42億円．設立は平成６年５月．

◇2－16　箱や袋，リボンなど食品資材を小口・低価格で通信販売する㈱タイセイ（大分県津久見市），福岡証券取引所Qボードに上場．
　　＊16年９月期売上高６億3,500万円．

◇2－23　アサヒビール，第３のビールに対抗し，「アサヒ本生ゴールド」（発泡酒）を新発売．

◇2－24　居酒屋「はなの舞」「こだわりやま」などを展開する「チムニー㈱（親会社，米久）」，ジャスダックに株式上場．
　　＊16年12月期の売上高154億円．東証２部（平成20年12月18日〜22年４月22日）．

◇2－24　全国の人気パン屋を集めたフードテーマパーク「東京パン屋ストリート」，日本最大級のショッピングセンター・TOKYO-BAYららぽーと（千葉県船橋市）にオープン．
　　＊平成21年（2009）１月25日閉店．

◇2－26 農林水産省，北海道本別町の牧場で死んだ乳牛（ホルスタイン種，雌）からBSE感染が確認されたと発表．日本では15例目．
◇3－1 ジャパンフーズ，東証1部に指定替え．
◇3－1 ㈱あみやき亭，東証・名証1部に指定替え．
◇3－8 広島県廿日市市宮島町の大聖院境内にある包丁塚で，包丁供養・包丁式が執り行われる．
　　　＊県下の調理師会などが昭和58年から毎年挙行．
◇3－10 仏カルフール，日本で8店舗を展開する日本法人カルフール・ジャパンの全株式を，イオンに売却すると発表（朝日3/11）．
◇3－15 マルハグループ本社，傘下の精糖会社，塩水港精糖の発行済み株式24％を三菱商事に譲渡し，砂糖事業から撤退したと発表（日経3/16）．
　　　＊これで三菱商事系の製糖会社の国内生産のシェアは約22％となり，業界2位となる．
◇3－16 ㈱モスフードサービス，ハンバーガーチェーンでは史上最高値の1,000円（税込み）の高級ハンバーガー「ニッポンのハンバーガー匠味十段」を発売．
◇3－23 量り売り総菜「オリジン弁当」の「オリジン東秀」(年商470億円)，東証2部に上場．
　　　＊平成18年（2006）3月，株式公開買付（TOB）の結果，イオン株式会社の子会社となる．
◇3－25～9－25 愛知万博（愛知県長久手町など）．
◇3－28 台糖，東証1部上場廃止．
◇3－30 アサヒ飲料，体内への浸透早いスポーツ飲料「SUPER H2O」を発売．
◇4－1 新三井製糖，台糖及び㈱ケイ・エスを吸収合併し，商号を三井製糖に変更．
　　　＊国内生産のシェアが約29％となり，業界第1位となる（日経3/16）．
◇4－1 ワタミフードサービス，ワタミに商号変更．
◇4－3 和歌山県海南市のお菓子の神様・橘本（きつもと）神社で，「菓子祭・全国銘菓奉献祭」挙行．
　　　＊毎年4月3日に行われ，約400種類のお菓子が奉納される．
◇4－6 キリンビール，大豆たんぱくを原料とする「のどごし（生）」（第3のビール）を発売．
◇4－13 ロイヤル創業者・江頭匡一氏（えがしら・きょういち）(1923.3.25生まれ）死去（82）．
　　　＊昭和31年（1956）5月14日，福岡市にロイヤル株式会社設立（ロイヤルホールディングス株式会社の前身）．昭和53年（1978），福岡証券取引所に外食産業として初めて株式を上場．城山三郎の小

説『外食王の飢え』の主人公のモデルといわれ，数多くの試食を繰り返し，胃が4分の1になったという．昭和58年（1983）6月1日，東京・大阪1部に株式上場．

◇4-15 世界的なハンバーガーチェーン「マクドナルド」，50周年を迎える．
＊119ヵ国に3万1,500を超す店舗を有し，客数は1日当たり4,800万人にのぼるという．

◇4-20 「ミスタードーナツ」や「TSUTAYA」などで売上高の8割を占める㈱フジタコーポレーション（北海道苫小牧市，社長藤田博章），ジャスダック証券取引所に上場．
＊17年3月期連結売上高91億円．

◇4-20 アサヒビール，大豆ペプチドを主原料とする「新生」（しんなま，第3のビール）を発売．
＊ビール大手4社の第3のビールが出そろう．

◇4-20 焼肉レストランチェーンの牛角，国産牛カルビを620円（税込）で販売開始．

◇4-21 松屋フーズ，牛めしチェーン「松屋」の全店舗で豪州産牛肉を使った「角切りステーキ定食」（580円）を発売．
＊牛丼を主力とする大手チェーンがステーキを通常商品として販売するのは初めてという．

◇4-25 飲食店情報サイトを運営する㈱ぐるなび，ヘラクレスに上場．
＊17年3月期の売上高55億円．平成20年（2008）12月12日，東証1部に株式上場．

◇4-26 元キッコーマン社長・茂木克己氏死去（90）．

◇4-27 日本ハム創業者・大社義規氏（おおこそ・よしのり）死去（90）．
＊昭和17年（1942）3月，徳島市に徳島食肉処理場を創設．

◇4月 宮城大学（公立），食産業学部（ファームビジネス学科・フードビジネス学科・環境システム学科）開設．
＊宮城県農業短期大学が閉校し，その跡地に食産業学部が設置された（太白キャンパス）．

◇4月 ヤクルト本社，中国でのヤクルト事業を統括する「中国ヤクルト株式会社」を設立（『EDINET』）．

◇4月 東京凮月堂，『東京凮月堂社史：信頼と伝統の道程』発刊．
＊同社の起源は明治5年（1872）米津（よねづ）松造（1839〜1908）が設立した米津凮月堂．

◇5-2 カレー専門店の㈱壱番屋，東証1部及び名証1部に指定替え．

◇5-10 ㈳日本フードサービス協会，『外食産業を創った人びと　時代を先駆けた19人』発刊．
＊19名は藤田田（日本マクドナルド），横川・茅野兄弟（すかいらーく），大河原毅（日本ケンタッキー・フライド・チキン），江頭匡一（ロイヤル），田沼文蔵（グリーンハウス），松田瑞穂（吉

野家），桜田慧（モスフードサービス）など．

◇5－11 サントリー，1本（700mℓ）100万円（税別）の国産ウイスキー「山崎50年」限定50本を午後2時に売出し，翌日午前11時に完売．
＊「山崎50年」の熟成期間は50年以上と国産では最も長いといわれる．

◇5－18 イカリソース代表ら，産業廃棄物処理施設などに関する詐欺，有印私文書偽造・同行使の疑いで逮捕される．
＊イカリソースは明治29年（1896）創業のウスターソース醸造の老舗．

◇5－24 サントリー，缶チューハイで果実そのままの香りのある「－196℃（マイナスヒャクキュウジュウロクド）」を発売．
＊－196度で瞬間凍結した果実（レモン，グレープフルーツ，梅）を使用．

◇5－23 牛丼チェーン「すき家」などを展開するゼンショー，05年3月期連結決算で，売上高が前年同期比11.8％増の1,253億円にのぼる．
＊牛丼最大手の㈱吉野家D&Cの05年2月期の連結売上高は1,179億円（前期1,410億円）．

◇5－31 イカリソース，大阪地裁から会社更生手続き開始の決定を受ける．
◇5月 アサヒビール，カネボウからチルド（冷蔵）飲料子会社のエルビーを買収（『EDINET』）．
◇5月 ㈱三越，『株式会社三越100年の記録—デパートメントストア宣言から100年』発刊．
＊三越の名は，三井グループの始祖・三井高利が延宝元年（1673）年に開いた越後屋に由来（三井の「三」と越後屋の「越」）．

◇6－2 北方領土・貝殻島周辺でのコンブ漁，解禁となり，この日の朝，根室市周辺の港から計281隻が出漁．
◇6－2 独自養殖法で割安フグ料理専門店を展開する「㈱関門海」（かんもんかい，大阪市），東証マザーズ（＊）に株式上場．
＊17年11月期の売上高91億9千万円．

◇6－4 全国有数のカツオの水揚を誇る勝浦漁港（千葉県勝浦市）周辺で，「勝浦港カツオまつり」（午前8時～午後1時）開催．＊毎年，この頃，実施される．

◇6－14 サントリーの高級ビール「ザ・プレミアム・モルツ」，世界的な食品コンテスト「モンドセレクション」で最高金賞を受賞．
＊日本メーカーの最高金賞は初めての由．

◇6－17 食育基本法制定．7月15日施行．
◇6月 茨城県水海道市（現・常総市）の養鶏場で弱毒性のH5N2型鳥インフルエンザウイルスが発見される．
＊その後，40養鶏場で感染が確認される．

◇6月 食肉卸首位のスターゼン，ローマイヤ株式会社の第三者割当増資を

引受け，同社を子会社化（『EDINET』）．
◇7-1　ロイヤル，持株会社制に移行し，会社名をロイヤルホールディングス株式会社に変更．
◇7-22　江戸風俗研究家・杉浦日向子氏，下咽頭がんのため死去（46）．
◇7-26　会社法公布．施行は翌18年5月1日．
　　　　＊商法の株式会社などに関する部分や有限会社法などを統一した法律．資本金の最低金額は定められておらず，1円でも会社の設立が可能となる（従来，株式会社では1,000万円以上）．
◇7-29　洋菓子・パン製造・小売りの㈱シベール（山形市蔵王松ケ丘），ジャスダック証券取引所に株式上場．
　　　　＊17年8月期の売上高38億円．贈答用ラスク分野では国内最大のシェアを有する．ラスクはパンを薄く切り，砂糖などを塗ってオーブンで焼いた菓子．
◇7-31　食品表示の「品質保持期限」と「賞味期限」，「賞味期限」に統一される．
◇7月　　サントリー，第3のビール（新ジャンル）「サントリーキレ味［生］」発売．
◇8-1　 バイオ技術を使いイチゴを年間安定供給する「㈱ホーブ」（北海道東神楽町），ジャスダック証券取引所に上場．
　　　　＊17年6月期の売上高42億円．取引先はシャトレーゼや山崎製パンなど300社にのぼる．
◇8-2　 東京オリンピック選手村の料理長をつとめた元帝国ホテル総料理長・村上信夫氏死去（84）．
◇8-10　食文化研究家・小菅桂子氏，慢性呼吸不全と気管支拡張症のため死去（72）．
◇8-19　「天狗チェーン（テンアライドの前身）」の創業者・飯田保氏死去（79）．
◇8-26　スーパーのイトーヨーカ堂，コンビニのセブン-イレブン・ジャパン，外食のデニーズジャパンの3社，東証1部上場廃止．
◇8月末　世界的穀物集散地で知られる米ルイジアナ州ニューオリオンズ，巨大ハリケーン「カトリーナ」で大損害を被る．
　　　　＊日本はニューオリオンズの穀物施設から大豆，トウモロコシ，小麦などをパナマ運河，太平洋を経て輸入しているが，施設は素早く回復し，日本への影響は小さかった．
◇8月　　㈱ポッカコーポレーション，上場廃止を決定．
　　　　＊9月TOB（＊）（株式公開買い付け）成立．㈱アドバンテッジホールディングスの子会社となる．
◇8月　　芋焼酎「黒霧島」「霧島」で知られる霧島酒造（宮崎県都城市），芋焼酎ブームを背景に同市内に新工場の建設に着手．
◇8月　　小僧寿し本部，㈱すかいらーくと資本業務提携（『EDINET』）．

- ◇9-1　国内最大の流通コングロマリット㈱セブン&アイ・ホールディングス発足．東証1部新規上場．
  * イトーヨーカ堂，セブン-イレブン・ジャパン，デニーズジャパンを傘下に収める持株会社．企業価値などの面で親会社だったイトーヨーカ堂より高くなったセブン－イレブンがグループの中核となる．
- ◇9-19　ダイエー創業者・中内功（いさお）氏，脳梗塞のため死去（83）．
- ◇9-21　㈱京樽，会社更生法から8年で復活し，ジャスダック証券取引所に株式上場．
  * 16年12月期売上高335億円．昭和25年（1950）設立．東証1部に上場していたが，財テクの失敗などで平成9年1月に会社更生法の適用を申請，上場廃止．12年9月，吉野家D&Cの子会社となる．
- ◇9-28　和洋中など70業態の飲食店を展開する「㈱クリエイト・レストランツ」，東証マザーズ（*）に株式上場．
  * 三菱商事の持ち分法適用会社．平成22年（2010）6月1日，㈱クリエイト・レストランツ・ホールディングスに改名．
- ◇10-1　国勢調査の結果，本日現在の総人口は1億2,776万8,000人と，前年を約2万2,000人下回る．日本が人口減少時代に突入したことを裏付ける．人口減少元年．
- ◇10-4～9　ナシの産地として知られる千葉県市川市の市動植物園で，大玉のナシの展示会開催．標準的なジャンボナシの重さは1kg前後といわれるが，今回最も大きいのは直径18cmで，重さは2.5kg（朝日10/5）．
- ◇10-7　人々を笑わせ深く考えさせてくれる研究に贈られるイグ・ノーベル賞の団体，ドクター中松氏（77）に栄養賞を贈ることを決める．35年間，毎日自分が食べた食事を写真に収め，3日前の食べ物が自分の頭の働きや体調に影響を与えることを突き止めたという（朝日10/7）．
- ◇10-14　ユアサ・フナショク，今年末で製パン事業から撤退すると発表．販売競争の激化や低価格化の定着で20年近く赤字が続いていた（日経10/15）．
- ◇10-21　元三樂オーシャン（メルシャンの前身）副社長・宮崎光太郎氏死去（94）．
- ◇10-26　柿の日（2005〈平成17〉年に制定）．明治28年（1895）のこの頃，正岡子規¶（1867～1902）が法隆寺の茶店に憩いて，「柿食へば鐘が鳴るなり法隆寺」の句を着想したことにちなむという．
  * 奈良県では，毎年，この日，「奈良の柿」のPRイベントを実施している．
- ◇11-17　仏ワインの新酒「ボージョレ・ヌーボー（*）」解禁日．
  * フランス食品振興会によると，今年の輸入量は877万5,551ℓ．

　　　　　　ケースに換算すると約98万ケースと，30年間でほぼ2万倍に増えた計算になるという（日経11/7）．
　　　　　＊今年の輸入量は昨年を上回って過去最高になる可能性が出てきたという（日経夕10/15）．
◇11－22　元キリンビール社長・本山英世氏死去（80）．
◇11－25　農業経済学者（東大名誉教授）の近藤康男氏死去（106）．
◇11月　　ブルドックソース，更生会社イカリソース株式会社の営業譲受ける（『EDINET』）．
◇12－6 　㈱ポッカコーポレーション，上場廃止．
◇12－6 　元月桂冠社長・大倉弘氏死去（95）．
◇12－8 　米国産牛肉について，脳や脊髄などの特定危険部位除去，月齢20ヵ月以下の若い牛に限ることを条件に，政府が輸入再開を決定．
◇12－28　永谷園創業者・永谷嘉男氏，舌がんのため死去（83）．
◇12月　　㈱セブン＆アイ・ホールディングス，㈱西武百貨店や㈱そごうを持つ百貨店2位の㈱ミレニアムリテイリングと事業提携ならびに経営統合に関する基本合意書を締結．

この年

◇ビール・発泡酒・新ジャンル出荷量，前年の3.3%減の4億9,400万函（1函は20本入り〈大瓶換算〉）．
◇芋焼酎ブームを反映し，焼酎購入量（1世帯当たり），前年（9,390㎖）の10.5%増の10,378㎖となる（『家計調査』）．
◇中食の市場規模，約6兆3,500億円（外食産業総合調査研究センター推計）．平成7年の1兆3,500億円から10年で4.7倍増．
◇国民1人当たりの冷凍食品消費量，過去最高の20.5kg（平成1年10.2kgの2倍増）となる（日本冷凍食品協会調べ）．
◇この年から翌夏にかけて寒天ブーム．ダイエット効果があると報道されたことなどが原因．
　＊平成16年に1,633トンだった輸入量（1302.31-000）は，17年は3,586トンに倍増（グラフ参照）．主な輸入先は，チリ（1,117トン），中国（980トン），韓国（621トン）．なお，国内生産量は，原料となるテングサ類の収穫量の減少などから減少傾向にある．

焼酎の購入数量（1世帯当たり）

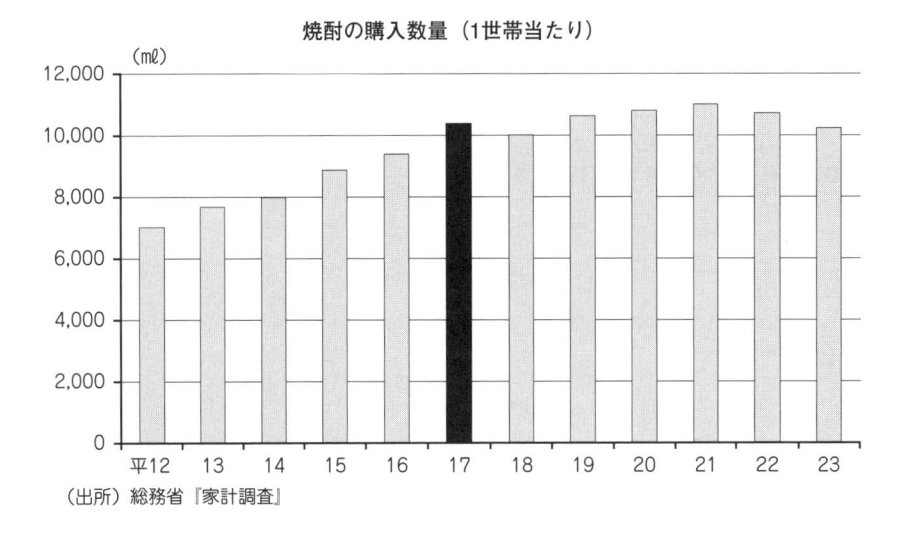

（ml）

年	数量
平12	約7,000
13	約7,700
14	約8,000
15	約8,900
16	約9,400
17	約10,400
18	約10,000
19	約10,700
20	約10,800
21	約11,000
22	約10,700
23	約10,300

（出所）総務省『家計調査』

寒天の輸入量

（トン）

年	数量
平14	約1,500
15	約1,400
16	約1,650
17	約3,600
18	約2,650
19	約1,700
20	約1,700
21	約1,550
22	約1,550
23	約1,550

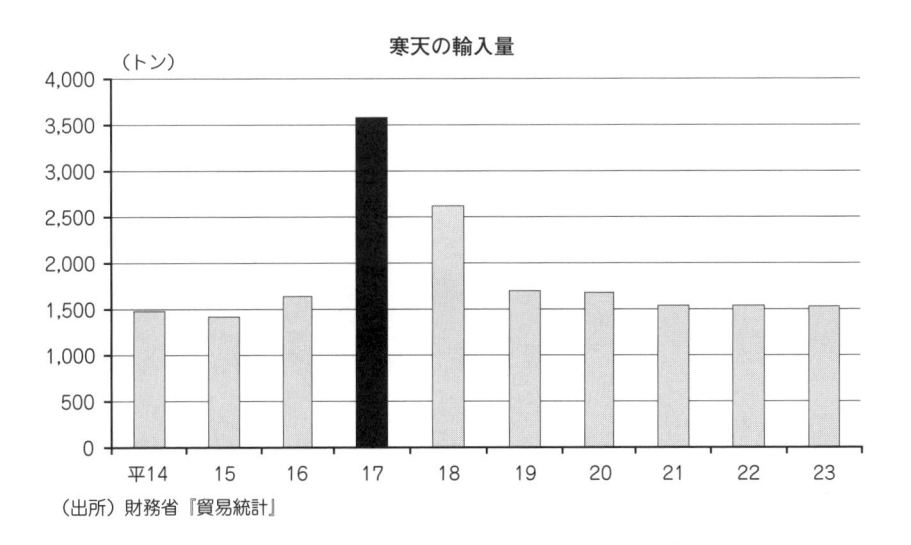

（出所）財務省『貿易統計』

平成17

平成18年（2006）

■競争激化や市場の成熟化が進む中，M&A（合併と買収）が加速，トーメン・和光堂・東ハト・明星食品・メルシャンなど大手の傘下に入る
■食料自給率（年度）39％と40％を割る

◇1−20　米国産牛肉からBSE対策で除去が義務づけられている特定危険部位の背骨が成田空港で発見されたため，米国産牛肉が再び輸入禁止される．
　　　　＊昨年12月，輸入が再開されたばかりであった．＊7月27日から輸入再々開を正式発表．
◇1月　　味の素，ダノン・グループから香港の食品会社アモイ・フード社及びコンビニエンス・フーズ・インターナショナル社の全株式を取得（『EDINET』）．
◇1月　　㈱セブン＆アイ・ホールディングス，㈱ミレニアムリテイリングの株式65.45％を取得し，同社の子会社である㈱そごう，㈱西武百貨店ほか11社が当社の子会社となる（『EDINET』）．
◇2−15　セルフ式うどん「丸亀製麺」などを経営する㈱トリドール（神戸市），東証マザーズに上場．
　　　　＊18年3月期の売上高79億円．20年（2008）年12月10日，東証1部に上場．
◇2−16　日本一の角寒天の産地である長野県茅野商工会議所と長野県寒天水産加工業協同組合，この日を「寒天の日」に制定．
　　　　＊平成17年（2005）2月16日，寒天がNHK「ためしてガッテン」で取り上げられる．
◇2−17　水産庁，漁村に残る歴史的価値の高い史跡や施設を「未来に残したい漁業漁村の歴史文化財産百選」として選ぶ．
　　　　＊明治時代にニシン漁の漁師が宿泊した北海道小平町の「旧花田家番屋」など．
◇2−18・19　「富士宮やきそば」（静岡県富士宮市），青森県八戸市で開催されたB級グルメの祭典「B-1グランプリ」の第1回イベントで，初代王者に輝き，次回同大会の開催権を獲得．＊平成19年開催の第2回B-1においても再びグランプリを獲得し，全国的に「富士宮やきそば」が知られるようになる．
◇2−23　謎とされていたニホンウナギの産卵場所が，グアム島の北西約200kmの「スルガ海山」にあることを，塚本勝巳・東大海洋研究所教授らの研究グループが突き止める（朝日2/23）．
◇2月　　砂糖きび，砂糖ダイコン生産農家保護のための交付金，累積赤字が

650億円にのぼる（日経12/30）．
◇3-1 ㈱紀文フードケミファ，東証1部に指定替え．
＊平成20年（2008）8月，株式交換でキッコーマンの完全子会社となる．
◇3-9 ㈱加卜吉の子会社で調理済み冷凍食品を製造するケイエス冷凍食品㈱，名証2部に上場．
＊18年3月期の売上高103億円．
◇3-14 カゴメ，漬物などに含まれる乳酸菌を使った新飲料「植物性乳酸菌ラブレ」全国発売開始．
◇3-15 サッポロビール，「畑が見えるビール」を限定発売．
＊ドイツの指定農家118戸の大麦・ホップのみを使用した麦芽100％のプレミアムビール．
◇3-18 厚生労働省，長崎県壱岐市で繁殖用の雌（14歳）の黒毛和種がBSE感染牛であったと確認．
＊国内でのBSE感染牛としては24頭目で，肉用牛としては初めて．
◇3-20 イオン，オリジン弁当のオリジン東秀株式会社を子会社とする．
＊オリジン東秀への敵対的買収（＊）を図るドン・キホーテに対して，イオンがホワイトナイト（＊）として友好的TOB（＊）を実施．オリジン東秀は7月27日上場廃止．
◇3月 中川昭一農相，東京穀物商品取引所と関西商品取引所のコメ先物上場を認めない方針を表明．
◇4-1 東京穀物商品取引所，横浜商品取引所を吸収合併．
◇4-1 特許庁，この日施行の改正商標法で，地域名と商品・サービス名を組み合わせた「地域ブランド」を商標登録する条件を緩和．農協や漁協など法人格をもつ協同組合に限って出願が認められた．
＊出願された主な地域ブランド：鵡川（むかわ）ししゃも，喜多方ラーメン，魚沼産コシヒカリ，名古屋コーチン，神戸ビーフ，長崎カステラ，琉球泡盛など．
＊平成22年5月末現在 443件，例えば千葉県の場合，房州びわ，八街産落花生，市川のなし，市川の梨，富里スイカ，矢切ねぎ，小湊温泉，安房菜の花の8件．
◇4-1 日本アルコール産業株式会社設立．
◇4-1 日東製粉，富士製粉（三共の子会社）と合併し，社名を日東富士製粉㈱と改名．東証1部上場．
＊国内製粉量シェアは約5％から約7％にアップ．
◇4-1 輸入小麦などを取り扱う豊田通商とトーメンが合併し，新会社名は豊田通商となる．
◇4-3 大塚製薬，大豆粉とドライフルーツを焼き上げた栄養補助食品「SOYJOY（ソイジョイ）」(税抜き希望小売価格115円)を発売．
◇4-11 食品メーカー各社，食品の衛生管理と安全性に関する国際規格

「ISO22000」（＊）の認証の取得に動き出す（日経4/11）．
＊ISO22000は危険度分析による衛生管理（HACCP）（＊）の考え方などに基づき，昨年9月に制定された「食の安全」の国際規格．

◇4－29　峰如之介氏，『なぜ，伊右衛門は売れたのか』（すばる舎）を著わす．
＊「伊右衛門」はサントリーと福寿園のコラボレーションによって制作された緑茶飲料で，平成16年（2004）3月16日発売開始．

◇4月　サッポロHD，キッコーマンの焼酎事業を営業譲り受けによって取得（『EDINET』）．

◇4月　ビール大手5社のビール系飲料（＊）（ビール＋発泡酒＋第3のビール）の出荷量（課税数量ベース）のうち，ビールの占める割合が48.2％と初めて50％を割り込む．また，割安な価格で人気の高い第3のビールが発泡酒を月ベースで初めて上回った（日経5/16）．

◇5－1　改正酒税法施行．ビール風味アルコール飲料「第3のビール（新ジャンル）（＊）」増税．＊350mℓ缶で3.8円の増税となったが，ビールについては減税（同0.7円減）となった．

◇5－1　会社法施行．→平成17年7月26日

◇5－11　江崎グリコ，株式の20％以上を取得する大量買い付けが明らかになった際の対応の基本方針を発表．
＊6月29日の定時株主総会で賛成多数で承認された．同社の筆頭株主は米系投資ファンドのスティールパートナーズ．

◇5－14　日経新聞，「アサヒ，中国に新工場，ビール現地生産，日本勢トップに」と報ず．

◇5－16　アサヒビール，ベビーフード最大手の和光堂に対する株式公開買い付け（TOB）が成立したと発表，19日付けでアサヒの連結子会社．

◇5－16　日清食品，今年9月で「カップヌードル」の発売から35年になるのを記念して，9月中間配当に20円の記念配当をすると発表．
＊昭和46年（1971）9月18日，容器に熱湯を注ぐだけで食べられる「カップヌードル」(100円)を東京都内百貨店で本格販売を開始した．

◇5－25　駿河湾（静岡県）特産のサクラエビ漁，最盛期を迎える．静岡市清水区蒲原の富士川の河川敷では天日干しの作業が行われ，一面がピンク色に染まる．

◇5－27　花王，体脂肪を燃焼しやすくする茶カテキンを多く含んだスポーツドリンク「ヘルシアウォーター」を発売．

◇5－29　厚生労働省，残留農薬規制を強化し，「ポジティブリスト制度」（＊）の施行．→平成15年5月30日「食品衛生法などの一部を改正する法律」公布．
＊平成15年5月30日の「食品衛生法などの一部を改正する法律」において，ポジティブリスト制度が公布後3年以内（平成18年5月末まで）に導入することとされ，施行されることとなったもので

ある.
◇5-30　サントリー，国際食品コンクール「モンドセレクション」のビール部門で当社の高級ビール「ザ・プレミアム・モルツ」が2年連続で最高賞を受賞したと発表.
　　　　＊「モンドセレクション（Monde Selection）」は製品の技術的水準を審査するベルギー政府系の民間団体で，品質に応じて賞を授与.
◇5月　　㈱幸楽苑，「中華そば」を490円（税込）から304円に引き下げ．低価格競争が激化．
◇5月　　㈱すかいらーく，㈱小僧寿し本部を連結子会社化．
◇6-8　「ガスト」などを経営する㈱すかいらーく，経営陣による買取り（MBO〈マネジメント・バイアウト〉）による非上場計画を発表．
　　　　＊企業買収金額は2,600億円超，7月TOB（株式公開買い付け）成立．
◇6-8　業務用食品販売の「業務スーパー」を展開する㈱神戸物産（兵庫県加古郡稲美町），大証2部に株式上場．
　　　　＊18年10月期の連結売上高900億円．
◇6-14　明治製菓，食べても血糖値を上げない甘味料「GF2」を開発したと発表．
◇6-15　サントリー，中国の豪州社系ビール会社買収と発表（日経夕刊4/15）．
◇6-15　サッポロビール，焼酎製造販売の林田商店（福岡県久留米市）を子会社化（日経6/16）．
◇6-28　宮城県北部鰹鮪漁協（北かつ），燃料高騰・養殖普及などで債務超過に陥り，総会で解散を決定（日経7/3）．
　　　　＊各地で倒産や組合解散が相次ぐ．
◇6-29　際（きわ）コーポレーション（東京・目黒），1杯290円（税込）の低価格ラーメン店の出店を開始．
◇6月　　伊藤忠商事，食品卸大手「日本アクセス（旧雪印アクセス）」の株式を公開買い付け（TOB）（＊）で取得し親会社となる．
◇7-3　山崎製パン，㈱東ハト（東京・豊島区）買収を発表．
　　　　＊買収額182億円．山崎製パンは連結売上高1兆円を目指す．
◇7-5　農林水産省，豆腐や湯葉，納豆など大豆加工品を販売している303業者を抽出調査した結果，約9％に当たる27業者が国産大豆を使用していないのに「国産大豆使用」と表示するなど不適正な表示をしていることが判明（日経7/6）．
◇7-27　米国産牛肉の輸入再々開を正式発表．
　　　　＊1月20日から停止していた．
◇7-27　オリジン東秀，東証2部上場廃止．
◇7-29　日経新聞，「ハウス食品，味の素など大手食品メーカーが米国での健康食品事業を強化している」と報ず．
　　　　＊ハウス食品は米国でも人気の高い豆腐，味の素はアミノ酸入りの

　　　　　機能性食品「アミノバイタル」の拡販に取り組む。
◇8-8　食材の企業間電子取引市場を運営する㈱インフォマート，東証マ
　　　　ザーズ（＊）に株式上場。
　　　　　＊18年12月期の売上高19億円。
◇8-10　青果物の流通管理システムを提供する「イーサポートリング㈱」，
　　　　ヘラクレス（＊）に株式上場。
　　　　　＊18年11月期の売上高52億円。
◇8-11　キリンビバレッジ，東証1部上場廃止。
　　　　　＊10月1日，キリンビールの完全子会社となる。
◇8-18　この日の『神戸新聞』で，神戸の老舗洋菓子メーカー「コスモポリ
　　　　タン製菓」（神戸市中央区）が廃業していたことが17日，分かったと
　　　　報じる。
　　　　　＊1926年，ロシア革命の難を逃れて来日したF．モロゾフが神戸の
　　　　　トアロードに開いたモロゾフチョコレートキャンデー製作所に起
　　　　　源をもち，80年にわたり神戸の洋菓子文化を支えた。
◇8-30　サッポロビール，創業130年記念ビール「畑から百三十年」を発売。
　　　　　＊サッポロビールの前身，開拓使麦酒醸造所が明治9年（1876）9
　　　　　月札幌に創設されて130周年を迎える。
◇8-31　ワインショップを展開するエノテカ㈱，ヘラクレス（＊）に株式上
　　　　場。
　　　　　＊18年3月期の売上高75億円。20年3月17日，東証2部に株式上場。
◇9-1　8月末で中小酒販店の保護を目的した「逆特区」の期限が切れ，全
　　　　国で酒類販売が完全自由化される。
　　　　　＊これにより，コンビニはほぼ全店で酒の販売を始めるとみられる。
　　　　　＊ただし，酒類の販売業をしようとする者は，販売場ごとにその販
　　　　　売場の所在地の所轄税務署長の免許を受けなければならないとさ
　　　　　れている。仮に，酒類小売業免許を取得せずに酒類の販売業を行
　　　　　えば，無免許販売業となり，酒税法違反として処罰の対象となる。
◇9-15　外食向け管理システムの開発，販売の㈱アルファクス・フード・シ
　　　　ステム（山口県宇部市），ヘラクレス（＊）に株式上場。
　　　　　＊18年9月期の売上高19億円。
◇9-15　麦麹（こうじ）を使った麦100％の焼酎を日本で初めて造った大分
　　　　県の二階堂酒造の二階堂暹（あきら）会長，死去（76）。
◇9-19　㈱すかいらーく，東証一部上場廃止。
◇9-21　ステーキレストラン「ペッパーランチ」運営の㈱ペッパーフード
　　　　サービス（東京都墨田区），東証マザーズ（＊）に株式上場。＊18
　　　　年12月期の売上高63億円。
◇9-26　三井物産や食品メーカーなど13社・団体，カツオ節や昆布など伝
　　　　統的な乾物の消費拡大を図るため，「日本乾物協会」を設立（日経
　　　　9/27）。

＊平成18年の1世帯当たりの「カツオ節・削り節」の購入数量は350gで，平成1年（433g）の19.2％減．23年は294g（『家計調査』）．
◇9月　㈱吉野家D&C，牛丼の販売を限定的に再開（『EDINET』）．
◇10-9　この4日に95歳を迎えた聖路加国際病院理事長の日野原重明医師，食事について「朝食はフレッシュジュースとコーヒー牛乳．昼は牛乳とクッキー．ある程度まとまった時間をとるのは夜だけ．1日に1,300カロリーとればよい」と語る（日経10/9）．
◇10-10～13　みなみまぐろ保存委員会，年次会合でミナミマグロの2007年以降の日本の今後5年の漁獲枠を半減の年3千トンと決定（日経10/16）．
◇10-19～31　JR山手線恵比寿駅周辺で，旅客駅として開業して丁度100年を記念して，「恵比寿メモリアル2006」が開催される．
　＊同駅は明治34年（1901）2月25日，旧日本麦酒醸造会社（サッポロビールが継承）のヱビスビール専用の出荷駅「恵比寿ビール停車場」として開設されたが，周辺に住民が住み始めたので，明治39年（1906）10月30日に一般客が乗車できるように改装された．商標のヱビスが駅名になっているのは極めて珍しく，後には，この付近の地名も恵比寿と命名される．
　＊10月25日「街の名になったヱビス．デザイン缶」発売される．
　＊この年，サッポロビール，『サッポロビール130周年記念誌』発刊．
◇10-27　米国系投資ファンド，スティール・パートナーズ・ジャパン・ストラテジック・ファンド，明星食品（東証2部）に対し，全株取得（現在23.1％保有）を目指す株式公開買い付け（TOB）(＊)を開始．
　＊TOB価格は700円（当日の終値は709円），TOBの期間は11月27日までの1ヵ月間（日経10/28）．
◇10月　㈱伊藤園，コーヒーチェーン「タリーズコーヒージャパン」を運営するフードエックス・グローブ㈱の株式を取得して，子会社化し，手薄なコーヒー事業の強化を図る（『EDINET』）（朝日10/27）．
◇10月　シカゴ市場の小麦，10年ぶりに1ブッシェル5ドル台乗せ．
◇11-2　農林水産省，正しい日本食に親しんでもらえるように，海外の日本食レストランへの認証制度を来年度に導入すると発表．
◇11-7　日本製粉，コンサルティング業務を担当するニップンビジネスサポートと共催で，創立110周年「日本製粉経営セミナー」を開催．
　＊1896年（明治29）創立．
◇11-10　明星食品，日清食品と提携交渉，ホワイトナイト（白馬の騎士）(＊)

として明星に友好的TOBを実施するとの報道もみられる.

◇11-10 コンビニエンスストア・外食の㈱レックス・ホールディングス,経営陣による買収（MBO）による株式非公開化を発表（日経11/11）.
　　　　＊12月株式公開買い付け（TOB）成立.

◇11-15 ホワイトナイト（＊）として登場した日清食品,明星食品に株式公開買い付け（TOB）を実施し,資本業務提携すると発表.
　　　　＊TOB価格は870円.明星の14日の終値を14％上回り,敵対的なTOBを実施している米国系投資ファンド,スティール・パートナーズ・ジャパン・ストラテジック・ファンドの提示価格（700円）より170円高い.
　　　　＊11月27日,スティールは明星食品のTOBに失敗し,12月15日,日清食品によるTOBが成立.

◇11-16 キリンビール,メルシャンに対してTOBを実施し,発行済み株式の50.12％を取得すると発表.TOB価格は370円.15日の終値（265円）を39.6％上回る価格.
　　　　＊キリンは友好的TOBでメルシャンを子会社化し,総合飲料事業の強化を図る.

◇11-17 日本食育学会設立.

◇11-21 セブン-イレブン・ジャパン,自主開発した500mlペット入りお茶を小売価格98円（税込み）で,北海道を除く全国で発売.
　　　　＊格安商品を取り扱うスーパーやドラックストアに対応するため.同分野で100円を割る商品を大手コンビニエンスが販売するのは初めて.

◇11-30 居酒屋が主力の㈱ジェイプロジェクト（本社：名古屋市）,東証マザーズ（＊）に株式上場.

◇11月　野菜,3年ぶり安値.白菜と大根,産地で廃棄処分.

◇11月　大西洋まぐろ類保存国際委員会年次会合,4年間で地中海産クロマグロの漁獲量2割削減を合意.

◇11-28 シカゴ市場のトウモロコシ,3.6875ドル/1ブッシェルと1996年以来の最高値を更新.
　　　　＊エタノール原料向け需要増も強材料.

◇11月　グリーン・パートナーズB㈱,青汁でトップクラスのキューサイ（本社福岡市）,TOB（株式公開買い付け）成立.

◇11月　㈱ドトールコーヒー,「ドトールコーヒーショップ」加盟店1,000店舗を達成（『EDINET』）.

◇11月　江崎グリコ,上海江崎格力高南奉食品有限公司設立.（菓子の製造販売）（『EDINET』）.

◇12-1　福岡商品取引所,関西商品取引所と合併し解散.

◇12-12 清掃用具のレンタルと「ミスタードーナツ」などの飲食店を展開する「㈱ダスキン」,東証1部及び大証1部に株式上場.

　　　　　＊19年3月期の売上高1,937億円.
◇12-15　日清食品,TOBで明星食品株の80％を取得.
◇12-15　日本たばこ産業,英たばこ大手ギャラハー・グループ買収を発表.
◇12-19　キリンビール,メルシャンの友好的TOBに成功し,連結子会社とする.
　　　　　＊メルシャンは平成22年(2010)11月26日,東証1部上場廃止.
◇12-21　フグ料理店を運営する㈱東京一番フーズ,東証マザーズ（＊）に株式上場.
　　　　　＊18年9月期の売上高31億円.
◇12-22　国内外でレストランを展開する「㈱WDI」,ジャスダックに株式上場.
　　　　　＊19年3月期の連結売上高186億円.
◇12-22　厚生労働省,「ノロウイルスが猛威」と発表.

この年

◇食料自給率（自給率）,39％に低下.天候不順,砂糖などの減産が響く.
　＊自給率が40％を割ったのは,米不作の平成5年度以来,13年ぶり（農林水産省19/8/10).
◇ミカンの生産量,裏年ということもあって84万1,900トンと100万トンの大台を割る.
　＊昭和50年(1975)には366万5千トンの生産量を誇った.
◇ビール系飲料（ビール＋麦芽を原料とした発泡酒＋第3のビール）の出荷量（課税ベース）で,アサヒビールのシェアが37.8％と6年連続の首位を占める.キリンビールは37.6％（日経19/1/18).
◇焼酎の課税移出数量（年度）,96万8千kℓと過去最高を記録（『酒税統計』).
◇みその生産量（年度）,49万8千トンと初めて50万トンを割る（『食料需給表』).
◇みその輸出量,前年比16.3％増の8,747トン（全国みそ工業協同組合調べ).
　＊このうち4割は健康志向が強い米国向け（日経19/2/12).
◇コーヒー豆の輸入量,42万2,696トンと過去最高を記録.内訳は"いっていないもの"(0901.11-000)42万2,075トン,"同,カフェインを除いたもの"(0901.12-000)621トン.
　＊輸入先の上位5位のシェアは①ブラジル(27.6％),②コロンビア(20.5％),③インドネシア(15.0％),④エチオピア(9.2％),⑤ベトナム(7.4％).
◇えび（シュリンプ及びプローン〈調整または保存に適する処理をしたもの,米を含むもの以外のもの〉）の輸入量及び金額(1605.20-029)が過去最高を示す（5万16トン,380億円)(グラフ参照).
　＊調整または保存に適する処理をしたもののうち,最も多いのは米を含んでいないもので,フライ用パン粉付きえびなど.

コーヒー豆の輸入量

(出所) 財務省『貿易統計』

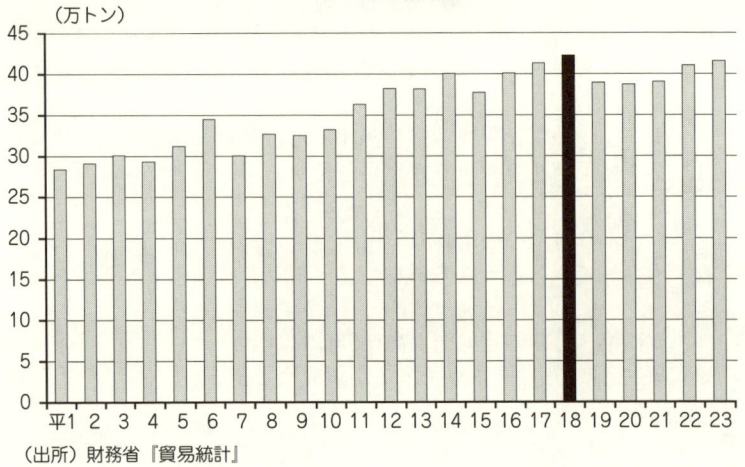

えび調製品（米含まず）の輸入量

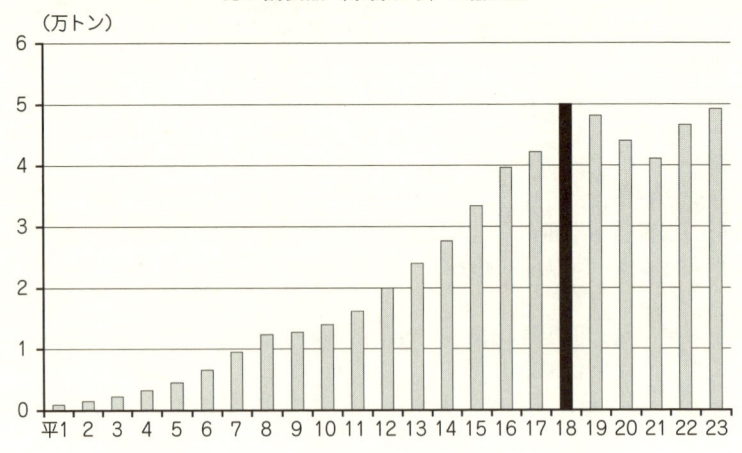

(出所) 財務省『貿易統計』

平成19年（2007）

- ■不二家，ミートホープ，船場吉兆．赤福，白い恋人，比内鳥など偽装事件が相次ぐ
- ■米系投資ファンドの企業買収の動き活発化（サッポロHD，ブルドックソース）
- ■企業の事業提携・統合が進む
- ■持株会社が多数出現
- ■加ト吉グループの循環取引発覚
- ■カルピス，株式上場廃止．味の素の傘下へ

◇1-5　日清食品創業者・安藤百福氏，急性心不全のため死去（96）．
　　　　＊前日の1月4日には年頭訓示を行った．
◇1-7　フジテレビ系の生活情報番組「発掘！あるある大事典」で納豆のダイエット効果を取り上げ，大フィーバーが起こり，納豆が店頭から消える→後日，捏造と判明→「発掘！あるある大事典」を制作した関西テレビ，23日，放送を打ち切ると発表，社長等10人処分．
◇1-10　不二家の埼玉工場，昨年11月，消費期限切れの牛乳を使ったシュークリーム約2千個を製造し，1都9県に出荷していることが判明（日経1/11）．
◇1-11　不二家，洋菓子の製造・販売を中止．
◇1-12　農林水産省と宮崎県，鳥インフルエンザが原因とみられる鶏の大量死で，同県清武町の養鶏場で死んだ鶏は計2,400羽になったと発表（朝日1/13）．
◇1-15　大手スーパー，不二家商品を店頭から撤去．
◇1-22　不二家の藤井林太郎社長，引責辞任し，桜井康文取締役が社長就任．
◇1-25　宮崎県日向市の肉用鶏飼養農場で死んだ鶏，H5亜型のA型鳥インフルエンザであることが確認された．
◇1-30　不二家の3工場，国際規格ISO9001（品質管理及び品質保証）の基準を満たしていないことが判明．
◇1-31　動物衛生研究所，岡山県高梁市で死んだ鶏は，H5N1亜型のA型鳥インフルエンザウイルスであることを確認．
◇1-31　国際機関「大西洋まぐろ類保存国際委員会（ICCAI）」，都内で開いた臨時会合で，東大西洋・地中海のクロマグロについて今後の国・地域別漁獲量を決める．
　　　　＊06年，2,830トンであった日本の漁獲枠は07年で約1割減の2,516トン．その後も段階的に削減，10年には2,175トンと4年で23％減少（日経2/1）．

◇1-31　仏食品大手ダノングループ，日本におけるチルド乳製品製造の共同出資会社，カルピス味の素ダノン（CAD）の全株式をカルピスと味の素から取得．
　　　　＊翌2月1日，社名をダノンジャパン株式会社に変更．
◇1月　　ニューヨーク原油価格，1年8ヵ月ぶりに1バレル50ドルを割る．
◇2-1　ダイエー新浦安店で，日本初の「広告付きたまご」を販売．第1段の広告主は「チキンラーメン」の日清食品．
◇2-1　栃木県上須賀農協（鹿沼市）が出荷したイチゴ「とちおとめ」から，食品衛生法で定めた基準値の約10倍に当たる有機リン系殺虫剤を，新潟市保健所が検出．
◇2-1　農林水産省，宮崎県新富町の養鶏場で採卵鶏が死んだ問題で，高病原性鳥インフルエンザウイルスの感染が原因と確認．
　　　　＊鳥インフルエンザの感染は同県清武町，日向市，岡山県高梁市に続いて，今年4例目．
◇2-1　味の素，削り節・めんつゆ大手のヤマキ（愛媛県伊予市，平成18年3月期売上高396億円）に33.4％を出資し，同社と資本・業務提携することで合意したと発表（日経2/2）．
◇2-5　山崎製パン，不二家と品質管理の技術支援で覚書締結．
◇2-6　アサヒビールとカゴメ，資本・業務提携することで合意したと発表（日経2/7）．
　　　　＊アサヒはカゴメの発行済み株式の10.05％（決議権ベース）を取得し，筆頭株主となる．カゴメでは企業の合併・買収（M&A）に対しての安定株主を確保する狙いもあるという．
◇2-7　アサヒビールとカゴメの資本・業務提携の発表を好感して，両社の株式，東京株式市場で上昇．
　　　　＊アサヒは前日比102円（5.3％）高の2,015円，カゴメ45円（2.6％）高の1,760円．
◇2-7　キリンビール，06年12月期の連結決算は営業利益が前期に比べ4％増の1,163億円となり，4期連続で過去最高を更新し，売上高は2％増の1兆6,659億円と発表．
◇2-15　米系投資ファンドのスティール・パートナーズがサッポロホールディングスに，買収提案したと発表．
　　　　＊18％の株式保有を66％に買い増し（日経2/16）．
◇2-15　㈱ゼンショー（㈱ゼンショーホールディングスの前身），西日本が地盤のファミリーレストラン㈱サンデーサン（東証2部）に対してTOB（株式公開買い付け）を実施すると発表．
　　　　＊翌3月ゼンショーの傘下に入る．
◇2-16　スティールが株式を所有する企業の株価が大幅高．サッポロHDの株はストップ高（日経2/17）．
　　　　＊スティール銘柄は江崎グリコ・ブルドックソース・日清食品・ハ

ウス食品・キッコーマンなど食品企業が多い.
◇2-16 百貨店4位の大丸と同8位の松坂屋,経営統合に向けて交渉に入ったことが判明(日経2/17).
◇2-20 山崎製パン,不二家への出資を表明.
◇3-1 不二家,チョコレートなど菓子の生産再開を表明(日経3/1).
◇3-14 百貨店業界第4位の大丸と8位の松坂屋HD,持ち株会社方式で9月に経営統合すると正式発表.
 ＊新会社は売上高では高島屋を抜き,業界首位となる(日経3/15).
◇3-14 不二家,森永製菓との株式持ち合い解消を発表.不二家,銀座の本社ビルを売却.
◇3-14 オリエンタル酵母工業,製パン用イーストの価格を17年振りに値上げし,4月15日出荷分から実施.
 ＊糖蜜を原料とするエタノール(ガソリンの代替材)需要が急増し,イーストの培養に必要な糖蜜の価格が高騰したため(日経3/15).
◇3-23 不二家,洋菓子販売を再開.順調な滑り出し.
◇3-26 山崎製パン,不二家に35％を出資して傘下に収め,資本・業務提携を発表.
◇3-27 アサヒビール傘下の和光堂,東証2部上場廃止.
◇3-27 日清食品傘下の明星食品,東証2部上場廃止.
◇3月 加ト吉グループと関係企業による循環取引(＊)が発覚(日経夕11/12).
◇4-1 気象庁,天気予報用語に「猛暑日」を設ける.
 ＊最高気温が35℃以上の日.
◇4-1 ロッテグループ,日本と韓国にまたがる事業を統括するため,持株会社「㈱ロッテホールディングス」を設立.
◇4-10 自民・公明両党,カネミ油症事件で被害者救済策をまとめる.
 ＊昭和43年(1968),福岡のカネミ倉庫の米ぬか油による中毒事件.
◇4-10 山崎製パン,不二家の発行済株式の35％を握り,筆頭株主になる.
◇4-18 日本たばこ産業(JT),英たばこ大手ギャラハー・グループの買収を完了.買収総額は負債を含め約2兆1,800億円.完全子会社とする(『日本のたばこ産業』).
◇4-24 ㈱加ト吉,過去6年間で984億円の売上高水増しがあったと発表.加藤和義社長らが辞任.
◇4-26 ドトールコーヒーと日本レストランシステムが経営統合で合意.
 ＊10月1日,ドトール・日レスホールディングスが発足.
◇4月 山崎製パン,不二家と業務資本提携し,株式を取得(持株比率35％)(『EDINET』).
◇4月 政府,輸入小麦の販売価格(製粉会社への政府売渡麦価)を引き上げ.制度変更後初の措置.
 ＊国から製粉企業への輸入小麦の売渡方式は,従来の標準売渡価格

　　　　　　　制度から価格変動制（国際相場連動性）に変更された．
- ◇5－1　会社法，三角合併（＊）を解禁．
- ◇5－15　ヤクルト本社，19年3月期連結決算で営業利益が前期比10％増の238億円と過去最高益を更新したと発表．海外で乳酸菌飲料の販売が好調．売上高は2％増の2,733億円．
- ◇5－15　宝ホールディングス，19年（2007）3月期連結営業利益がコスト抑制のため前期比29％増の76億円と発表．売上高は1％増の1,985億円で過去最高を記録．
- ◇5－15　㈱ニチレイ，19年3月期連結決算で，純利益が前期比72％増の102億円と過去最高を記録．売上高は3％減の4,576億円．
- ◇5－16　米系投資ファンドのスティール・パートナーズ，ブルドックソースに対して全株取得を目指すTOB（株式公開買い付け）を実施すると発表．買い付け価格は1株1,584円で，14日の終値を20％上回る水準．全株取得には約270億円が必要になる（日経5/17）．
- ◇5－16　農林水産省の調べによると，生鮮品の国内総流通量に対する卸売市場経由率（平成16年度）は市場外流通の拡大により，牛肉（17.3％）と花き（82.6％）を除き低下した．果実が49％と初めて50％を割り込み，豚肉が9％と10％を切った．野菜は76.8％，水産物は62.9％（日経5/16）．
- ◇5－17　スターバックスコーヒージャパン，19年3月期の単独決算，経常利益が前期比36％増の51億3,400万円で過去最高を更新．値上げや経費抑制効果が奏功（日経5/18）．
- ◇5－22　岡谷鋼機（名古屋市），加ト吉などと過去6年間に約305億円の循環取引（＊）の可能性と発表（日経夕11/12）．
- ◇5－24〜27　ビール大手5社，共同でビールの国内需要喚起を図るため，「ビールデンウィーク」開催．
- ◇5－24　不二家，2007年3月期，80億円の最終赤字に転落したと発表．
- ◇5－30　大阪証券取引所，加ト吉を5月30日から監理ポストに割り当てると発表．
- ◇6－1　キッコーマン，健康食品の輸入原料の一部に放射線が照射された可能性があるとして，商品を自主回収すると発表．
- ◇6－1　みずほ銀行と茶谷産業が加ト吉水産に代金支払いを求め，大阪地裁に提訴（日経夕11/12）．
- ◇6－2・3　第2回B級グルメの祭典「B-1グランプリ」，静岡県富士宮市で開催．第1回に引き続き「富士宮やきそば学会」（「富士宮やきそば」）がゴールドグランプリを獲得．
- ◇6－7　ブルドックソース，スティール・パートナーズのTOBに反対する方針と，それに伴う対抗策（新株予約権）を決定．
- ◇6－8　米ハンバーガーチェーン「バーガーキング」が日本に再上陸し，6年ぶりに1号店を新宿にオープン．目玉は直径13cm，重さ113ｇの

大型パテをはさむ「ワッパ」(370円). ＊国内のバーガーキングはロッテと企業支援会社リヴァンプが設立したバーガーキング・ジャパン(東京・渋谷)が運営.

◇6－11　味の素, 約25％出資する持ち分法適用関連会社のカルピスを株式交換により10月1日付けで完全子会社にすると発表(日経6/11).
＊カルピス株式会社は9月25日, 東証1部上場廃止.
◇6－24　北海道警察, 北海道のミートホープ㈱を食肉偽装問題で捜索.
◇6－24　ブルドックソース株主総会で, 買収防衛策を承認.
◇6－26　㈱加ト吉, 売上高水増しを1,061億円と修正. 07年3月期の連結決算の純損益で, 過去最悪の赤字98億円と発表.
◇6－28　大阪証券取引所, 加ト吉株を監理ポストから解除.
◇6月　米食品医薬品局, 中国産ウナギやエビから抗菌剤が見つかったとして輸入禁止.
◇7－1　キリンビール, 純粋持株会社制を導入, キリンホールディングス㈱に商号変更. キリンビール㈱, キリンファーマ㈱, キリンビジネスエキスパート㈱が発足.
◇7－6　和食に西洋やエスニックの要素を取り入れた「モダン和食」の居酒屋チェーン㈱きちり(大阪市), 大証ヘラクレスに株式上場.
＊19年6月期売上高34億円.
◇7－9　東京高裁, ブルドックソースの買収防衛策差し止めを認める.
◇7－10　イオンとマルエツ, マルエツの筆頭株主である丸紅, 商品の共同仕入れや資材の共同調達などで, 業務提携したと発表(日経7/11).
◇7－10　中国,「先進国に比較して食品安全性が劣る」と認める. 前国家食品薬品監督管理局長の死刑執行.
◇7－11　㈱加ト吉, 東証と大証に改善報告書を提出.
◇7－11　ブルドックソース, 買収防衛発動. スティール, 最高裁へ抗告.
◇7－13　中国産の食品や薬品に対して各国で不信感が高まる中,「肉まんの具, 段ボール6対豚肉4」発覚(朝日7/13).
◇7－16　「平成19年新潟県中越沖地震」. 震度6強. 死者15人. 柏崎刈羽原子力発電所で放射能漏れと火災発生.
◇7－26　厚生労働省, 平成18年の日本人の平均寿命が男女ともに過去最高を更新したと発表. 女性85.81歳, 男性79歳.
◇7月　特定非営利活動法人　日本食レストラン海外普及推進機構(理事長茂木友三郎)設立.
◇8－14　「白い恋人」の製造元, 石屋製菓(札幌市),「白い恋人」の賞味期限を改ざんしていることが発覚.
◇8－16　岐阜県多治見市, 埼玉県熊谷市で40.9℃の過去最高を記録(フェーン現象).
◇8－23　三越と伊勢丹が平成20年春の経営統合で合意.
◇9－3　大丸と松坂屋ホールディングスの共同持株会社,「J. フロント リテ

　　　　　　イリング㈱」が発足．東証1部に上場．
◇9-7　　不二製油と㈱J-オイルミルズが資本・業務提携を発表．
◇9-21　　日清オイリオグループ，㈱ピエトロと資本・業務提携を発表．
◇9-25　　カルピス，ニチロ，日本レストランシステム，東証1部上場廃止．
　　　　＊カルピスは10月味の素の完全子会社となる．
◇9-28　　三井不動産，帝国ホテル株33％を861億円で取得と発表．
◇10-1　　味の素，株式交換により，カルピス社を完全子会社化．
◇10-1　　郵政事業，民営化．
◇10-1　　阪急百貨店と阪神百貨店が経営統合して，持株会社エイチ・ツー・オー（H2O）リテイリング株式会社が発足．
◇10-1　　吉野家ディー・アンド・シー，純粋持株会社となり，商号を株式会社吉野家ホールディングスと変更．東証1部に上場．
◇10-1　　㈱マルハグループ本社，株式交換により㈱ニチロと経営統合，ニチロは同社の完全子会社となり，商号を持株会社㈱マルハニチロホールディングスに変更．東証1部に上場．
◇10-1　　㈱ドトールコーヒーと日本レストランシステムが共同持株会社設立．株式会社ドトール・日レスホールディングスが発足．東証1部に上場．
◇10-12　　㈱ドン・キホーテ，㈱長崎屋買収を発表．
◇10-14　　JR東日本，創立20周年記念事業として，さいたま市大成地区に鉄道博物館開館．
　　　　＊館内のレストラン「日本食堂」では，当時食堂車で提供していた料理が賞味できる．
◇10-19　　三重県，先週発覚した赤福餅の製造日偽装問題で「赤福」に無期限の営業停止を言い渡す．
　　　　＊赤福はこれまで，「製造日の付け替えは出荷前の商品に限る．店頭に出た商品はすべて焼却処分していた」としていた．しかし今回，店頭に一旦並んだ商品についても製造日を改ざんして再び販売していたほか，商品を「あん」と「餅」に分け，別の和菓子に再利用していた（JAS法及び食品衛生法に違反）．
◇10-20　　秋田県，比内地鶏の燻製偽造（景品表示法とJAS法）の疑いで，同県大館市の食肉加工会社「比内鳥」を立ち入り調査（朝日10/21）．
◇10-24　　北海道警察，ミートホープ㈱の食肉偽装事件で同社元社長を逮捕．
◇10-27・28　　醤油の発祥の地，和歌山県湯浅町の呼びかけで，同町で初の「全国醤油サミット」（第1回）を開催．
　　　　＊千葉県の野田市の首長などが一堂に会する．その後，ゆかりの地で毎年開催される．20年愛知県武豊町，21年小豆島（香川県），22年金沢市大野町．
　　　　＊醤油の起源は安貞2年（1228），僧の覚心が宋（中国）で径山寺（きんざんじ）味噌の醸造を取得して帰国し，槽底に沈殿する液

が食物を煮るに適するのを知る．これが日本で初めての醤油といわれる．正応年間（1288〜92），たまり式の醤油が紀州湯浅から発売される．

◇10月　政府，製粉各社への輸入小麦の売り渡し価格10％引き上げ．
　　　　＊パンやめん類，菓子類も値上げの見込み．
◇10月　原料原産地の表示義務付けが拡大され，緑茶飲料とバターピーナツが対象となる（朝日10/1）．
◇10月　台湾，ウナギ稚魚シラスの輸出を禁止．
◇10月　㈱タカラトミー，そば粉からめんの仕上げまで約20分でできる家庭用そば打ち器「いえそば」（1万3,125円）を発売，話題を呼ぶ．
◇11-5　農林水産省，製造日の偽装などJAS法に違反しているとして，御福餅（おふくもち）本家（三重県伊勢市）に是正を指示（朝日11/6）．
◇11-8　キリンHD，豪乳製品・飲料大手ナショナルフーズ（National Foods Limited）を負債含め2,940億円で買収と発表（日経11/9）．
　　　　＊12月，同社を完全子会社化（『EDINET』）．
◇11-9　船場吉兆本店，九州産の牛を「但馬牛」，ブロイラーを「地鶏」と偽装して販売していたことが確認される．湯木正徳社長辞任（朝日11/10）．
◇11-12　香川県警，加ト吉の子会社と中堅商社「茶谷産業」（大阪市）との取引に偽造印が使われたとして，有印私文書偽造容疑で，加ト吉元常務宅を家宅捜査．
　　　　＊加ト吉をめぐっては，伝票上で売買を繰り返す1千億円を超える不正な「循環取引」（＊）が指摘されている（日経夕11/12）．
◇11-12　「比内鳥」社の関連会社「大館養鶏」「秋田鶏卵食品工業」，比内地鶏と偽って別の鶏卵を販売していたことが判明（日経夕11/12）．
◇11-13　三井物産，大豆など安定供給を狙ってブラジルの大農園に出資（日経11/13）．
◇11-16　初の買収防衛策を発動したブルドックソースの9月中間決算，売上高が前年同期比6.6％減，営業利益は62.9％減，当期損益は前年同期の4億円の黒字から19億円の赤字に転落．
　　　　＊赤字転落の主な要因は米系投資ファンドのスティール・パートナーズの敵対的な株式公開買い付け（TOB）への防衛策の発動でスティール社に約21億円，弁護士や証券会社に約6億円支払ったことなど（朝日11/17）．
◇11-20　ニューヨーク原油，最高値1バレル99.29ドルを記録．
　　　　＊年初の2倍．
◇11-20　日本たばこ産業（JT）と日清食品，共同で加ト吉を買収する方針を固めた（日経11/20）．
◇11-22　日本たばこ産業と日清食品，共同で加ト吉を買収すると正式に発表．JTは28日から加ト吉の全株式取得を目指し，1株710円でTOB（株

平成19

　　　　　式公開買い付け）を実施する．取得額は1,091億9千万円の見込み．
　　　　　買収完了後，加ト吉株の49％を日清食品に譲渡する（日経夕11/20）．
◇11－27　日本マクドナルド，東京都内にあるフランチャイズチェーン4店舗
　　　　　で，売れ残ったサラダの調理日時表示するシールを実際よりも新
　　　　　しい日付に張り替えて販売していたことを明らかにした（日経夕
　　　　　11/27）．
◇11月　　政府，コメ価格下落対策として34万トンの備蓄米買い入れを実施．
◇12－2　 ロッテが洋菓子チェーン300店舗を展開する「銀座コージーコー
　　　　　ナー」を買収する方針を固めたと報道，買収金額は200億円規模
　　　　　（日経・朝日12/2）．
　　　　　＊平成20年3月，㈱ロッテHDのグループ会社となる．
◇12－3・4　第1回アジア・太平洋水サミット，大分県別府市で開催．
　　　　　＊第2回は，平成24年（2012）1月にタイのバンコクで開催予定．
◇12－18　農林水産省，「農山漁村の郷土料理百選」「ご当地人気料理特選」発
　　　　　表．
◇12－22　日本ミシュランタイヤ，世界基準のレストランガイドブック，
　　　　　ミシュランの東京版『MICHELIN GUIDE 東京 2008
　　　　　RESTAURANTS&HOTELS』を発刊．
　　　　　＊「三ツ星」の店がどこなのか話題になる．平成22年，『ミシュラ
　　　　　ンガイド東京・横浜・鎌倉 2011 RESTAURANTS&HOTELS』
　　　　　を刊行．
◇12－26　大豆（シカゴ市場），1ブッシェル12.2075ドルと最高値を更新．
◇12月　　小麦（シカゴ市場），1ブッシェル9.735ドルを付け，最高値を更新．
◇12月　　トウモロコシ（シカゴ市場），1996年以来の高値1ブッシェル4.5475
　　　　　ドル．
◇12月　　キリンHD，協和発酵工業に資本参加（『EDINET』）．

この年

◇ビールの課税移出数量（年度），344万2千kℓとピーク時（6年度708万6千
　kℓ）の約49％に落ち込む（平成6年のグラフ参照）．
　＊7年度以降，低価格ビールの輸入量の増加や発泡酒等の競合製品の登場に
　　より，減少傾向に転じ，11年度には600万kℓ（577万9千kℓ）を割った．
◇清酒の課税移出数量（年度）は，48年度に176万6千kℓとピークに達したが，
　その後は減少傾向となり，11年度には106万1千kℓまで落ち込む．さらに，
　19年度には67万6千kℓ（ピーク時の約38％）まで落ち込む．
◇連続式・単式蒸留しようちゆう（平成18年4月30日まではしようちゆう甲
　類・乙類）の課税移出数量（年度）は，11年度には70万4千kℓであったが，
　15年度には同年度の清酒の課税移出数量である84万1千kℓを超え，90万kℓと
　なった．その後も順調に増加し続け，19年度には96万5千kℓを記録．
◇ミネラルウォーターの輸入量（2201.10-000），58万809トン（397億円）と過

去最高を記録．→平成11年のグラフ参照．
　＊最大の輸入先は輸入量の63.3％を占めるフランス．
◇コンビニで売れた商品は「料理品」と「たばこ」(『商業統計調査』)．
　＊平成14年の前回調査と比較すると，最も販売額が大きかった「料理品」の割合は減少している．2位の「たばこ・喫煙具」と4位の「飲料」の割合が拡大．また，「新聞」「豆腐・かまぼこ等加工食品」「たばこ・喫煙具」の伸びが大きい．
　＊年間販売総額は前回6兆7,047億円，今回7兆6億円（4.4％増）：品目別割合を多い順（今回）に挙げると，①料理品（21.7％→17.2％）②たばこ・喫煙具（10.7→14.9）③他の飲食料品（15.5→13.8）④飲料（11.1→13.2）⑤菓子（8.3→8.7）⑥酒（9.2→7.0）⑦パン（4.9→6.1）⑧書籍・雑誌（5.8→4.2）⑨牛乳（1.9→2.1）⑩その他（10.9→12.8）．
◇そばの生産量，2万6,300トン．

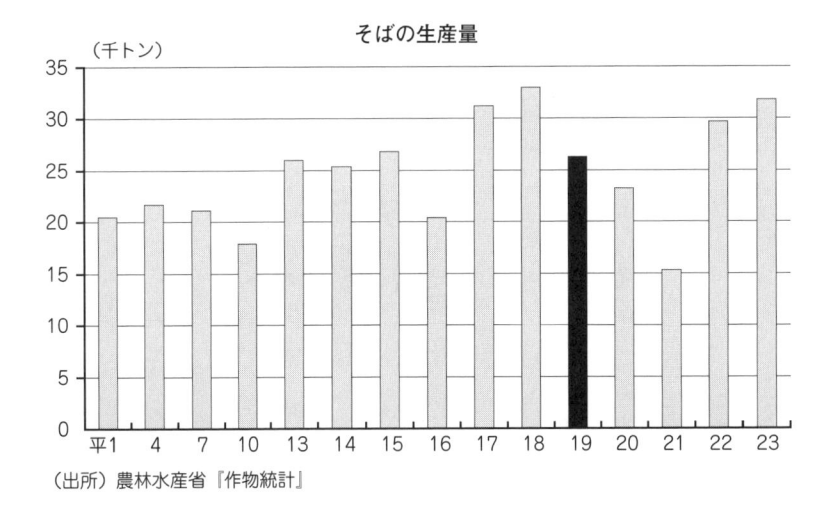

そばの生産量（千トン）

平1	4	7	10	13	14	15	16	17	18	19	20	21	22	23
20.5	21.5	21	18	26	25.5	27	20.5	31	33	26.3	23.5	15.5	30	32

（出所）農林水産省『作物統計』

　＊増加傾向を示していたが減少に転じる．平成13年産から21年産までは主産県のみの生産量（農林水産省調べ）．過去最高の生産量は大正3年産（1914）の15万4千トン．
◇パイナップルの輸入量（0804.30-010），16万5,794トンと過去最高を記録．ほぼ全量がフィリピンから輸入される．
◇マンゴーの輸入量（0804.50-011），1万2,389トンと過去最高を記録．
　＊主な輸入先はメキシコ5,386トン（43.5％），フィリピン3,797トン（30.7％），タイ1,566トン（12.6％）．

平成20年（2008）

■中国製冷凍ギョーザ中毒事件
■中国製冷凍インゲン中毒事件
■事故米不正転売事件
■食べ残し料理の使い回し，ウナギ・リンゴ果汁の産地偽装，非食用米の目的外使用など偽装問題が続出
■米国でサブプライム・ローン問題発生（リーマン・ショック）

◇1-10～22　京王百貨店新宿店で第43回「元祖有名駅弁と全国うまいもの大会」，略して「京王駅弁大会」開催．
◇1-15　明治製菓，㈱ポッカコーポレーションとの資本・業務提携を発表．
◇1-26　日経新聞「マルハ，マレーシアの大手エビ養殖会社，アグロベスト（パハン州）を買収する」と報ず．
◇1-30　日本たばこ産業（JT）の子会社ジェイティーフーズが輸入販売する冷凍食品「中華deごちそう　ひとくち餃子」に混入していた農薬による中毒事件（中国製冷凍ギョーザ中毒事件）が発覚．
　　　　＊日本では製造・輸入・使用が禁止されている有機リン系農薬（殺虫剤）「メタミドホス（Methamidophos）」が原因と判明．昨年末に千葉県市川市で瀕死の患者が発生していた．
◇1-31　厚生労働省，製造元天洋食品の全商品の販売中止と輸入自粛を関係業者に要請．＊スーパー等では一斉に中国製のギョーザが撤去される．
　　　　＊この事件の影響もあり，この年の1世帯当たり冷凍調理食品の購入金額は，4,749円と前年（5,207円）を8.8％下回る（『家計調査』）．
◇1月　日本たばこ産業（JT），加ト吉の株式を公開買い付けにより取得，加ト吉を子会社とし，JTグループに加える．7月，冷凍食品事業を含めた加工食品事業と調味料事業は加ト吉に集約（『日本のたばこ産業』）．
　　　　＊加ト吉，4月15日，上場廃止．
◇2-5　生活協同組合連合会，中国・河北省の「天洋食品」が製造し福島県内の店舗から昨年回収した「CO・OP手作りギョーザ」から高濃度の有機リン系殺虫剤「ジクロルボス（Dichlorvos）」が検出されたと発表．
◇2-5　日経POSデータによると，1月30日の中国製ギョーザ事件発覚以降，冷凍食品の販売量はギョーザなど中華総菜を中心に4割近く落ち込んだ（日経2/6）．
◇2-7　シカゴ商品取引所の小麦の先物相場，10.7975ドル/1ブッシェルと

史上最高値を記録．
　　　＊一昨年末は5ドル．約2倍の上昇．原因は各地の不作や新興国の需要増大など．主要輸出国のオーストラリアは，今年2年連続の大干ばつに見舞われ，需給逼迫感が強まった．欧州も不作で不足分を米国産に求めた．
◇2－15　農林水産省，輸入小麦の販売価格（製粉会社への政府売渡麦価）を4月から一律30％引き上げると発表．
◇2－19　千葉県南房総市野島崎沖の太平洋で漁船「清徳丸」（新勝浦市漁協所属），海上自衛隊のイージス護衛艦「あたご」と衝突し，父子二人が行方不明．
◇3－1～8－31　日本郵船歴史博物館（横浜市中区），豪華客船時代（大正～昭和初期）の工夫にあふれた「食」を紹介する「豪華客船の食─船からうまれた工夫─」展を開催．
◇3－3　シカゴ商品取引所の大豆の先物相場〈期近〉，15.71ドル／1ブッシェルと史上最高値を記録．
　　　＊原因は異常気象の余波で供給不足となり配合飼料相場が高騰したため．2007年年初の7ドル弱から12月26日には12.2075ドルと史上最高値を付けた．
◇3－17　ワインショップを展開する「エノテカ㈱」，東証2部に株式上場．
◇3－25　アサヒビール，第3のビール（新ジャンル）「クリアアサヒ」（缶500mℓ，缶350mℓ）発売．
◇3－26　三越と伊勢丹，東証1部上場廃止．
◇4－1　三越と伊勢丹，統合して㈱三越伊勢丹ホールディングス設立．東証1部上場．
◇4－1　㈱崎陽軒，100周年記念シウマイ発売開始．
　　　＊明治41年（1908），横浜駅構内（現・桜木町駅）での鉄道構内営業の許可を受け，6月に開業．
◇4－13　日本最初の喫茶店「可否茶館」跡地記念碑設立除幕式．
　　　＊「可否茶館」は鄭永慶¶（てい・えいけい，1858～94）が庶民，青年，学生たちの知識の共通の広場となるサロンをつくりたいと考え，8間と5間の2階建ての洋館を新築し，明治21年（1888）4月13日，コーヒーを主体としたわが国最初の本格的なコーヒー店．東京下谷区西黒門町（現・台東区上野1丁目）に開設．記念碑は中央通りの三洋電機東京ビルの側面にある．

◇4-14　㈱加ト吉，東証・大証両1部上場廃止．
　　　　＊約四半世紀にわたる上場の歴史に幕を閉じる．
◇4-18～5-11　兵庫県姫路市で「姫路城で花開く　平成の菓子文化」を
　　　　テーマに第25回全国菓子大博覧会を開催．
◇4-22　アサヒ飲料，東証1部上場廃止．
　　　　＊10月，アサヒビールの完全子会社化．
◇4-24　うま味発見百周年シンポジューム，東京大学で開催．
　　　　＊明治41年（1908），池田菊苗¶（1864～1936）が昆布のうまみ成
　　　　　分の抽出に成功．鈴木三郎助（2代目）¶（1868～1931）が「味
　　　　　の素」として商品化．
◇4月　　キリンHD，協和発酵工業を連結子会社とする．
◇4月　　大手乳業メーカー，牛乳値上げ．
◇4月　　砂糖の国内価格，2年ぶりに上昇．
◇5-9　　雪印種苗，東証2部上場廃止．
◇5-20　不二家，平成20年3月期，10億円の最終赤字，21年3月期は4期連
　　　　続の赤字の見通しと発表．
◇5-28　大塚製薬，仏飲料大手のアルマ社（パリ市）に出資し，同社を持ち
　　　　分法適用会社にすると正式発表（日経夕5/28）．
◇5-28　船場吉兆，本店などで休業前までの食べ残し料理の使い回しが発覚．
　　　　5月28日，廃業する方針を決め，グループ関係者や従業員に伝えた
　　　　（日経夕5/28）．
◇5-30　味の素と伊藤ハム，業務提携を発表．
◇6-11　ビール系飲料の中でも低価格の「第3のビール」の出荷量が，5月
　　　　984万ケース（1ケース＝大瓶換算で20本）となり，発泡酒（976万
　　　　ケース）を抜く（朝日6/12）．
　　　　＊平成18年（2006）の増税前の駆け込み需要期を除けば初めて．
◇6-23　千葉県・犬吠埼沖350kmの沖合で，福島県いわき市の20人乗り，巻
　　　　き網漁船「第58寿和丸」が転覆し，4人が死亡，13人が行方不明．
　　　　原因は三角波ともいわれるが，詳細不明．
◇6-25　中国産ウナギかば焼きを架空社名で「愛知県三河一色産」と偽装し
　　　　て卸売業者などに販売していた水産会社魚秀（大阪市）とマルハニ
　　　　チロの関連会社神港魚類（神戸市）が農林水産省からJAS法違反に
　　　　よる業務改善指示を受けた．
◇6-25　台湾産ウナギを国産，一色産として約70トン販売していた一色うな
　　　　ぎ漁業協同組合（愛知県一色町）に対し，県が改善指導．
◇6月末　シカゴ商品取引所のトウモロコシの先物相場〈期近〉，7.65ドル／1
　　　　ブッシェルと過去最高値を更新．
◇6月　　農林水産省，バターの緊急輸入発表．
◇7-1　　タバコ自動販売機の成人識別カード「taspo」，全国で運用開始．
◇7月上旬　シカゴ商品取引所の大豆の先物相場（期近），16.63ドル／1ブッ

シェルと過去最高値を更新.
- ◇ 7 - 11 原油価格高騰, ニューヨーク先物で147.27ドルと過去最高値を記録.
- ◇ 7 - 15 全漁連など漁業17団体の漁船20万隻, 燃油高で全国一斉休漁.
- ◇ 7 - 31 厚生労働省, 日本人の平均寿命を発表. 女性85.99歳, 男性79.19歳と男女ともに過去最高を更新 (2007年「簡易生命表」).
- ◇ 7月 日本たばこ産業, 加工食品事業・調味料事業を㈱加ト吉に集約 (『日本のたばこ産業』).
- ◇ 8 - 1 「バイキングの日」(帝国ホテルが制定).
  - ＊50年前の昭和33年 (1958) 8月1日, 東京・帝国ホテルで, 現在のバイキングスタイルのレストランがオープンしたことにちなむという. 今年, 日本記念日協会が認定した.
- ◇ 8 - 4 青森県, ㈱青森県果工 (青森県弘前市) に対して, 中国や南アフリカ産の輸入濃縮果汁を使ったリンゴの果汁入り飲料を「青森県産」と偽って製造・販売したとして, JAS法に基づく業務改善命令を出した.
  - ＊同果汁を使用した和光堂, キユーピーはベビー用飲料を回収.
- ◇ 8 - 25 キリンHD, 豪乳業大手のデアリーファーマーズを11月末に買収すると発表. 買収総額は約840億円を見込んでいる.
- ◇ 9 - 5 農林水産省, 米販売会社「三笠フーズ」(大阪市) が事故米 (＊) を食用と偽って焼酎やせんべいなどの業者に転売していたと発表. 事故米からは, 中国製冷凍ギョーザ中毒事件で問題になったメタミドホスや発がん性のアフラトキシンB1が検出された.
- ◇ 9 - 10 明治乳業と明治製菓, 来春経営統合する方針を固める.
  - ＊翌21年4月1日, 明治ホールディングス株式会社設立.
- ◇ 9 - 11 アサヒビール, 事故米原料の焼酎を回収へ65万本, 被害額16億円.
- ◇ 9 - 11 老人福祉施設などに事故米が回っていることが判明.
- ◇ 9 - 12 不二家, 物販店と喫茶店を併設した新業態を開業.
- ◇ 9 - 15 米国名門投資会社のリーマン・ブラザーズ, サブプライム・ローン (米国の金融機関が信用力の低い層に貸し出す住宅ローン) を証券化した商品を大量に抱え込んだため経営がゆきづまり, 連邦破産法第11章の適用を連邦裁判所に申請し経営破綻 (リーマン・ショック).
  - ＊これをきっかけに米国経済に対する不安が広がり, 世界的な金融危機へと連鎖した. 日経平均株価も大暴落を起こし, 6,000円台にまで下落した.
- ◇ 9月 三笠フーズの事故米が, 鹿児島や熊本の焼酎, 和菓子, せんべいなどに使われていたことが判明.
- ◇ 10 - 1 日清食品, 持株会社制へ移行し, 商号を日清食品ホールディングス㈱に変更. 東証1部上場.
  - ＊「日清食品株式会社」「日清食品チルド株式会社」「日清食品冷凍株

　　　　　　式会社」「日清食品ビジネスサポート株式会社」を新設分割設立．
◇10- 1　協和発酵工業とキリンファーマ㈱が合併し，協和発酵キリン㈱発足．
　　　　東証１部上場．
◇10-11～12- 8　山梨県立博物館（笛吹市），平成20年度秋期企画展「甲州
　　　　食べもの紀行―山国の豊かな食文化―」を開催．
◇10-15　ニチレイフーズが輸入しイトーヨーカ堂が販売していた中国
　　　　製の冷凍インゲンから高い濃度の殺虫剤成分「ジクロルボス
　　　　（Dichlorvos）」が検出された．東京都八王子市の主婦が食べた商品
　　　　に含まれていたジクロルボスは原液に近い濃度であったことが分
　　　　かった．
　　　　＊厚生労働省は何者かが混入した可能性が高いとみている．警視庁
　　　　　は人為的な混入の可能性が高いとみて調査を開始．
◇10-20　サイゼリヤが客に提供した中国産ピザ生地から微量のメラミン検出．
　　　　＊中国産ピザは中国広東省の食品メーカーから輸入した冷凍ピザ
　　　　　の生地で，サイゼリヤによると，その量は5.7トン，ピザおよそ
　　　　　5万枚分に当たるという．
◇10-25　伊藤ハム，東京工場（千葉県柏市）で製品加工過程に使用した地下
　　　　水からシアン化合物を検出したと発表．
　　　　＊同社は「あらびきグルメウインナー」など，沖縄を除く全国46都
　　　　　道府県に出荷する13商品計約194万個の自主回収を始めた．
◇10-29　船場吉兆元社長と女将が自己破産．
　　　　＊料亭の船場吉兆は去年11月，牛肉の産地偽装の疑いで強制捜査を
　　　　　受け，今年5月には客の食べ残した料理の使い回しが発覚し，廃
　　　　　業・破産に追い込まれた．
◇10月　オリオンビール（沖縄），『オリオンビール50年のあゆみ』刊行．
◇11- 2・3　第3回B級グルメの祭典「B-1グランプリ」，福岡県久留米市で
　　　　開催．神奈川県厚木市の「厚木シロコロ・ホルモン探検隊」(厚木シ
　　　　ロコロ・ホルモン）がゴールドグランプリを獲得．
◇11- 7　輸入ゴマから基準値を超える農薬やカビ毒が相次いで検出されて
　　　　いることが厚生労働省の調べで判明（日経11/7）．
　　　　＊ゴマは国内ではほとんど生産されず，自給率は1％以下．この年
　　　　　の輸入量（1207.40-000）は18万5,105トン（387億3,494万円）．輸
　　　　　入先はナイジェリア，パラグアイ，タンザニアなど28ヵ国に及ん
　　　　　でいる．
　　　　＊平成23年は16万4,097トン（199億6,741万円）．
◇11- 7　山崎製パン，経営再建中の不二家を買収し，連結子会社にすると発
　　　　表．出資比率を現在の50％から51％に引き上げる．
◇11- 8　第2回全国醤油サミット，たまりの里　愛知県武豊町で開催．
　　　　＊たまり醤油は原料に大豆のみ使用するため，大豆と小麦を同量程
　　　　　度使用する通常の醤油と比べてうまみ成分が多い．刺身醤油や照

◇11−16 中国産ウナギの産地偽装について，昨年から水産物輸入販売会社「魚秀」関係者が梱包協力者と協議していたことが判明．
　　＊「魚秀」社長は，偽装は今年1月に発覚したギョーザ問題以降，中国産の売れ行きが落ちたためと説明．
◇11−20 フランス産赤ワインの新酒「ボージョレ（ボジョレー）・ヌーボー」解禁日．
　　＊ブームは去って，今年の輸入量は54万ケース（750mℓ瓶12本換算），前年比2割減．ピークの平成16年の104万ケースに比べほぼ半減．人気はスパークリングワインに移行したともいわれる（日経11/7）．
◇11月 大西洋まぐろ類保存国際委員会，クロマグロの漁獲枠の2割削減決定．
◇12−10 セルフ式うどん「丸亀製麺」などを経営する㈱トリドール，東証1部に上場．
◇12−12 飲食店情報をインターネットで提供する㈱ぐるなび，東証1部に株式上場．
◇12月 中西部太平洋まぐろ類委員会，メバチマグロの漁獲枠の3割削減決定．

この年

◇国産志向が強まり，家庭での調理が増える．
◇中国製ギョーザ中毒事件の影響で，この年以降の冷凍ギョーザの輸入量（1902.20-229）が激減（グラフ参照）．
◇また，中国製ギョーザの中毒事件の影響で，中国産野菜（タマネギ，ネギ，キャベツなど）の輸入量が減少し，ニンニク，ショウガなどの卸売価格が上昇．
◇中国製ギョーザ中毒事件の影響を受けて，加工ウナギの輸入量（1604.19-010）も激減（グラフ参照）．
◇中国製ギョーザ中毒事件の影響を受けて，加糖あんの輸入量が激減（9万3,239トン〈うち中国9万399トン〉→7万3,397トン〈7万965トン〉）．→平成14年の「加糖あんの輸入量」グラフ参照．
◇トウモロコシ，大豆の国際価格は年平均では史上最高値となったが，前半は上げ，後半は下げ基調で終始し，年末には半値にまで下がった（グラフ参照）．
◇バナナ輸入量，「朝バナナダイエット」などの影響で，109万2,738トンと過去最高を記録．→平成21年「バナナの輸入量」のグラフ参照．
◇ミネラルウォーターの生産量，201万5,614kℓ（前年比4.7％増）と200万kℓを超える（日本ミネラルウォーター協会ホームページ）．なお，輸入量（2201.10-000）は49万9,676kℓと過去最高であった昨年（58万809kℓ）の14％減．→平成11年「ミネラルウォーターの国内生産量と輸入量」のグラフ参照．

冷凍ギョーザの輸入量

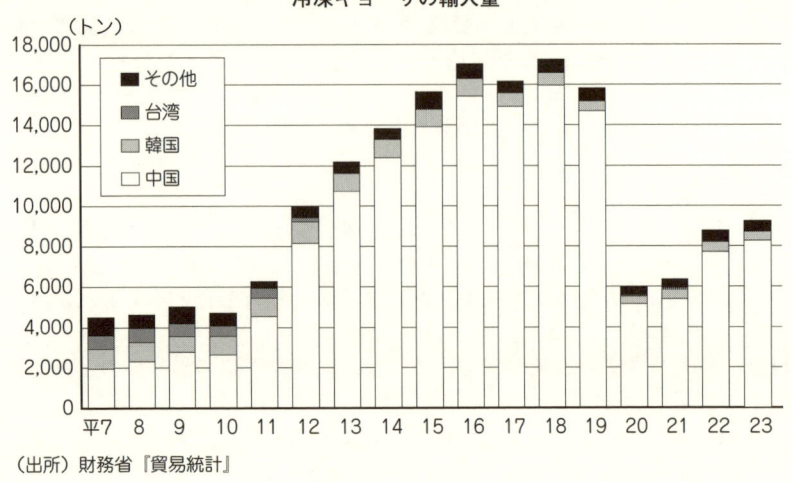

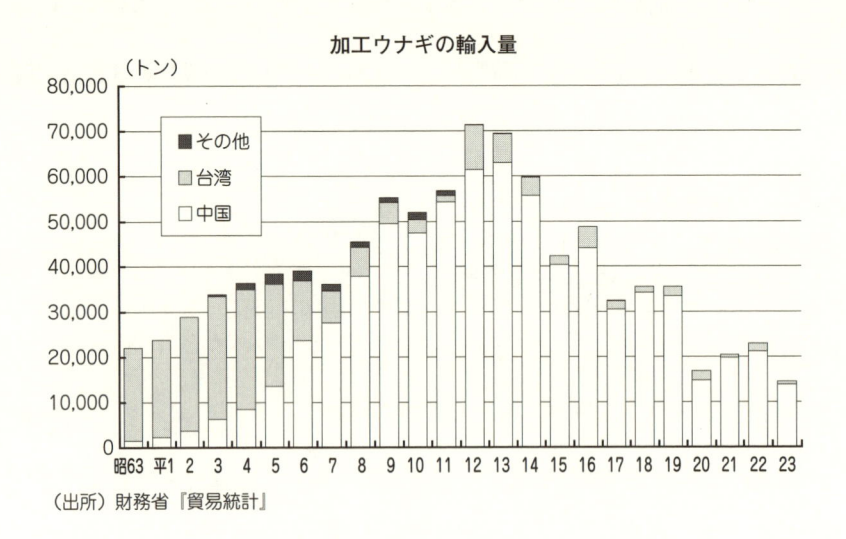

（出所）財務省『貿易統計』

加工ウナギの輸入量

（出所）財務省『貿易統計』

◇食品工業の国内生産額（生産された財やサービスを生産者が出荷した時点で評価したもの）（年度）は35兆2,841億円．ベスト5は①めん・パン・菓子類（4兆9,822億円），②その他の飲料（4兆5,321億円），③水産加工品（3兆3,922億円），④酒類（3兆2,496億円），⑤砂糖・油脂・調味料類（3兆627億円）(『農業・食料関連産業の経済計算報告書』HP)．
＊統計数値の詳細については巻末の統計表を参照．

シカゴ相場（月別）の推移

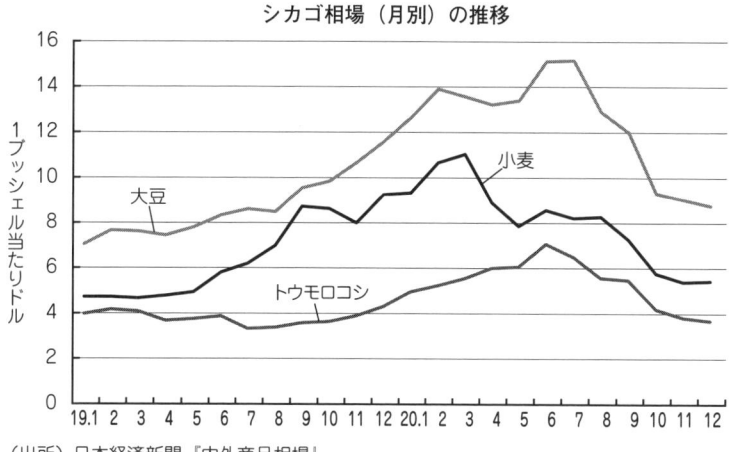

縦軸：1ブッシェル当たりドル
横軸：19.1～20.12

系列：大豆、小麦、トウモロコシ

（出所）日本経済新聞『内外商品相場』

食品工業の国内生産額（平成20年度）

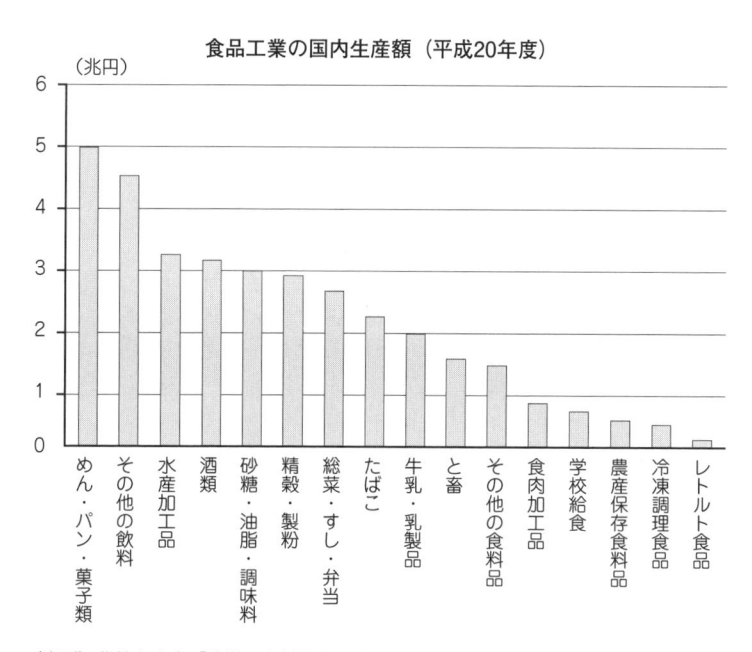

（兆円）

品目	金額（兆円）
めん・パン・菓子類	約5.0
その他の飲料	約4.5
水産加工品	約3.25
酒類	約3.15
砂糖・油脂・調味料	約3.0
精穀・製粉	約2.9
総菜・すし・弁当	約2.65
たばこ	約2.25
牛乳・乳製品	約2.0
と畜	約1.55
その他の食料品	約1.45
食肉加工品	約0.8
学校給食	約0.65
農産保存食料品	約0.5
冷凍調理食品	約0.4
レトルト食品	約0.15

（出所）農林水産省『農業・食料関連産業の経済計算報告書』HP

平成20

平成21年（2009）

■サントリーHDとキリンHDとの経営統合交渉が表面化
■大手ビール各社，アルコール0.00％のビールテイスト飲料（炭酸飲料）発売
■食べるラー油ブーム
■バナナダイエットブーム

◇1-1　コカ・コーラウエストジャパン㈱，近畿コカ・コーラボトリング㈱及び三笠コカ・コーラボトリング㈱を吸収合併し，商号をコカ・コーラウエスト株式会社へ変更．
◇2-16　サントリー，サントリーホールディングス株式会社設立．
◇2-27　愛知県豊橋市の採卵用うずら農場において高病原性鳥インフルエンザが発生．
◇2月　サントリー，ニュージーランドの飲料メーカー・フルコアを約750億円で買収．
◇3-26　明治製菓・明治乳業，東証1部上場廃止．
◇4-1　サントリー，純粋持株会社制に移行し，新たなグループ経営体制を導入．新体制では，純粋持株会社のほか，食品，健康食品，酒類・ワインの各事業会社，飲料製造会社，酒類営業会社，ビジネスサポート会社の計8社が事業を開始．
◇4-1　明治製菓株式会社と明治乳業株式会社が経営統合し両社を完全子会社とする共同持株会社「明治ホールディングス株式会社」を設立し，経営統合．東証1部に上場．子会社83社，関連会社19社により構成，事業は，乳製品，菓子・食品，薬品等の製造・販売を中心として，各種サービス事業を営む．
◇4-8　キリンビール，世界初のアルコール0.00％のビールテイスト（風味）飲料（＊）「キリンフリー」（炭酸飲料）を発売→9月
　　　＊名称は炭酸飲料．原材料は麦芽，砂糖類（果糖ぶどう糖液糖，グルコオリゴ糖），ホップなど．
◇4-20　静岡市で新茶の初取引．
◇4-20　この頃，富山県滑川市でホタルイカ漁，最盛期．
　　　＊滑川市にはホタルイカの様子を観察できる「ほたるいかミュージアム」がある．
◇4月　この月行った文部科学省の「全国学力・学習状況調査（学力テスト）」によると，朝食を毎日食べる子供の割合は小学校88.5％，中学校82.3％と前年度に比べそれぞれ1.4, 1.1ポイント増加．
◇4月　アサヒビール，英・キャドバリーグループの所有するオーストラリ

		ア飲料事業（SCHWEPPES HOLDINGS PTY LTD他2社（現・連結子会社））を買収（『EDINET』）.
◇	4月	アサヒビール，青島啤酒股份有限公司（現・持分法適用関連会社）の発行済株式の19.99%を取得（『EDINET』）.
◇	7 - 9	オーストラリアのマグロ漁業団体，同国産のミナミマグロを「美波そだち（みなみそだち）」の名でブランド化し，日本市場向けに売り出すと発表.
◇	7 - 16	厚生労働省，日本人の平均寿命を発表（2008年「簡易生命表」）. 女性86.05歳，男性79.29歳と男女とも過去最高を更新. 前年より女性は0.06歳，男性は0.1歳延びた.
		＊女性86歳の平均余命は7.65年，男性79歳の平均余命は9.02年.
◇	7月	サントリーHDとキリンHDとの経営統合交渉が表面化→平成22年（2010）2月，統合交渉打ち切り.
◇	7月	長雨による日照不足で野菜の卸売価格高騰.
◇	8月	㈱桃屋，食べるラー油「辛そうで辛くない少し辛いラー油」を発売し，話題を呼び，食べるラー油ブームに拍車をかける.
◇	8月	山崎製パン，日糧製パン㈱と業務資本提携し，株式を取得（持株比率28.4%）（『EDINET』）.
◇	8月	ニューヨークの粗糖（精製前の砂糖）先物市場，天候不良等のため28年ぶりに高騰.
◇	9 - 1	アサヒビール，アルコール0.00%のビールテイスト飲料「アサヒポイントゼロ」（炭酸飲料）を発売.
◇	9 - 19・20	第4回B級グルメの祭典「B-1グランプリ」，秋田県横手市で開催. 横手市の「横手やきそば暖簾会」（横手やきそば）がゴールドグランプリを獲得.
◇	9 - 29	サントリー，アルコール0.00%のビールテイスト飲料の「サントリー ファインゼロ」（炭酸飲料）を発売.
◇	9 - 30	サッポロビール，アルコール度数を従来の0.5%から0.00%に改めたビールテイスト飲料「サッポロ スーパークリア」（炭酸飲料）を発売.
◇	9月	味の素，『味の素グループの百年：新価値創造と開拓者精神：1909→2009』発刊.
◇	9月	佐藤章氏，『ヒットを生み出す最強チーム術：キリンビール・マーケティング部の挑戦』（平凡社）著わす.
◇	10 - 1	日本ミルクコミュニティと雪印乳業が経営統合し，雪印メグミルク株式会社設立.
		＊同社は日本ミルクコミュニティと雪印乳業を完全子会社とする共同持株会社. 平成23年4月1日には日本ミルクコミュニティ㈱と雪印乳業㈱を吸収合併.
◇	10 - 13	農林水産省，豚肉の卸売価格が大幅に下落しているのを受けて，6

年ぶりに国産豚肉の調整保管制度を発動.
　　　　　＊調整保管の発動は, 平成15年（2003）11～12月以来, 6年ぶり.
◇10-20～23　みなみまぐろ保存委員会（豪州キャンベラ）, ミナミマグロの2010～11年の漁獲枠の2割削減を決定. 日本は各年3,000トン→2,400トンへ.
　　　　　＊南半球だけに分布し, クロマグロと同じく冷たい海を好み, インドマグロとも呼ばれ, 寿司用マグロとしてはクロマグロと並ぶ高級品.
◇10-24・25　第3回全国醬油サミット, 醬（ひしお）の郷　小豆島（香川県）で開催.
◇11- 9～15　大西洋まぐろ類保存国際委員会（本部マドリード）, 2010年のクロマグロの漁獲枠4割削減（2万2,000トン→1万3,500トン）を決定. 日本の漁獲枠は1,871トンから1,148トンに削減.
　　　　　＊寿司用マグロの中では最上級といわれている.
◇11月　　　サントリーHD, 仏飲料メーカー「オレンジーナ・シュウェップス・グループ」を3,000億円強で買収.
◇12- 6　　牛丼最大手のゼンショー, 牛丼並盛の通常価格（330円）を15％下げ, 280円で販売.
　　　　　＊デフレが進行していた平成13年に吉野家などがつけた値段と同じ.
◇12- 8～12　東京都, 車内をビアホールに見立てた「都電　年忘れビール号」（都電荒川線）を運行.
◇12-31　　本日現在の従業員4人以上の事業所の食料品工業（工業統計の中分類の「食料品製造業」に「飲料・たばこ・飼料製造業」を加えたもの）の事業所数は, 3万5,782ヵ所（全製造業の15.2％）. ベスト5の業種は①その他の水産食料品製造業（2,963ヵ所）, ②他に分類されない食料品製造業（2,894ヵ所）, ③めん類製造業（2,855ヵ所）, ④生菓子製造業（2,802ヵ所）, ⑤豆腐・油揚製造業（1,726ヵ所）.
　　　　　・従業者数は, 122万9,741人（全製造業の15.9％）. ベスト5の業種は①すし・弁当・調理パン製造業（11万3,131人）, ②パン製造業（9万706人）, ③生菓子製造業（8万7,053人）, ④他に分類されない食料品製造業（8万5,562人）, ⑤その他の水産食料品製造業（6万3,209人）.
　　　　　・製造品出荷額等は34兆4,441億円（全製造業の13.0％）. ベスト5の業種は①清涼飲料製造業（2兆2,148億円）, ②たばこ製造業〈葉たばこ処理業を除く〉（2兆1,089億円）, ③ビール類製造業（2兆1,065億円）, ④他に分類されない食料品製造業（1兆6,255億円）⑤パン製造業（1兆4,573億円）.
　　　　　＊統計の詳細については, 巻末の『平成21年工業統計表』を参照. 『平成22年』については, 巻末に統計表のみ掲載.

バナナの輸入量

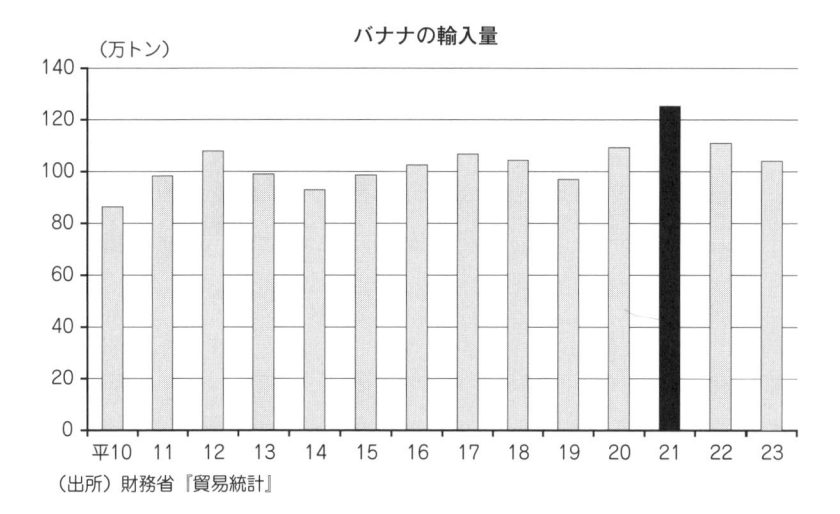

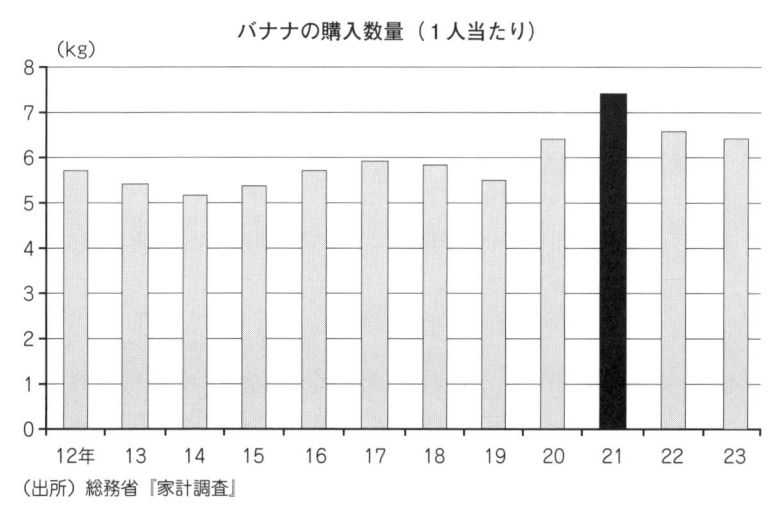

(出所) 財務省『貿易統計』

バナナの購入数量（1人当たり）

(出所) 総務省『家計調査』

この年

◇バナナ輸入量，「バナナダイエット」ブームを背景に史上最高の前年を上回る125万トン（前年比114.6％）を記録．1人当たり購入量も過去最高を記録（『家計調査』）．

◇玄そばから殻を除いた「抜き実」のそばの輸入量が増える（グラフ参照）．
　＊輸入量は，平成21年までは玄そば（1008.10-090）と「その他の加工穀物」（1104.29-300）のうち中国からの輸入分をそばの抜き実とみなし，玄そば換算（75.9％）した合計．平成22年からは，玄そばとこの年新設された「その他の加工穀物（そばのもの）」(1104.29-310）の玄そば換算の合計．

平成21

そば（抜き実を含む）の輸入量

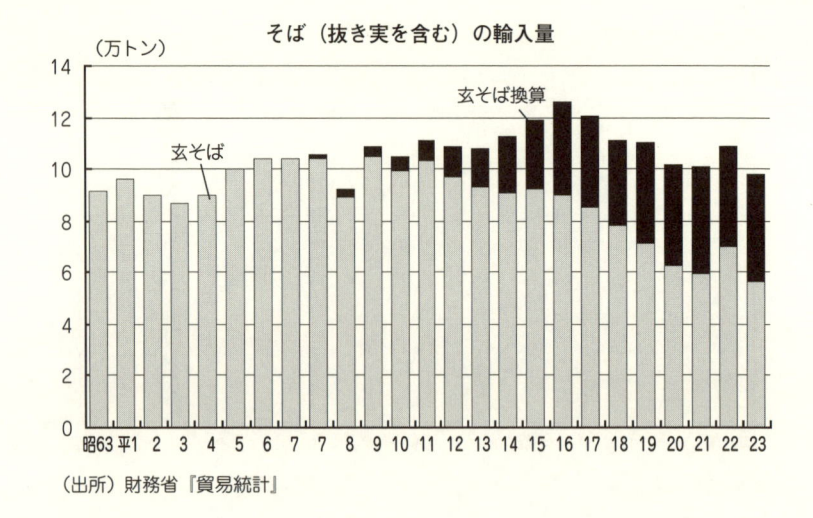

（出所）財務省『貿易統計』

＊この年のそばの国内生産量は1万5,300トン，輸入量は10万802トン（玄そば5万9,649トン＋抜き実の殻付き換算4万1,153トン）．これをもとに，そばの自給率を試算すると，13％（15,300/116,102〈100,802＋15,300〉）となる．平成23年の自給率（試算）は25％（32,000/〈98,370＋32,000〉）に上昇．

平成22年（2010）

- ■宮崎県下で口蹄疫発生
- ■牛丼，牛めしなどの価格競争が熾烈化
- ■記録的な猛暑の影響で清涼飲料などの消費が伸びる

◇1-4　フグの取扱高日本一を誇る山口県下関市南風泊（はえどまり）市場で新春恒例の初競り．天然トラフグの最高値は1kg1万2千円．

◇2-8　キリン・サントリー統合断念．
　　　　＊比率・経営体制で溝．

◇2-23　農林水産省，『2009年に発生した高病原性鳥インフルエンザの疫学調査報告書』発表．「2009年2月27日から3月29日にかけて，愛知県内のうずら飼養農場においてH7N6亜型のウイルスによる高病原性鳥インフルエンザが発生した．我が国の家きんにおけるH7ウイルスの流行は1925年の奈良県，千葉県，東京府内でのH7N7ウイルスの発生から数えて実に84年ぶりの発生であったが，早期に殺処分，移動制限等のまん延防止措置が講じられ，さらにその後の当該地区の清浄性が確認されたことから，5月11日には全ての移動制限が解除された．」としている．

◇2-25　サッポロビール，ヱビスビール生誕120年を記念して，「ヱビスビール記念館」オープン．
　　　　＊ヱビスビールの発売開始は明治23年（1890）年2月25日．

◇2月　体脂肪計などの健康機器メーカー㈱タニタ，同社食堂の定食を紹介したレシピ本『体脂肪計タニタの社員食堂：500kcalのまんぷく定食』（大和書房）を著わす．
　　　　＊好評を博し，平成23年末までにシリーズ累計436万部を突破したという．

◇3-23　エスビー食品，食べるラー油「ぶっかけ！おかずラー油チョイ辛」を発売．

◇4-1　大阪証券取引所（大証），子会社のジャスダック証券取引所を吸収合併．
　　　　＊大証は，10月にヘラクレス市場とジャスダック市場を統合し，新生ジャスダック市場を開設．→10月12日

◇4-7～13　㈱吉野家HD，期間限定で牛丼や定食などのメニューを110円引き下げ．牛丼（並盛り）は270円となり，昨年12月に引き下げた「すき家」（280円），「松屋フーズ」（320円）を下回る．

◇4-8　アサヒビールの子会社のアサヒ飲料，ハウス食品と，ハウス食品のミネラルウォーター「六甲のおいしい水」事業の譲受に関する契約

(事業譲渡契約)を締結.

◇4－19　サクラエビ，静岡県清水区の由比漁協で初競り．1ケース（15kg）6万1,000円という春漁では近年最高の値がついたという（朝日夕4/19）.

◇4－19　新茶の初取引，静岡市の静岡茶市場で始まる．当日は県内産の取扱量はわずか約1,400kgで前年（1万745kg）より大幅に減少．単価は1kg当たり1万900円と前年（5,336円）の約2倍.

◇4－20　農林水産省，宮崎県内の肉牛3頭が家畜伝染病である口蹄疫（＊）に汚染した疑いがあると発表．国内での発生は平成12年（2000）以来10年ぶり．都農（つの）町の農家の口蹄疫の疑いのある3頭を含め16頭が家畜伝染病予防法に基づき，すべて殺処分される.
　　　＊宮崎県が8月27日に口蹄疫の終息宣言を出すまで，県下の畜産業をはじめ各界に大混乱をもたらす.

◇5－4　すかいらーく創業者・茅野亮（ちの・たすく）氏，急性肺炎で死去（75）.
　　　＊「ガスト」「バーミアン」など国内最大のファミリーレストランを開き，外食産業の礎を築く.

◇5－6　生活協同組合「コープかながわ」のハーモス荏田（えだ）店（横浜市青葉区），売れ残りの生のトンカツをカツ重に調理し販売していたことが判明.

◇5－16　岡山県下で「ブドウの女王」とも呼ばれるマスカット（正式名　マスカット・オブ・アレキサンドリア）の出荷が始まる.

◇5－17　政府，口蹄疫対策本部を開き，被害農家支援と防除措置の徹底を図る.

◇5－29　宮崎県，口蹄疫の発生で，殺処分対象15万5千頭のうち，10万頭の処分終了.

◇5－31　宮崎県，県下の全種牛55頭のうち49頭を殺処分.

◇5月　5月にスーパーのチラシに掲載された食品，日用品の45の代表的商品の特売価格は，8割強が昨年同期を下回る（日本経済新聞社調べ）（日経6/25）.

◇6－1～8　松屋フーズ，「牛めし」を70円値下げし，並盛りを320円から250円へ引き下げ.

◇6－15　㈱桃屋，食べるラー油「辛そうで辛くない少し辛いラー油」品薄状態についてのお詫びを掲示.

◇6－23　イオン，PBの第3のビール「トップバリュ　バーリアル」を1缶（350ml）88円で発売.
　　　＊生産は韓国のビールメーカーに委託した．商品名の「バーリアル（BARREAL）」はBarley（大麦）とReal（本物）を合わせた造語の由.

◇6－23　輸入果物の㈱ドール，東京渋谷に日本初のバナナの自動販売機を設

置.
　　　　＊フィリピン産バナナ1本130円，1
　　　　　房（4〜5本）390円.
◇6-27　宮崎県，口蹄疫発生以来3ヵ月ぶりに
　　　　家畜の移動制限・搬出制限区域を解除.
　　　　非常事態宣言も全面解除．牛豚の殺処
　　　　分は約29万頭.
◇7-22　農林水産省，カビなどが発生した事故
　　　　米を食用に不正転売したとして甘糟損
　　　　害貨物，石田物産（いずれも横浜市），
　　　　協和精麦（神奈川県伊勢原市），共伸
　　　　商事（愛知県半田市）など4社を食品
　　　　衛生法違反容疑などで，神奈川県警に
　　　　刑事告発すると発表.
◇7-26　厚生労働省，日本人の平均寿命を発表（2009年「簡易生命表」）．女
　　　　性86.44歳，男性79.59歳と男女とも過去最高を更新．前年より女性
　　　　は0.39歳，男性は0.3歳延びた．また，平均寿命の男女差は，6.85年
　　　　で前年より0.09年拡大した.
　　　　＊女性86歳の平均余命は7.83年，男性79歳の平均余命は9.21年.
　　　　＊平均寿命の延びを死因別にみると，悪性新生物，心疾患（高血圧
　　　　　性を除く），脳血管疾患及び肺炎などが平均寿命を延ばす方向に
　　　　　働いているという.
◇8-3　 ノンアルコールビールテイスト飲料「サントリーオールフリー」（炭
　　　　酸飲料）発売.
　　　　＊「3つのゼロ」（アルコール・カロリー・糖質ゼロ）を実現したこ
　　　　　とから，オールフリーと命名された由.
◇8-27　宮崎県の東国原知事，口蹄疫の終息を宣言.
　　　　＊県内26市町村のうち，5市6町で感染が発生．牛と豚など28万
　　　　　8,649頭が処分された．同県の試算では，今後5年間で畜産業を
　　　　　はじめ食肉加工業や商工観光業などの経済損失は2,000億円以上
　　　　　にのぼるという.
◇9-18〜20　東京・渋谷区の恵比寿ガーデンプレイス内にある「ヱビスビー
　　　　ル記念館」，1899年（明治32）日本で初めて誕生したビヤホールを
　　　　同館地下2階のバーに再現．フキや小エビの佃煮など開店当時のつ
　　　　まみを提供.
　　　　＊「ヱビスビール」が誕生して120年を迎えたことを記念して，
　　　　　サッポロビールが開催した.
◇9-19・20　第5回B級グルメの祭典「B-1グランプリ」，神奈川県厚木市で
　　　　開催．山梨県甲府市の「みなさまの縁をとりもつ隊」（甲府鳥もつ
　　　　煮）がゴールドグランプリを獲得.

◇9−21　アサヒビール,「アルコール分0.00％」「カロリーゼロ」を実現したカクテルテイスト清涼飲料「アサヒ　ダブルゼロカクテル」(缶350mℓ)を発売.

◇10−1　井村屋製菓,持株会社制移行に伴い,社名を井村屋グループ株式会社に変更.

◇10−8　政府の口蹄疫対策本部,宮崎県の口蹄疫問題で復興支援のために総額1,000億円の基金の創設を決定.

◇10−12　大阪証券取引所が運営するジャスダック市場(JASDAQ)(＊)開設.

◇10−17　日本で唯一料理の神様を祀る高家(たかべ)神社(千葉県南房総市千倉)で,手を触れずに魚をさばく四條流庖丁式が行われる.

　　＊祀られている神様は磐鹿六雁命¶(いわか・むつかりのみこと)で,日本料理の祖神と伝えられる皇族.人皇8代孝元天皇の曽孫.12代景行天皇の53年(123),東国巡幸に供奉した折,六雁命が上総国(千葉県)の海岸で魚介類を料理して天皇に差し上げる.天皇は六雁命の腕前をご称讃になり,子々孫々天皇家の料理をつくるようにとの勅諚が下った.その子孫は高島家あるいは高橋家の名で,連綿として料理の家柄となっている.毎年,10月17日と11月23日に庖丁式が奉納されている.

　　＊南房総市千倉の住吉寺には,改良カツオ節製法の普及功労者・土佐与一¶(1758〜1815)の墓と「報恩の碑」がある.

◇10−23・24　第4回全国醤油サミット,金沢市大野町で開催.

　　＊大野町はかつて北前船でにぎわった城下町金沢の海の玄関口.醤油作りが始まったのは,江戸時代の元和年間(1615〜1624年)頃といわれる.湿潤な気候と白山の伏流水に恵まれ発展.

◇11月　アサヒビール,『アサヒビールの120年:その感動を,わかちあう.』発刊.

◇11−11　三洋電機,米そのものから手軽にパンを作ることができる世界初のホームベーカリー「ゴパン〈GOPAN〉」を発売,当日完売のフィーバーぶり.

◇11−26　メルシャン,東証1部上場廃止.

◇11月　㈱タニタ,『体脂肪計タニタの社員食堂.続(もっとおいしい500kcalのまんぷく定食)』(大和書房)を著わす.

◇12−10　農林水産省,コメの公設市場である全国米穀取引・価格形成センター(コメ価格センター)を今年度中に解散する方向で最終調整に入った.近く正式決定する.取引量急減で,実態を反映した価格形成の場としての機能を失っており,「役割を終えた」と判断した.

◇12−15　大塚ホールディングス㈱,東証1部に上場.

　　　　　＊同グループは，疾病の診断から治療までを担う「医療関連事業」
　　　　　と，健康の維持・増進をサポートする「ニュートラシューティ
　　　　　カルズ（nutrition〈栄養〉＋pharmaceuticals〈医薬品〉の造語）
　　　　　関連事業」を2本の柱とする．社員数は世界23ヵ国・地域に広が
　　　　　る約2万5,000人（連結ベース）．
　　　　　＊株価は公募価格（2,100円）を上回る2,140円．時価総額1.1兆円．
　　　　　＊大塚HDの傘下に「オロナミンC」の大塚化学や「ボンカレー」
　　　　　の大塚食品などがある．
◇12-21　　アサヒビール，カゴメの麦茶飲料事業を買収すると発表（日経
　　　　　12/22）．
　　　　　＊カゴメの「六条麦茶」のブランドの製造・販売権を取得し，23年
　　　　　4月から販売を始める．
◇12月　　キリンHD，メルシャン㈱株式交換で完全子会社化（『EDINET』）．

この年
◇食料自給率（年度），前年度に比べ1％低下し，39％となる（23/8/11公表）．
　＊主な原因は猛暑や大雨の影響で小麦やてんさいの生産量の減少．
◇ハイボールなどの低アルコール飲料市場，嗜好の多様化や猛暑の影響などで
　前年を9％上回るという（日経23/1/18）．
◇記録的な猛暑の影響で清涼飲料の生産量，3年ぶりに増加（全国清涼飲料工
　業会『清涼飲料関係統計資料』）．
　＊前年（1,796万900kℓ）の3.9％増の1,866万7,700kℓ．生産量の最も多い茶系
　　飲料は前年の2.9％増であったが，炭酸飲料は6.2％の高い伸び率を示した．
◇猛暑により影響を受けたとみられる品目の消費動向（1世帯当たり『家計調
　査』）．
　・「ビール」＋「発泡酒・ビール風アルコール飲料」の購入数量（54.14ℓ），
　　前年（45.77ℓ）の18.3％増．
　・炭酸飲料の購入金額（3,666円），前年（3,254円）の12.7％増．
　・梅干しの購入数量（820g），前年（736g）の11.4％増．
　・うなぎのかば焼き購入金額（3,052円），前年（2,805円）の8.8％増．
　・ゼリー，プリン，他の洋生菓子の購入金額（1,948円），前年（1,798円）の
　　8.3％増．
　・乾うどん・そばの購入数量（4,461g），前年（4,233g）の5.4％増．
　・アイスクリーム・シャーベットの購入金額（7,910円），前年（7,541円）の
　　4.9％増．
◇飲料自動販売機の普及台数（22年末）は259万1,200台で，全体（520万6,850台，
　自販機＋自動サービス機）の49.8％を占め，最も多く，前年の1％増．販売
　金額は2兆3,615億円（前年比3.1％増）（日本自動販売機工業会HP）．
　＊台数増の要因としては，夏季の猛暑により飲料メーカーの業績が好調とな
　　り，20年のリーマンショック以降に撤退した場所への再設置などが進んだ

ことによる.
◇全国スーパー売上高,12兆3,556億円(既存店ベースで前年比2.6%減),14年連続で減少(日本チェーンストア協会調べ).
　＊売上高の62.7%を占める食料品は2.3%減.猛暑で野菜の価格が上昇したが,単価の高い牛肉や魚などの需要が伸びなかった.

平成22年のスーパー売上高 (単位:億円)

食料品	77,512	▼2.3%
衣料品	13,034	▼4.4
住居関連品	25,152	▼2.7
サービス	460	▼4.0
その他	7,397	▼2.1
合計	123,556	▼2.6

(▼　減少)

◇自宅でパン作りを楽しむ消費者が増える (日経23/2/8).
　GfKジャパンの調査によると,22年のホームベーカリー(家庭でパンを焼くための電化製品)の販売額は,前年比62%増.11月発売の米粒からパンを作ることができる三洋電機の「GOPAN(ゴパン),店頭価格5万円程度」は発表した7月以降の半年足らずで初年度目標の5万8,000台を受注した.
◇農林水産物の輸出額(速報値)が前年比10.5%増の4,921億円で,増加は3年ぶり.(23/2/10発表).
　＊アジア向けを中心に米やリンゴ,乳製品などの輸出が大幅に伸びた.地域別では,1位　香港(1,210億円),2位　米国(686億円),3位　台湾(609億円).
◇国内の菓子の市場規模(小売金額),前年比1.5%減の3兆2,080億円(全日本菓子協会調べ).
◇水産物生産量は前年比3%減の527万1千トン.減少は7年連続.海面漁業はサケ,サンマ不漁で408万3千トン(1.5%減).海面養殖業は赤潮でブリ

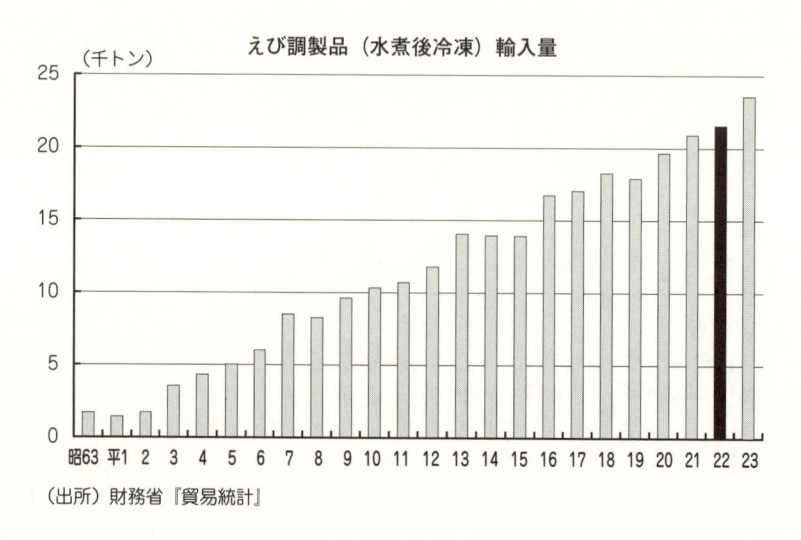

えび調製品(水煮後冷凍)輸入量

(出所)財務省『貿易統計』

養殖が低迷し110万トン（7.7％減）(農林水産省).
◇えび調製品（シュリンプ及びプローンを水または塩水で煮た後に冷凍したもの）の輸入量及び輸入金額（1605.20-011）が過去最高を記録（2万1,563トン, 211億円）. 主な輸入先はタイ（66.5％）, ベトナム（16.2％）, 中国（9.9％）.
＊回転寿司のすしねたとして利用されている.
◇22年12月期（22年1月～12月）のビール3社（キリン, アサヒ, サントリー）利益が過去最高を記録（日経23/2/9, 11）.
◇ビール大手5社（アサヒ, キリン, サントリー, サッポロ, オリオン）が発表した平成22年のビール系飲料の課税済み出荷数量, 現行統計をとり始めた平成4年（1992）以降の最低を6年連続で更新（日経23/1/18）.
＊出荷数量は前年比2.8％減の581万3千kℓ（4億5,917万ケース〈1ケースは大瓶20本換算, 91億8,340本〉, 大瓶1本は633mℓ）.
＊種類別では, ビール3.6％減, 発泡酒17.7％減, 唯一, 新ジャンル（第3のビール）が前年8.7％増の190万7千kℓで出荷総量の32.8％と初めて3割を超える. 出荷量の詳細については, 巻末統計資料を参照.

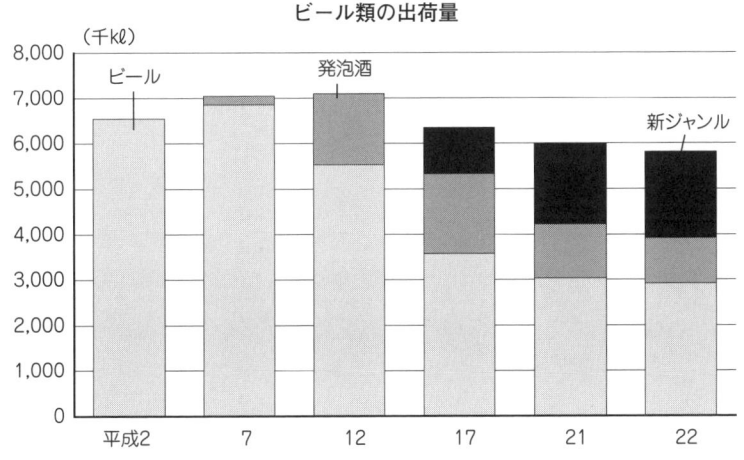

ビール類の出荷量

（出所）『日本国勢図会 2011/12』（矢野恒太郎記念会）〈原資料はキリンビール㈱〉
（注）ビール大手5社の累計出荷量

ビール4社の売上高等（単位：億円, ％）

	売上高	前期比	備考
キリンHD	21,778	▼4	純利益は前期比77％減. 営業利益は18％増で最高益
サントリーHD	17,423	▼12	経常利益は前期比23％増の1,008億円で過去最高
アサヒビール	14,894	1	純利益は前期比11％増. 飲料は猛暑や買収効果
サッポロHD	3,892	横ばい	純利益は前期比2.4倍107億円. エビスで利益率が改善

（▼ 減少）

＊なお，国税庁の酒税課税統計では新ジャンル（第3のビール）の項目はなく，リキュール及びその他の中に含まれている．

平成23年（2011）

- ■東日本大震災と原発の放射能汚染
- ■海外農産物価格（大豆・トウモロコシ・小麦・コーヒーなど）高騰，トウモロコシが小麦を上回る
- ■ユッケ事件
- ■タイの洪水で多数の工場が被害を受ける
- ■TPPへの参加問題
- ■ビール各社，海外進出加速

◇1-5　築地市場の初競りで北海道・戸井産のクロマグロ（342kg），3,249万円（1kg当たり9万5,000円）の史上最高値がつく．

◇1-11　JA全農，非遺伝子組み換えトウモロコシの種子開発・供給で米デュポン社子会社のパイオニア・ハイブレッド（アイオワ州）との提携を発表（日経1/21）．
　　　＊パイオニアは米国の非遺伝子組み換えトウモロコシ種子で5割を占める．

◇1-12　シカゴ市場の穀物，需要増と天候不順を背景に軒並み上昇（日経1/14）．
　　　＊大豆の3月物（期近）は，1ブッシェル当たり14.15ドル，トウモロコシ6.31ドルで，2年半ぶりの高値となる．
　　　＊トウモロコシ価格は，バイオ燃料需要の高まりを背景に6月の期近平均（7.21ドル）が小麦価格（6.96ドル）を上回る．

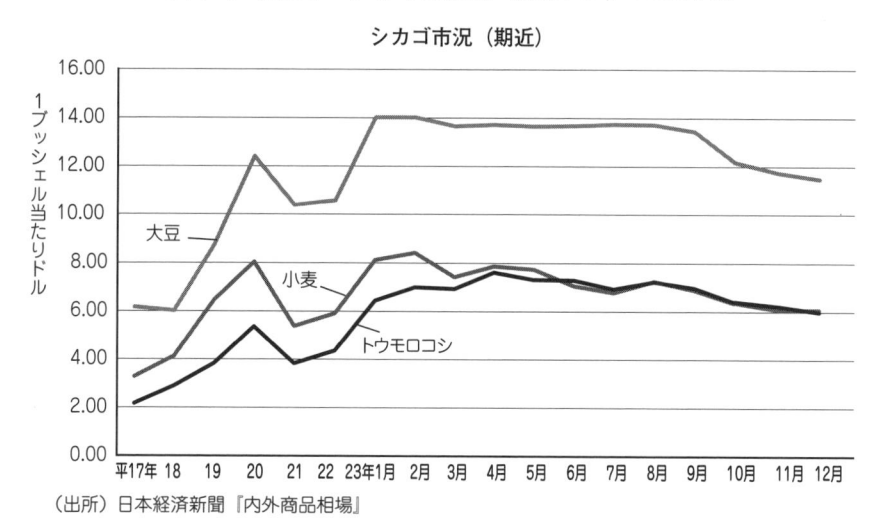

シカゴ市況（期近）

（出所）日本経済新聞『内外商品相場』

　　　　　＊「日経ヴェリタス」（1月16日～22日，第149号）は，『アグフレ（アグフレーション）の脅威』を特集．
◇1－13　三井物産，ブラジルで農業生産や穀物集荷を手掛けるマルチグレインを買収すると発表（日経1/14）．
　　　　　＊マルチグレインはブラジルで11万4千haの農地を持ち，大豆やトウモロコシを年20万トン輸出．
◇1－13～25　東京・京王百貨店新宿店で恒例の駅弁大会（第46回）開催．
　　　　　＊実演販売駅弁の売上個数ベスト5（http://keio-ekiben.cocolog-nifty.com/）
　　　　　　　1位　いかめし（北海道　函館本線/森駅）/500円（税込）5万1,525個
　　　　　　　2位　牛肉どまん中（山形県　奥羽本線/米沢駅）/1,100円（税込）2万4,086個
　　　　　　　3位　浜焼きホタテ　海鮮ひつまぶし（青森県　東北新幹線/新青森駅）/1,100円（税込）1万9,515個
　　　　　　　4位　氏家かきめし（北海道　根室本線/厚岸駅）/980円（税込）1万4,831個
　　　　　　　5位　前沢牛ローストビーフ肉巻にぎり寿司（岩手県　東北本線/一ノ関駅）/1,250円（税込）1万2,960個
◇1－16　㈱ミツカン，今春以降に発売する食酢など主力商品すべてのラベルにレシピを確認できるQRコード（2次元バーコード）を記載（日経1/16）．
　　　　　＊レシピをQRコードで確認できるのは珍しいという．
◇1－17　吉野家HD，伊藤忠商事が保有する吉野家HDの全株式を買い取る方針を発表．
　　　　　＊伊藤忠は20.1％を出資する筆頭株主，吉野家HDの取得額は140億円強の予定（日経1/18）．
◇1－17　丸紅とJA全農，コメの集荷や販売業務で提携すると発表（日経1/18）．
　　　　　＊将来は中国などアジアの富裕層向けへの売り込みも予定．
◇1－20　農林水産省，2010年産の1等米の比率が昨年12月末時点で61.9％と発表．
　　　　　＊比較可能な99年以降では最低，猛暑の影響で白濁米，未成熟米が増加．
◇1－20　吉野家HDの安部修仁社長，「中国の店舗網を現在の4倍強の1千店

　　　　吉野家の国別・地域別店舗数（日本経済新聞，23年1月21日）

日本	中国本土	香港	台湾	米国	シンガポール	フィリピン	インドネシア
1,158店	213	47	55	97	17	7	2

　　　　（注）2010年12月時点．牛丼事業のみ．

◇1-21 にする」と表明（日経1/21）．
◇1-21 米の生産者団体や卸会社でつくる全国米穀取引・価格形成センター（略称，コメ価格センター），取引量が急減して需給の実態を反映しなくなったため，3月末で解散すると決定．
◇1-21 宮崎市の種鶏農場で高病原性鳥インフルエンザに汚染した養鶏を発見．
◇1-23 農林水産省，宮崎県新富町で高病原性鳥インフルエンザに汚染した養鶏が見つかったと発表．
＊県は発生農場の約41万羽の殺処分を始める．
◇1-24 キリンHD，中国の食品大手の華潤創業と中国の清涼飲料事業で提携したと発表．＊6月末までに新設する合弁会社にキリンが4割出資．華潤の販売網を活用し，キリンの紅茶飲料や共同開発する新製品を投入する予定．華潤集団は傘下の華潤雪花（商品ブランドは雪花ビール）は中国のビール市場で青島ビールを抜いて，2割弱のシェアを持つ．
◇1-24 日本新聞協会，今年元日付けの新聞広告で，注目度2位はサントリー酒類のビール「ザ・プレミアム・モルツ」（1位はパナソニック）の商品広告であったと発表．
◇1-26 甘味料の天然糖質「トレハロース」や抗がん剤「インターフェロン」で知られるバイオ企業「林原（はやしばら）」（岡山市北区）とグループ企業3社が，私的整理の一つ，事業再生ADR（裁判外紛争解決手続き）を第三者機関の事業再生実務家協会に申請し，受理されたことが判明．負債総額は約1,400億円とみられる．2月2日，東京地方裁判所に対して会社更生手続開始の申立てを行ない，3月7日，同裁判所から会社更生手続開始の決定を受ける．
◇1月 三井物産，ブラジルで農業生産や穀物集荷を行うマルチグレイン社を傘下に収める．
◇2-8 インスタントコーヒー2位の味の素ゼネラルフーズ（AGF），家庭向け商品の出荷価格を4月上旬から平均約11％引き上げる方針を固めた（日経2/8）．
＊UCC上島珈琲なども3月からの値上げを決めている．
＊天候不順によるコーヒー豆の国際相場の高騰，新興国の需要増大などが要因．
◇2-9 平成24年春卒業予定の大学生の就職人気上位企業（理系）10社中に，食品企業が3社ランクされる．味の素2位（昨年1位），明治グループ5位（同6位，明治製菓），カゴメ6位（同3位）．（毎日コミュニケーションズ調べ）（日経2/10）．
◇2-10 日本経団連，農業の構造改革に対する提言を発表．
・農業生産法人の要件緩和
・規模拡大農家に対する優遇措置

- ・「農業成長産業化促進法」(仮称)の制定など
◇2-10 サッポロHD，ポッカコーポレーションを買収すると正式に発表．
　　　　＊買収総額は約320億円，非ビール事業や海外事業を拡大する．3月，同社の子会社となる．

国内の清涼飲料の販売シェア（2009年）販売数量ベース（日経推計）

1	コカ・コーラグループ	29.1%	7	ダイドードリンコ	3.9
2	サントリー食品インターナショナル	21.0		ポッカコーポレーション＋サッポロ飲料	3.0
3	キリンビバレッジ	10.6	8	カルピス	2.4
4	伊藤園	9.6	9	ポッカコーポレーション	1.8
5	アサヒ飲料	8.0	10	日本たばこ産業	1.6
6	大塚製薬	5.0	11	サッポロ飲料	1.2

◇2-23 キリンビール，"濃い味"で，"糖質ゼロ"の新ジャンル（第3のビール）「濃い味〈糖質0（ゼロ）〉」(350㎖缶と500㎖缶）を発売．
◇2月　ニューヨーク粗糖（精製前の砂糖），1ポンド36セント台と30年ぶりに高値．
◇3-11 14時46分，三陸沖を震源とする観測史上最大規模のM9.0の大地震発生（東日本大震災）．未曾有の大津波で岩手，宮城，福島の沿岸部などで死者・行方不明者約2万人にのぼる，被害甚大．東京電力福島第一，第二原子力発電所で事故発生し，放射能拡散．政府，初の原子力緊急事態宣言．
　　　　＊被害を受けた食品企業多数にのぼる．
◇3-11 カルビー，東証1部に株式上場．
　　　　＊上場時59億円の調達を見込む．想定発行価格をもとにした株式時価総額は約660億円で，森永製菓の時価総額（2/8日終値で約580億円）を上回る．
　　　　＊平成23年3月期の連結決算は，売上高1,555億円，当期純利益42億5,300万円．
◇3-15 チョーヤ梅酒（大阪府羽曳野市），梅酒ソーダ「ウメッシュ」のノンアルコールタイプ「チョーヤ　酔わないウメッシュ」を発売．
◇3-16 サッポロビール，ビール風味飲料「プレミアム　アルコール　フリー」(炭酸飲料)を発売．＊原材料は麦芽，水あめ，ホップ，苦味料など．
◇3-17 厚生労働省，農産物の「放射能暫定規制値」を通知（4/30日経）．
◇3-17 円相場，1ドル＝76円25銭まで上昇し，16年ぶりに戦後最高値を更新．
◇3-21 福島，茨城，栃木，群馬各県のホウレンソウ，カキナ，福島県の原乳を出荷制限．

◇3－23 福島県産のホウレンソウ，コマツナ，キャベツなど摂取，出荷制限．
◇3月 3月の全国食品スーパー売上高（全店ベース），前年同月比3.6％増の7,513億円．
＊東日本大震災の影響で飲料水やカップ麺などのまとめ買い需要が増大．
◇3月 3月の外食売上高（全店ベース），前年同月比10.3％減（日本フードサービス協会が現行の集計を始めた1994年以来最大の落ち込み）．
＊東日本大震災で営業中止の店の続出や消費者の自粛ムードの広がりが影響した．
◇4－1 雪印メグミルク㈱，同社の完全子会社の日本ミルクコミュニティと雪印乳業を吸収合併．
＊23年3月期の売上高（連結）は5,042億円，従業員（同）は4,989人．
◇4－1 政府，製粉各社への輸入小麦の引き渡し価格を18％引き上げる．2桁の大幅値上げは20年4月以来，3年ぶり．
＊これに伴い，製粉各社は業務用小麦粉の値上げを相次いで発表．
◇4－4 千葉県香取市，多古町産ホウレンソウ，旭市産ホウレンソウ，チンゲンサイ，セロリ，パセリなど出荷制限．
◇4－8 福島県会津地方の産出の原乳，群馬県産ホウレンソウ，カキナの出荷制限解除．
＊制限解除は3月21日以来初めて．
◇4－8 稲の作付けを禁止する目安が，土1kg当たり5,000ベクレル以上の放射性セシウムで汚染された水田と決まる．
◇4－10 農林水産省，茨城県産原乳の出荷制限解除．
◇4－13 福島県飯舘村産しいたけ（露地原木栽培）の摂取制限．
◇4－14 栃木県産カキナの出荷制限解除．
◇4－20 福島県で水揚げされたコウナゴ（イカナゴの稚魚）の出荷制限，摂取制限．
◇4－22 原発周辺半径20km圏などの稲の作付けをひかえるよう要請．
◇4－22 日清製粉，6月20日出荷分から業務用小麦粉を値上げすると発表．上げ幅は10％強とみられる．
＊政府が4月1日から製粉各社への輸入小麦の引き渡し価格を18％上げたことに対応．
◇4－25 カゴメ，福島第一原子力発電所の事故を受けて，栽培契約を見送った福島県のトマト農家に対して，一定額の所得補償を行うことを明らかにした（日経4/26）．
◇4－25 全国清涼飲料工業会加盟16社，東京電力管内の約87万台の自販機，今夏まで照明の消灯を続ける方針を決める（日経4/25）．
◇4－29 富山県，同県砺波市の焼き肉店で食事をした24人が下痢や発熱の食中毒症状を訴え，うち肝臓が働かなくなる溶血性尿毒症症候群（HUS）の疑いで入院していた10歳未満の男児1人が死亡したと発

表．男児からは腸管出血性大腸菌O（オー）111（＊）が検出された．ほか23人のうち5人が重症．
県によると，24人は21～23日，砺波市の焼き肉店「焼肉酒家（さかや）えびす砺波店」で，ユッケを食べたという．死亡した男児は21日夜，父親と2人で同店で飲食．24日に嘔吐（おうと）や下痢と発熱，血便などの症状を訴え入院し，29日午前に死亡した．
＊ユッケは，生の牛肉（主にランプなどのモモ肉）を細切りにし，ゴマやネギ，松の実などの薬味を加えた韓国料理．

◇4月　震災の影響でミネラルウォーターの需要が増大し，近隣で輸送時間の短い韓国からの輸入が急増．年間輸入量は前年の4割増の59万kℓと過去最高を記録した．

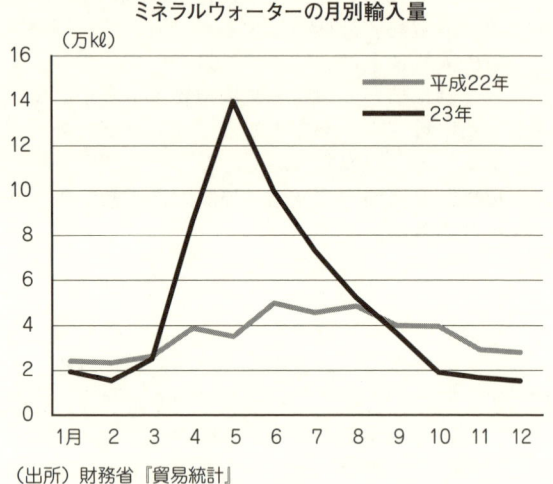

ミネラルウォーターの月別輸入量

（出所）財務省『貿易統計』

◇4月　「物価の優等生」と呼ばれる鶏卵の価格，17年の鳥インフルエンザ以来の6年ぶりの高値となる．
＊原因は震災で東北地方の飼料工場が被災し，エサ不足や親鳥の数や産卵数が激減したため．

◇4月　4月の清涼飲料など甘味料に使用される異性化糖の販売量，前年同月比4.7％増の11万5,493トン．夏場の電力不足に対応するため4月から飲料各社の前倒し生産が活発化した（日本スターチ・糖化工業会調べ）．
＊異性化糖は，ブドウ糖と果糖を主成分とする液状糖で，コーンスターチ製造用トウモロコシやジャガイモ，サツマイモなどのデンプンからつくられる．年間の生産量は約80万トン．→平成2年「コーンスターチ製造用トウモロコシの輸入量」グラフ参照．

◇5-1　福井市内の焼き肉チェーン「焼肉酒家えびす」で食事をした未就学

異性化糖の需要量

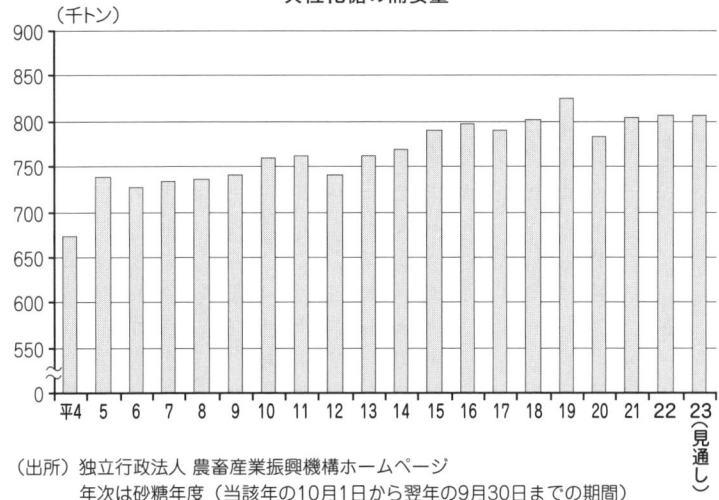

(出所) 独立行政法人 農畜産業振興機構ホームページ
年次は砂糖年度（当該年の10月1日から翌年の9月30日までの期間）

男児も死亡していたことが1日，厚生労働省などへの取材で分かった．新たに死亡が判明した男児からも腸管出血性大腸菌O111が検出されたという．

◇5-3 焼き肉チェーンの経営会社「フーズ・フォーラス」（金沢市），業者と仕入れ契約を結んでから細菌検査を一度も実施していなかったことを認め，衛生管理の不十分さを謝罪．

◇5-5 横浜市，「焼肉酒家えびす」の横浜市内の系列店で，ユッケを食べて重傷になった19歳の女性患者の血液から，腸管出血性大腸菌O111の抗体が確認されたと発表．神奈川県内では，同系列の2店でユッケを食べて食中毒症状を訴える患者は，1人増えて7人となる（朝日夕5/6）．

◇5-9 焼き肉チェーン「焼肉酒家えびす」の運営会社が，最初の食中毒発生の連絡を富山県から受けた直後に，開封済みのユッケ用生肉の破棄を各店舗に指示していたことがわかる（朝日5/10）．

◇5-9 焼き肉チェーン「焼肉酒家えびす」の集団食中毒事件で，食肉卸売業者「大和屋商店」（東京・板橋）がチェーン運営会社「フーズ・フォーラス」（金沢市）に対し，食中毒を防ぐために生肉の表面を削る「トリミング」は店舗で必要ないとする趣旨のメールを送っていたことがわかる（日経夕5/9）．

◇5-10 厚生労働省，ユッケなどの生の牛肉を扱う飲食店に，衛生基準に従った生食用の処理をしたことをメニューなど，店内に表示するように求める（朝日夕5/10）．

◇5-11 神奈川県，同県南足柄市で取れた「足柄茶」の一番茶（生葉）から，

国の暫定規制値を超える放射性セシウムが検出されたと発表。

◇5-13　神奈川県，小田原市など県内3市町村でとれた茶葉からも食品衛生法に基づく基準値（1kg当たり500ベクレル）を超える放射性セシウムが検出されたことを明らかにした。
＊11日小田原市でとった茶葉から780ベクレル，愛川町（670），清川町（740）（朝日夕5/13）。

◇5-13　福島県の一部地域，タケノコ出荷停止（朝日夕5/13）。

◇5-18　宮城県，県内3ヵ所で採取した牧草のサンプルのうち，2ヵ所で国の暫定規制値を超える放射性セシウムが検出されたとして，乳用牛と肥育牛への牧草の利用を見合わせるよう，畜産農家に要請した。

◇5-20　千葉県，八街市と大網白里町で栽培された茶葉から，国の暫定規制値（1kg当たり500ベクレル）を超える放射性セシウムが検出されたと発表した。八街市の茶葉からは，暫定規制値の約2倍となる985ベクレルが検出されたという。県は，市や町などに出荷自粛と商品の回収を要請した。

◇5-27　農林水産省，東日本大震災で津波や荷崩れによる政府備蓄米の被害数量が約7万トンに達するとの見通しをまとめた。

◇5-30　アサヒ飲料，「アサヒ　六条麦茶　PET500ml」を新発売。
＊今年3月，カゴメ株式会社から「六条麦茶」ブランドの製造・販売権を取得。

◇5-31　大手外食，6月以降，開店の前倒し，朝食導入店の拡大など，朝の時間帯の営業を強化する（日経5/31）。
＊節電対策でサマータイムを導入する企業が相次いだことなどから。

◇6-1　政府，生の茶葉だけでなく乾燥させた「荒茶」についても放射性物質を検査し，野菜などと同じ1kg当たり500ベクレルの基準を超えた場合は出荷制限の対象とすると発表。これに対して，静岡県知事は強く反対し，検査を実施しないとしていたが，後に政府方針に従う。

◇6-9　静岡県，静岡市葵区藁科地区にある「本山茶」の茶工場の製茶から，国の暫定規制値（1kg当たり500ベクレル）を上回る679ベクレルの放射性セシウムを検出したと発表（読売）。
＊静岡県産の茶葉から基準値を超す放射性物質が検出されたのは初めて。残り12カ所は基準値を下回った。

◇6-28　㈱京樽，ジャスダック上場廃止。7月1日から吉野家ホールディングスの完全子会社となる。

◇6-30　アサヒビールとキリンビール，ビールなどの共同配送を8月末から始めると発表。＊国内市場が縮小する中，経費を削減し，経営資源を海外投資に向ける狙い。

◇7-1　山崎製パンなど製パン各社，ほぼ一斉に商品の出荷価格を引き上げる。
＊4月1日，政府が製粉各社への輸入小麦の引き渡し価格を18％上

げたことに対応したもの．
◇7-1 ㈱菱食，明治屋商事・㈱フードサービスネットワーク及び㈱サンエスと経営統合し，「三菱食品株式会社」として新たなスタートを切る．
◇7-1 農林水産省，コメ先物の試験上場を認可すると正式に発表．
＊コメ先物取引の復活は72年ぶり（昭和14年に廃止）．2年間の試験上場期間中に，現物取引に悪影響を与えないかなどを点検する．
◇7-1 農林水産省，東日本大震災による農林水産関係の被害総額が2兆円を超え2兆1,005億円に及んだと発表．
＊壊滅的な打撃を受けた漁業が1兆2,074億円と全体の5割を超え，農業7,644億円，林野1,284億円．
◇7-1 アサヒビール，商号変更を行い，純粋持株会社のアサヒグループホールディングス株式会社となる．
◇7-5 キリンビバレッジ，塩入りの果汁入り飲料「世界のKitchenからソルティ・ライチ」を発売．
＊猛暑のもと約1ヵ月で年間販売目標の45万ケースを超えたという（朝日8/23）．
◇7-7 福島県南相馬市の農場から東京の市場に出荷された牛11頭を東京都が検査したところ，すべての牛肉から規制値を超える1,530〜3,200ベクレルの放射性セシウムを検出．
◇7-11 東京都，上記11頭より先に6頭が東京食肉市場の仲卸業者から東京，神奈川，静岡，大阪，愛媛の5都府県の業者に卸されていたと発表（朝日7/12）．
◇7-14 マルちゃんラーメンで知られる東洋水産の創業者・森和夫氏死去（95）．
＊氏は昭和14年（1939），満蒙国境のノモンハンで起こった日ソ軍の衝突（ノモンハン事件）での数少ない生存者の1人．波瀾に満ちた人生は経済小説家の高杉良が『燃ゆるとき』と題する小説にしている．
◇7-16 福島・浅川町産の42頭の牛の肉が，これまでに30都府県に流通していたことがわかる．新たに判明した流通先は滋賀県と和歌山県で，愛知県の焼き肉チェーンから，滋賀県の系列店に出荷されたという．また，和歌山県には京都市の食肉卸業者が出荷していたという．これで問題の42頭の肉は，少なくとも30都府県に流通し，一部は消費されているという．
◇7-16 イオン，福島県浅川町の1農家から出荷され，国の暫定基準値を超える放射性セシウムを含む可能性がある牛肉を，東京など5都県のグループ14店舗で販売していたと発表．
◇7-16〜10-16 東京大学総合研究博物館・東京大学大気海洋研究所，「鰻博覧会—この不可思議なるもの　EEL EXPO TOKYO」を東京大

学総合研究博物館で開催.

◇7-19　アサヒ飲料,「三ツ矢サイダー」から,塩入り飲料「三ツ矢　塩サイダー」を夏期限定で発売.折りからの猛暑の中,熱中症対策で人気を集め,約半月で25万ケース（500mℓ入りで600万本）が売れたという（朝日8/23）.

◇7-21　内需型企業も海外シフト,食品企業では,味の素の海外売上高比率33.5％（5年前29.5％）,キッコーマン43.2％（同26.2％）,キリンHD23.4％（同13.6％）（日経7/21）.

◇7-21　丸紅,ベトナムの国営企業数社と連合を組み,ベトナム全土で食肉事業に乗り出す（日経7/21）.

◇7-27　厚生労働省,日本人の平均寿命を発表（2010年「簡易生命表」）.女性は86.39歳で,5年ぶりに前年を下回ったが,26年連続で長寿世界一を維持.男性は79.64歳と5年連続で過去最高を更新.男性より高齢化が進む女性は,夏場の死者数が前年より特に増えており,猛暑の影響とみられるという.

◇8-1　政府,肉牛の放射性セシウム汚染問題で,岩手県の一関市と藤沢町の計6頭から国の暫定規制値（1kg当たり500ベクレル）を超えるセシウムが検出されたとして,原子力災害対策特別措置法に基づき県全域の肉牛出荷停止を同県に指示した.福島,宮城に続き3県目.さらに,栃木県でも県内2市から汚染牛が出たとして,早ければ2日にも同様の指示を出す方針.

◇8-1　茨城県,出荷する牛全頭について,放射性物質の検査を開始（全頭検査）.

◇8-1　農林水産省,コメの放射性物質検査について,収穫前と収穫後の2段階で実施する方針を固める.

◇8-2　キリンHD,ブラジルでビールや清涼飲料事業を展開するスキンカリオール・グループを子会社化すると発表（日経夕8/2）.
　　　＊日本のビール会社のブラジルへの本格進出は初めて.39億5,000万レアル（約1,988億円）で株式の50.45％を取得.スキンカリオールグループのビール事業はブラジル第2位,第3位の炭酸飲料をはじめ清涼飲料事業も展開.

◇8-8　コメの先物取引,東京・大阪両穀物商品取引所で試験上場開始.
　　　＊昭和14年（1939）以降,72年ぶり.初日は高値注文増えるが,その後売買低迷.

◇8-8　農水省,業務用の冷凍バター2,000トンを緊急輸入すると発表.バターは東日本大震災以降,生産量が減少している.東日本大震災の影響による原乳の廃棄と,去年の猛暑の影響で乳牛の種付けがうまくいかなかったことが原因とみられている.農水省は現在の状況でも需要は足りるとみているが,在庫の減少が消費者の不安をあおり,バターの買い占めなどにつながることを防ぐため,緊急輸入に踏み

◇8-9　「和牛オーナー制度」の畜産会社「安愚楽牧場」(栃木県)，民事再生法の適用を申請．
　　　＊負債総額4,330億8,300万円，債権者7万4,798人にのぼるという．
◇8-18　アサヒグループHD，ニュージーランドの酒類大手のインディペンデント・リカーの買収を発表．
◇8-19　円相場，1ドル＝75円95銭の最高値を更新．
◇8-20～11-6　東京都文京区の印刷博物館P&Pギャラリーで，「日本のロングセラー商品展」開催．商品誕生から30～400年経過しても今も生き続ける食品や化粧品，文具品など約300点を展示．
　　　＊食品では森永ミルクキャラメル，カルピス，雪印バター，サントリーウイスキー角瓶，キユーピーマヨネーズなど多数あり．
◇8-21　B級グルメで知られる静岡県富士宮市の「富士宮やきそば」，ニューヨーク市の繁華街で開かれたストリートフェア(歩行者天国)に出店し，人気を集める．
　　　＊海外への進出は初めて(日経夕8/22)．
◇8-23　㈱ファミリーマート，千葉大園芸学部と共同企画で，千葉県産の食材(県のブランド豚「元気豚」など)を多く使った弁当を県内中心に発売(8/19朝日)．
◇9-1　農林水産省，農林水産業(1次産業)と第2次，第3次産業を融合・連携させる「6次産業化」を推進するため，食料産業局を設置．
◇9-17　日清食品HD，カップヌードル発売40周年を記念し，「カップヌードルミュージアム」(正式名称：安藤百福発明記念館)を横浜市中区新港みなとみらい21新港地区11-2街区にオープン．
　　　＊昭和46年(1971)9月18日，東京都区内百貨店で本格販売開始(100円)．
◇9-23　福島県，二本松市で実施した収穫前の一般米の予備調査で，暫定基準値と同じ値の1kg当たり500ベクレルの放射性セシウムを検出したと発表．
　　　＊10月6日，収穫後の本調査の結果，放射性物質は検出されなかったと発表．
◇9月　アサヒグループHD，ニュージーランド酒類大手「Flavoured Beverages Group Holdings Limited」の株式取得(同社HP)．
◇9月　アサヒグループHD，ニュージーランド飲料会社「Charlie's Group Limited」の株式取得(同社HP)．
◇9月　アサヒグループHD，豪州飲料会社「P & N Beverages Australia」からミネラルウォーター類及び果汁飲料事業を取得(同社HP)．
◇10-1　デンマーク，病気を防ぐため，バターやチーズ，肉類，その加工食品など，「飽和脂肪酸」が2.3％以上含まれる食品に税金をかける「脂肪税」を導入．

＊同様な趣旨の税金としては，9月1日からハンガリーがポテトチップス，炭酸飲料や栄養ドリンクなどの嗜好品に課税する「ポテチ税（ポテトチップス税）」がある．

◇10-1 厚生労働省，焼き肉チェーン「焼肉酒家えびす」の集団食中毒事件を受けて，飲食店がユッケや牛タタキ，牛刺しなどの生食用牛肉の提供する際の新基準を設定．
＊新基準では，肉の表面から深さ1cm以上の部分を60度で2分以上加熱殺菌を義務付ける．

◇10-11 米大手買収ファンドのベインキャピタル，野村ホールディングス傘下の投資会社から外食大手すかいらーくを買収することが判明（日経10/12）．

◇10-13 みなみまぐろ保存委員会，漁獲枠を2012年から14年にかけて段階的に引き上げることを決めた．14年の総漁獲量は11年に比べ31％増の1万2,449トン．日本の割り当ては同48％増の3,366トン（日経10/14）．

◇10-15〜25 昨年4月20日，宮崎県に発生した口蹄疫で被害を被った4県（宮崎，熊本，大分，鹿児島）の復興を支援するため，「口蹄疫復興宝くじ」発売．

◇10-21 ニューヨーク外国為替市場で円相場，一時1ドル＝75円78銭まで急騰し，8月19日に付けた史上最高値（75円95銭）を約2カ月ぶりに更新した．

◇10-22 この4月「焼肉酒家えびす砺波店」（富山県）のユッケによる食中毒事件で溶血性尿毒症症候群（HUS）にかかり，入院中だった同県在住の10歳代の男性患者が，入院先の病院で死亡．この事件による死者は，5人となった．

◇10-24 日清食品，東北の復興を支援する一環として，福島県浪江町のB級ご当地グルメ「なみえ焼そば」を商品化し，新発売（215円〈税別〉）．
＊通常より3倍大きい麺が特徴．

◇10-25 ニューヨーク外国為替市場で円相場，一時1ドル＝75円73銭まで上昇し，21日に付けた過去最高値（75円78銭）を更新した．

◇10-25 キリンビール，第3のビール「のどごし（生）」の累計販売数量，今月末に100億本（350mℓ缶換算）を突破する見込みと発表．
＊平成17年4月6日発売開始．第3ビールで最大の販売量を持つトップブランド．

◇10-26 家庭での節電意識の高まりを受けて，電気ポットより使用電力の少ない電気ケトル（コーヒー1杯分から1ℓ強までの水を数分で沸かす機器）の売行きが良好という（日経10/26）．

◇10-27 食品からの被曝による影響を検討していた食品安全委員会，「健康

影響が見出されるのは，生涯の累積でおおよそ100ミリシーベルト以上」とする評価をまとめ，小宮山厚生労働相に答申した.
＊これまで，食品安全委員会は食品だけでなく環境からの外部被曝も含め生涯累積100ミリシーベルトだと解説していた.

◇10−27　ニューヨーク外国為替市場で円相場，一時1ドル＝75円67銭まで上昇し，3日連続で過去最高値を更新した.

◇10−31　円相場，一時1ドル＝75円32銭の史上最高値を更新．政府・日銀は円売り介入を実施.

◇10−31　国連推計による世界人口が70億人を突破と発表.

◇10月　タイ中部アユタヤ県を襲った洪水で，現地に工場をもつヤクルト本社（乳酸飲料「ヤクルト」），味の素（飲料や冷凍食品），日本ハム（鶏肉加工品）など浸水被害を受ける.

◇11−1　日清食品，冷凍焼そば「冷凍　日清　なみえ風焼そば」を新発売（380円〈税別〉）．

◇11−2　キリンビール，東日本大震災で操業を停止していた仙台工場の出荷を再開．生産能力は震災前の6割程度，来年3月を目途に震災前の水準に戻す見通しという．

◇11−6・7　新潟県十日町市で第3回そば王国越後十日町「地そば」まつり開催．
＊つなぎに布海苔（ふのり）を使った「へぎそば」が有名．

◇11−11　野田首相，環太平洋経済連携協定（TPP）（＊）に慎重派の圧力が強まる中，同協定の参加に向け関係国と協議に入る考えを表明．

◇11−12〜13　ご当地グルメの祭典「第6回B-1グランプリ」，兵庫県姫路市で開催．岡山県真庭市「ひるぜん焼そば好いとん会」（ひるぜん焼きそば）がゴールドグランプリを受賞．2位は岡山県津山市の「津山ホルモンうどん研究会」（津山ホルモンうどん），3位は青森県八戸市「八戸せんべい汁研究所」（八戸せんべい汁）．東日本大震災の被災地から出品のあった福島県浪江町の「浪江焼麺太国」（なみえ焼そば）は4位，宮城県石巻市「石巻茶色い焼きそばアカデミー」（石巻焼きそば）は6位になり，トップ10入りした．出店団体は過去最多の63団体．来場者はこれまでに最も多い約51万5千人（主催者発表）．来年の開催地は北九州市．

◇11−16　福島県は，福島市大波地区の農家が生産し，今秋収穫した玄米から国の暫定規制値（1kg当たり500ベクレル）を超える630ベクレルの放射性セシウムを検出したと発表．県は同地区に対して全国初の米の出荷自粛を要請した．

◇11−19　回転ずし「くら寿司」を経営する㈱くらコーポレーション（大阪府堺市），店内で提供するすし皿に透明なプラスチックのカバーをつける（日経11/19）

◇11−29　アサヒビール，同社が大阪麦酒時代の明治25年（1892）に発売し

たビールを再現した復刻版「初号アサヒビール　復刻版」を発売．
350ml缶215円前後．
◇12-31　「日本経済新聞」の2011年主要商品の騰落ランキング（11年12月16日/10年末値）によると，"上昇率上位46品目"中，食品関係品目は8品目（5％以上は下記の4品目）．
　①うるち米（宮城産，ひとめぼれ，仲間，60kg）14,750円/11,850円，24.5％．
　②大豆油（白絞め，大卸，16.5kg）3,800円/3,200円，18.8％．
　③異性化糖（JAS標準品，一次店卸，1kg）132.5円/114円，16.2％．
　④冷凍エビ（インドネシア産ホワイト，8/12，一次卸）4,000円/3,700円，8.1％．
一方，"下昇率上位37品目"中，食品関係品目は5品目（5％以上は下記の4品目）．
　①大豆（IOM，選別，問屋仲間，1トン）43,000円/53,000円，-18.9％．
　②鶏卵（M，全農たまご販売値，加重平均，1kg）195円/240円，-18.8％．
　③脱脂大豆（飼料用，元卸，1kg）39.5円/47.5円，-16.8％．
　④牛枝肉（和牛去勢A，肉質等級3，食肉市場卸値，加重平均，1kg）1,268円/1,482円，-14.4％．

この年

◇体脂肪などの機器メーカー㈱タニタが著わした『体脂肪計タニタの社員食堂：500kcalのまんぷく定食』（大和書房），健康志向を背景にシリーズ累計436万部を突破するベストセラーとなる．
　＊24年1月17日には東京丸の内にヘルシーメニューを提供する「丸の内タニタ食堂」がオープンし人気を博す．
◇ビール大手5社発表の平成23年のビール系飲料（ビール，発泡酒，第3のビール）の課税出荷量，前年より3.7％少ない4億4,238万ケース（1ケース＝大瓶20本換算）で，7年連続で前年を下回る．東日本大震災に伴う供給減などが影響した．
　＊ビールが初めて全体の50％を割る．

	出荷量（前年比）	全体に占める割合
ビール	2億2,103万ケース（▼4.1％）	49.96％
発泡酒	6,801万ケース（▼12.9％）	15.37％
第3のビール	1億5,334万ケース　（1.8％）	34.66％
合計	4億4,238万ケース（▼3.7％）	100％

（▼は減少）

* 発泡酒は大幅に減少，第3のビールは過去最高を更新したが，伸び率は過去最低．
* 市場シェア1位はアサヒ（37.9％），2位キリン（36.2％），3位サントリー（13.3％），4位サッポロ（11.6％）．

◇日本フランチャイズチェーン協会の調べによると，年間のコンビニエンスストアの売上高は8兆6,769億円にのぼり，前年より8％増加．弁当類，惣菜，野菜などの売行きなどが伸びた．既存店ベースでは，前年に比べ6.1％増の7兆9,756億円．増加は2年ぶり．来店者数も1.5％と2年ぶりの増加．

◇日本チェーンストア協会の調べによると，年間の全国スーパー売上高（60社，8,086店）は12兆7,024億円と既存店ベースで前年比0.8％減少し，ピークの平成8年（1996）から15年連続で前年割れとなった．売上高の6割強を占める食料品は生鮮品を置くコンビニエンスストアなどとの競争が激化し，1.1％減少（日経，朝日24/1/24）．

平成23年の全国スーパー売上高
（単位：億円，端数切り捨て，前年比　％）

食料品	79,068	▼1.1
衣料品	13,499	▼2.4
住宅関連品	26,142	0.1
サービス	439	▼2.4
その他	7,874	2.7
合計	127,024	▼0.8

（▼は減少）

◇飲料総研の推計によると，年間のミネラルウォーターの出荷量（輸入を含む）は，約2億ケース（1ケース＝12ℓ換算）と前年より18％伸びた（朝日24/1/26）．

◇年間の食料品輸入量（穀物類を除く）は1,041万3,901トンと前年比5％増（財務省貿易統計）（日経24/1/31）．
* 鶏肉は震災で国内生産が減少したことから前年の12％増．
* 牛肉は東北・関東産の販売減などから前年の4％増．

平成23年の食料品輸入量
（単位：トン，前年比　％）

鶏肉	471,841	12
豚肉	793,046	5
牛肉	517,231	4
果実	2,703,733	2
野菜	2,919,851	10
魚介類	1,858,831	▼1

（▼は減少）

◇平成1年〜23年の間に食料費（1世帯当たり『家計調査』）の12費目のうち，食料費に占める費目割合の変化が増加したものは大きい順に調理食品・飲料・外食・油脂調味料・菓子類・卵乳類の6費目．一方，減少した費目は大きい順に魚介類・穀類・果物・肉類・野菜海藻・酒類の6費目（グラフ参照）．なお，平成1年は農林漁家世帯を除く結果であり，23年は農林漁家世帯を含む結果である．23年の調査結果は統計編に掲載．

増加費目

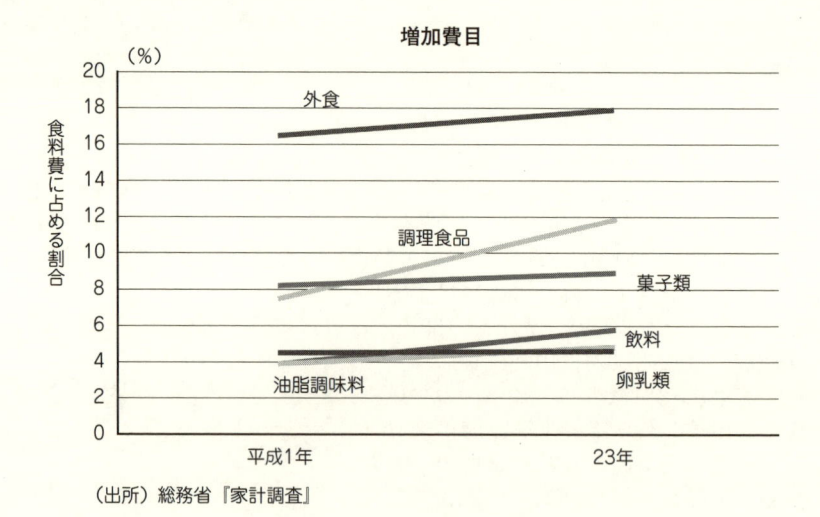

食料費に占める割合 (%)

- 外食: 平成1年 約16.5% → 23年 約18%
- 調理食品: 平成1年 約7.5% → 23年 約11.8%
- 菓子類: 平成1年 約8.2% → 23年 約8.8%
- 飲料: 平成1年 約4.5% → 23年 約5.7%
- 油脂調味料: 約4%前後で推移
- 卵乳類: 平成1年 約3.8% → 23年 約4.5%

（出所）総務省『家計調査』

減少費目

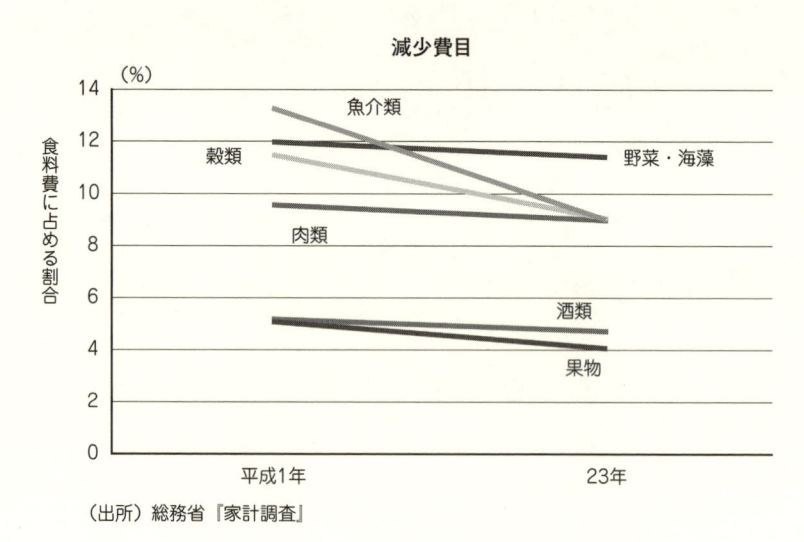

食料費に占める割合 (%)

- 魚介類: 平成1年 約13.2% → 23年 約9%
- 穀類: 平成1年 約11.5% → 23年 約9%
- 野菜・海藻: 平成1年 約12% → 23年 約11.3%
- 肉類: 約9.5%前後
- 酒類: 平成1年 約5.1% → 23年 約4.7%
- 果物: 平成1年 約5.1% → 23年 約4%

（出所）総務省『家計調査』

用語解説

・BSE（Bovine Spongiform Encepohalopathy）

　牛海綿状脳症．狂牛病．死亡率の高い伝染病．牛が食べたものの中に含まれるタンパク質の一種が，牛の脳などに蓄積し，脳組織に多数の細かい穴が空き，海綿（スポンジ）状となり，死に至る．平成13年（2001）9月10日，牛海綿状脳症に感染した乳牛が日本で初めて千葉県で発見された．この病気は，飼料として牛の肉骨粉を与えたことから，「プリオン」というタンパク質が異常をきたしたことが原因とみられている．感染した牛の脳やせき髄を食べると，人間にもうつる可能性があるといわれている．その後，11月21日には2頭目（北海道），続いて30日には3頭目（群馬県）が発見され，消費者に不安を与え，牛肉の消費に影響を与えた．

・HACCP（Hazard Analysis and Critical Control Point）

　ハサップ，ハセップとも略称されている．確定した日本語訳はないが，一般に「危害分析重要管理点」と訳されている．厚生労働省はハサップと略称しており，「食品の原料の受け入れから製造・出荷までのすべての工程において，危害の発生を防止するための重要ポイントを継続的に監視・記録する衛生管理手法」と定義している．不良食品の出荷を未然に防止するのに役立つシステムである．

・ISO22000

　ISOはInternational Organization for Standardization（国際標準化機構）の略．ISO22000とは，食品安全マネジメントシステムの要求事項を規定した国際規格．工場内での食品衛生だけにとどまらず，企業内の全部門を含めた総合的な食品安全対策を実現し，消費者に安全な食品を届けることを目的としたものである．

・O111

　出血性の腸炎を起こす毒素を出す「腸管出血性大腸菌」の一種．「O157」と同様，これに感染すると，抵抗力の弱い子供や高齢者など死亡する場合がある．O111とO157の違いは，抗原（O抗原）による分類上の区分で，症状などに目だった違いはないという．

・O157

　赤痢菌に似た強い出血性の腸炎を起こす毒素を出す「腸管出血性大腸菌」の一種．これに感染すると，抵抗力の弱い子供や高齢者など死亡する場合がある．平成8年，岡山県や大阪府の学校給食で「O157」による死者が出る集団食中毒事件が発生し，その名が全国に広まった．厚生省（現厚生労働省）は同年

8月，腸管出血性大腸菌感染症を指定伝染病に指定した．なお，「O」はohne Hauchbildung（ドイツ語，くもりを形成しない）の略で，「157」とは大腸菌O抗原で157番目に発見されたという意味の由．

・SBS（Simultaneous Buying and Selling Tender System）
　売買同時入札の略．輸入米の場合，輸入商社と買い手の卸売業者が組み，商社は農林水産省への売却価格を，卸業者は買い入れ価格を連名で入札し，価格の差（政府に落ちる差益）の大きいものから順に落札する．現在，ミニマム・アクセス米のうち，主食用として10万トンを上限にSBSが実施されている．

・TOB（Take Over Bid）
　株式公開買い付け．企業やファンドが経営権を取得するため，不特定多数の株主から株式を買い集める手法．

・TPP（Trans-Pacific PartnershipまたはTrans-Pacific Strategic Economic Partnership Agreement）
　環太平洋経済連携協定，環太平洋パートナーシップ協定，環太平洋戦略的経済連携協定と呼ばれている．太平洋周辺の国々の間で，物品をはじめ，サービスや人などの移動を完全に自由化しようとする国際協定．TPPは業界によってメリット，デメリットがあるといわれているが，日本経済がさらなる発展を遂げるためには避けて通れない課題といわれている．

(か)

・狂牛病
　BSE（牛海綿状脳症）の俗称．

・緊急輸入制限（セーフガード）
　WTOセーフガード協定等に定められた国際ルール及び関係国内法令に従い，輸入増加の事実及びこれによる国内産業に与える重大な損害等の事実が明らかになった場合，輸入数量の制限や関税率引き上げの措置をとる．

・口蹄疫
　牛，豚，羊など蹄（ひづめ）が2つに割れている家畜に発生するウィルス性伝染病．高熱が出て口やひづめに水泡ができ，発育障害や乳量の減少を起こすなど，家畜の生産性が著しく低下する．感染力が強いため，家畜伝染病予防法で家畜の移動は禁止される．疑いのある家畜を含め全頭殺処分される．人に付いても伝染するが，人には感染しない．

(さ)

・三角合併
　外国企業が日本の企業を合併・買収する際，外国企業が日本に設立した子会社を通じ買収する方式．三社が関係する合併．被合併会社（消滅会社）の株主に対しては，対価として，外国企業の自社株を用いることが可能となった．

・事故米
　ミニマム・アクセス米のうち，検査の結果，食用に適さないと判定された米のこと．工業用のりの原料などに使用される．平成20年，事故米を食用として転売していた事故米不正転売事件が発覚し，食品業界に衝撃を与える．

・ジャスダック市場（JASDAQ）
　大阪証券取引所が運営する株式市場で，平成22年10月12日開設．（新）JASDAQ市場．略称は「JQ」．22年4月1日に大阪証券取引所に吸収合併されたジャスダック証券取引所，大阪証券取引所の新興企業向け市場のヘラクレス，NEO（ネオ）の3市場が統合されてできた市場．なお，ジャスダック証券取引所は日本証券業協会が創設した店頭登録制度を引き継いでできた証券取引所である．

・循環取引
　複数の企業間で実際に商品の売買が行われないのに，書類上では実際に売買したように見せかけ，架空の売上高を計上し，最初の企業に商品が戻ってくる取引をいう．

・食品安全基本法
　食品の安全性を確保するために制定された法律．平成15年（2003）5月23日公布．7月1日施行．内閣府に食品安全委員会の設置を定める．BSE牛の出現や鳥インフルエンザ発生，遺伝子組み換え食品の出回りなど，食品の安全性に対する不安の高まりを背景に成立した．

・食料需給表
　農林水産省がFAO（国連食糧農業機構）の作成手引きに準拠し，わが国の食料需給の全般的動向などを把握するために，毎年度作成している基礎資料．食料自給率（カロリーベース）や品目別の自給率はこの資料に基づき算出される．

・セーフガード（緊急輸入制限）→緊急輸入制限

・製造物責任法（PL法）
　商品の欠陥による消費者の被害の救済を目的にした法律で，PL（Product

Liability）法と呼ばれる．消費者が商品の欠陥で被害を受けた場合，従来はメーカーの過失責任を消費者側が立証しなければ，損害賠償の請求は困難であったが，PL法の施行により，製品の欠陥を証明するだけで損害賠償の請求ができるようになった．消費者保護の観点から歓迎される法律である一方，食品メーカー等にとっては製品の生産管理，表示，宣伝等について細心の対応が求められるようになった．

(た)

・第3のビール（新ジャンル）
　発泡酒に区分されないビール風味のアルコール飲料．大豆やエンドウなどを用いたもの（酒税法で「その他の醸造酒」に分類）と発泡酒に大麦や小麦スピリットを加えたもの（酒税法で「リキュール」に分類）をさすが，国税庁の酒税統計ではその実数は公表されていない．

・敵対的買収
　買収対象企業の取締役会や従業員等の同意を得ずに，買収を仕掛けること．

・東証マザーズ（Maters〈Market of the high-growth and emerging stocks〉）
　「マザーズ」と略称される．平成11年（1999）11月11日，東京証券取引所が開設した新興企業向けの株式市場．既存の市場よりも上場基準は緩やかで，成長力の見込みのある企業の上場が可能となった．

(な)

・中食（なかしょく）
　外食と，家庭内で調理し食べる内食との中間に位置し，家庭外で行った調理品を家庭内や職場などで食べることを指す．持ち帰り弁当，総菜などで，これらを製造する産業は「中食産業」とも呼ばれる．

(は)

・売買同時入札（SBS）→SBS

・ビール系飲料
　ビール，発泡酒，第3のビール（新ジャンル）の総称．

・ビールテイスト飲料
　味や香りがビールに似た発泡性炭酸飲料．原料はビールと同じように麦芽・ホップであるが，製造過程でアルコール分を取り除いたもので，ノンアルコール飲料，ビール風味飲料とも呼ばれる．

用語解説

- ブッシェル（Bushel）
　穀物容量の単位．米国の穀物取引所などで使用される単位で「bs」と略記．穀物の種類によって異なる．1ブッシェルは，小麦，大豆は27.2155kg，トウモロコシは25.4012kg．ブッシェルとは，もともとはブッシェル樽のことで，樽に入る数量をkgに換算したもの．樽に穀物を入れた場合，穀物により粒の大きさや比重が異なることから差が出てくる．

- ヘラクレス（証券市場）
　大阪証券取引所が平成12年（2000）5月に新興企業向けの市場として「ナスダック・ジャパン」を開設したが，平成14年（2002）12月16日に「ヘラクレス」に名称を変更した．さらに，平成22年（2010）10月12日には，ヘラクレスと新興企業向け市場のジャスダック証券取引所などが統合して大阪証券取引所ジャスダック（JASDAQ）市場となり，「ヘラクレス」の名称は消滅した．

- ポジティブリスト制度
　食品の残留農薬規制を強化する制度で，平成15年（2003）5月30日に公布された「食品衛生法などの一部を改正する法律」において，公布後3年以内（平成18年5月末まで）に導入することとされ，平成18年5月29日から施行されることとなったものである．基準が設定されていない農薬（動物用医薬品，飼料添加物を含む）の残留成分が一定以上（0.01ppm）含まれる食品については，その流通を原則禁止することになった．改正以前の制度（ネガティブリスト制）では，基準が設定されていない農薬についてはいくら残留していても規制はなかった．

- ボージョレ・ヌーボー（Beaujolais nouveau）
　フランスブルゴーニュの南部ボージョレ地区で作られた新酒の赤ワイン．ヌーボーは「新しい」の意．全世界一斉に，11月の第3木曜日が解禁日となっている．日本やニュージーランドは日付変更線に近いので世界の中でもいち早く飲むことができる．

- ホワイトナイト（白馬の騎士）
　敵対的に買収される会社にとって友好的な会社をいう．

(ま)
- マザーズ→東証マザーズ

- ミニマム・アクセス米
　ウルグアイ・ラウンド合意で日本が最低限輸入しなければならない外国産米のこと．現在，年間77万トン．国内の主食用の米価に影響を与えないように，主としてみそ，焼酎，せんべいなどの加工用に販売される．

・持株会社（ホールディング・カンパニー，holding company）
　他会社の株式を所有することにより，その会社の事業活動を支配することを目的とする会社をいう．かつては三井や三菱など財閥の持株会社があったが，第二次大戦後の財閥解体で財閥本社はすべて解体され，独占禁止法で持株会社の設立を禁止してきた．しかし，経済がグローバル化する中で，持株会社の禁止は解禁すべしとの産業界からの要請が強まり，平成9年（1997）12月の独占禁止法改正に伴い，過度の資本集中が生じる場合を除いて，設立が解禁された．純粋持株会社，事業持株会社，金融持株会社，放送持株会社などがある．

・友好的TOB
　買収される会社の経営陣等の賛同を得て，株式を公開買付けすること．

主な引用参考文献

『食料需給表』農林水産省
『農林水産省各種統計』農林水産省
『農業・食料関連産業の経済計算報告書』農林水産省
『家計調査年報』総務省統計局
『工業統計表』経済産業省
『商業統計』経済産業省
『EDINET（証券取引法に基づく有価証券報告書等の開示書類に関する電子開示システム）』金融庁
『貿易統計』財務省関税局ホームページ
『酒税統計』国税庁ホームページ
『農林水産物の貿易』日本貿易振興会
『ジェトロ　アグロトレード・ハンドブック』日本貿易振興機構（ジェトロ）
『東京証券取引所60年史　資料集　制度編　平成元年4月～平成11年3月』東京証券取引所　平成12年
『東京証券取引所60年史　制度編　平成11年4月～平成21年3月』㈱東京証券取引所グループ　平成22年
『会社四季報』　東洋経済新報社
『農畜産業振興機構』ホームページ
『日本冷凍食品協会』ホームページ
『食の安全・安心財団』ホームページ
『日本ミネラルウォーター協会』ホームページ
『全国菓子工業組合連合会』ホームページ
『全国清涼飲料工業会（全清飲）』ホームページ
『清涼飲料関係統計資料（2011年5月）』全国清涼飲料工業会
『日本自動販売機工業会』ホームページ
『ウィキペディア』
『企業情報@wiki　ホームページ』
『各社，各種団体などのホームページ』
『近代日本総合年表』第4版　岩波書店編集部編　岩波書店　平成13年
『20世紀年表　決定版』神田文人/小林英夫編　小学館　平成13年
『昭和・平成史年表　新訂版』平凡社編　平凡社　平成21年
『水産年鑑　2000別冊（年表で読む戦後水産50年史）』水産年鑑編集委員会編　水産社　平成12年
『日本国勢図会　2011/12』矢野恒太郎記念会編　矢野恒太郎記念会　平成23年
『西洋菓子彷徨顛末　洋菓子の日本史』吉田菊次郎　朝文社　平成6年
『デパートB1物語』吉田菊次郎　平凡社　平成11年
『キリンビールの大逆襲：麒麟淡麗〈生〉が市場を変えた！』中村芳平　日刊

工業新聞社　平成11年
『食の366日話題事典』西東秋男　東京堂出版　平成13年
『駅弁大会』京王百貨店駅弁チーム　光文社　平成13年
『なぜ，伊右衛門は売れたのか』峰如之助，すばる舎　平成18年
『MICHELIN GUIDE 東京2008』日本ミシュランタイヤ　平成19年
『ミネラルウォーター・ガイドブック』早川光　新潮社　平成20年
『ヒットを生み出す最強チーム術：キリンビール・マーケティング部の挑戦』
　　佐藤章　平凡社　平成21年
『告発はおわらない─ミートホープ事件の真相』赤羽喜六・軸丸靖子　長崎出
　　版　平成22年
『日本甜菜製糖70年小史』日本甜菜製糖　平成1年
『70年のあゆみ』カルピス食品工業　平成1年
『チャレンジこの一〇年　日清製粉創業九十周年記念史』日清製粉　平成2年
『味をたがやす：味の素の八十年史』味の素　平成2年
『魁：昨日・今日・明日：大関280年小史』大関　平成3年
『創意工夫─江崎グリコ70年史』江崎グリコ　平成4年
『食足世平　日清食品社史』日清食品　平成4年
『キーコーヒー70年史』キーコーヒー　平成5年
『日本ハム：幸せな食創りで世界一をめざす』経済界「ポケット社史」編集委
　　員会編著　経済界発刊　平成5年
『昭和炭酸50年史』昭和炭酸　平成6年
『大関二百八十年史』大関　平成8年
『さわやか25年』沖縄コカ・コーラボトリング㈱　平成8年
『サッポロビール120年史：since1876』サッポロビール　平成8年
『ニチレイ50年史』ニチレイ　平成8年
『「カルピス」の忘れられないいい話』カルピス　チクマ秀版社　平成9年
『極洋60年小史』極洋　平成9年
『日清食品・創立40周年記念誌　食創為世』日清食品　平成10年
『オリオンビール40年のあゆみ』オリオンビール　平成10年
『日々に新たに：サントリー百年誌』サントリー　平成11年
『カゴメ一〇〇年史　本編　資料編』カゴメ　平成11年
『日本甜菜製糖80年史』平成11年
『キリンビールの歴史：新戦後編』キリンビール　平成11年
『月桂冠三百六十年史』月桂冠　平成11年
『森永製菓一〇〇年史　はばたくエンゼル，一世紀』森永製菓　平成12年
『味な文化を創造する：エバラ食品40年史』エバラ食品　平成12年
『キッコーマン株式会社八十年史』キッコーマン　平成12年
『日清製粉100年史』日清製粉　平成13年
『日本製粉社史　近代製粉120年の軌跡』日本製粉　平成13年
『敷島製パン80年の歩み』(安保邦彦)　敷島製パン　平成14年

『キーコーヒー近10年史：パブリックカンパニーへの歩み：1988-2001』キーコーヒー　平成14年
『中村屋100年史』中村屋　平成15年
『日比谷松本楼の100年：日比谷公園と共に』西島雄造　日比谷松本楼　平成15年
『株式会社三越100年の記録―デパートメントストア宣言から100年』三越　平成17年
『東京凮月堂社史：信頼と伝統の道程』東京凮月堂　平成17年
『サッポロビール130周年記念誌』サッポロビール　平成18年
『日清食品50年史　創造と革新の譜』日清食品　平成20年
『横浜と共に一世紀：崎陽軒創業100周年記念誌』崎陽軒　平成20年
『日本甜菜製糖90年史』日本甜菜製糖　平成21年
『味の素グループの百年：新価値創造と開拓者精神：1909→2009』味の素　平成21年
『日本たばこ産業―百年のあゆみ―』三和良一・鈴木俊夫著　由井俊彦監修　日本経営史研究所編纂　日本たばこ産業㈱刊行　平成21年
『アサヒビールの120年：その感動を，わかちあう．』アサヒビール　平成22年
『朝日新聞』『日本経済新聞』『日経MJ（日経流通新聞）』『日経産業新聞』『毎日新聞』『読売新聞』『産経新聞』『時事通信（農林経済版）』『日本農業新聞』『日本食糧新聞』『食品産業新聞』

索引

BSE（牛海綿状脳症）
（＊）……… 8, 11, 13-9・10,
　　　　　14-5・8, 15-1, 18-3
BSE 対策……… 14-1, 18-1
BSE 問題に関する調査検討委
　員会の報告書……… 14-4
BSE 特別措置法成立……… 14-6
HACCP（＊）……… 8-6
ISO22000（＊）……… 18-4
M&A……… 18
MBO……… 18-6
O（オー）111（＊）
　……………… 23-4・5
O（オー）157（＊）
　……… 8-6・7・8・9, 14-3
SBS（＊）……… 7-7
TOB（＊）……… 9-12
TPP（＊）……… 23-11

あ

アイスクリーム輸入自由化
　……………… 2-4
愛知万博……… 17-3
「会津産コシヒカリ」偽装
　販売……… 15-9
IT 経費……… 11
赤福餅の製造日偽装
　……………… 19-10
赤ワインの動脈硬化予防
　効果……… 6-11
赤ワインブーム……… 9
あきたこまち……… 13-3
安愚楽牧場，民事再生法
　適用申請……… 23-8
浅田農産船井農場，鳥イ
　ンフルエンザ……… 16-2・3
朝の孤食化……… 4-6

朝バナナダイエット……… 20
「アサヒ　ダブルゼロカク
　テル」（清涼飲料）発売
　……………… 22-9
「アサヒ　ポイントゼロ」
　（ビールテイスト飲料）
　発売……… 21-9
アサヒ飲料……… 11-8, 20-4
旭化成……… 4-1, 14-9
アサヒグループホール
　ディングス㈱商号変更
　（アサヒビール）……… 23-7
「アサヒスーパードライ」
　出荷量……… 8-6
アサヒビール……… 8-6,
　　　9-1, 14-9, 22-12
アサヒビール㈱社史
　『Asahi 100』発刊……… 2-8
アサヒビール　商号変更
　（朝日麦酒）……昭和 64-1
アサヒビール　創業 100
　周年記念式……… 1-11
アサヒビールとカゴメ，
　資本・業務提携……… 19-2
アサヒビールとキリン
　ビールの共同配送……23-6
「アサヒ本生」（発泡酒）
　……………… 13-2, 14-6
「アサヒ本生ゴールド」（発
　泡酒）発売……… 17-2
旭松食品……… 4-9, 16-6
味の素……… 16-5, 18-1
味の素，ふりかけ市場に
　参入……… 2-7
『味の素グループの百年：新
　価値創造と開拓者精神：
　1909 → 2009』発刊…21-9

味の素食の文化センター
　設立……… 1-4
「味ぽん」（ミツカン）……14-5
『味をたがやす：味の素の
　八十年史』発刊……… 2-7
アスパラドリンク X ……… 12-2
「新しい食料・農業・農村
　政策の方向」……… 4-6
㈱アトム……… 6-11
天野秀二……… 7-9
雨宮敬次郎……… 13-6
「アミノサプリ」（キリン
　ビバレッジ）販売…14-2
あみやき亭… 14-12, 17-3
有明海ノリ不作対策本部
　……………… 13-1
アリアケジャパン……… 2-9,
　　　3-10, 7-9, 14-3, 15-3
アルコール専売制度廃止
　……………… 13-4
アヲハタ株式会社商号変
　更（青旗缶詰）……… 1-2
アヲハタ㈱……… 10-7, 12-3
「あんず祭」……… 9-4
安政柑……… 9-2
安藤百福……… 19-1
安楽亭……… 9-9, 12-8

い

「いえそば」（家庭用そば
　打ち器）発売……… 19-10
「伊右衛門」（サントリー・
　福寿園）発売……… 16-3
「家康お手植えみかん」
　……………… 9-12
イオン……… 5-7, 18-3,
　　　19-7, 22-6, 23-7

イカリソース ……17-5・11
イグ・ノーベル栄養賞
　………………………17-10
池田菊苗………………20-4
池波正太郎………………2-5
「池袋餃子（ギョーザ）ス
　タジアム」オープン
　…………………………14-7
石垣敬義………………16-6
石墨慶一郎（コシヒカリ）
　…………………………13-5
異性化糖………………23-4
壱番屋………12-2, 14-2, 16-3,
　17-5
一正蒲鉾，店頭登録……1-2
イッキ飲み防止連絡協議
　会……………………4-10
遺伝子組み換え作物の安
　全性を認める答申……8-8
遺伝子組み換え食品の表
　示義務化の決定 ……11-8
遺伝子組み換え食品の表
　示の義務化施行 ……13-4
遺伝子組み換え食品
　……………………9, 13-7
遺伝子組み換え農産物
　………………………11-9
遺伝子非組み換えトウモ
　ロコシ…………………11-8
遺伝子非組み換え米国産
　大豆………11-12, 12-5
伊藤園，店頭登録………4-5
伊藤ハム………11-2, 20-10
イトーヨーカ堂…………4-10,
　17-8・9
井村屋グループ㈱，社名
　変更（井村屋製菓）
　………………………22-10
井村屋製菓，東証2部上
　場 ……………………9-11

芋焼酎ブーム……14, 17-8
芋煮会…………………13-9
磐鹿六雁命（いわか・むつ
　かりのみこと）……22-10
飲食料品小売業の店舗数
　…………………………3-7
「インスタントラーメン発
　明記念館」竣工 …11-11

う

ウイスキー（購入量ワイ
　ンを下回る）……………8
上島忠雄（UCC 上島珈
　琲）……………………5-10
ウォールマート・ストアー
　ズ（スーパー西友の筆
　頭株主）……………14-12
魚力（うおりき）……10-11,
　15-3
ウナギ産地偽装………20-6
ウナギの輸入量……16, 20
鰻博覧会………………23-7
「うまみ調味料」（『広辞苑』
　に登場）…………10-11
うま味発見百周年シンポ
　ジューム………………20-4
「梅酒の日」……………16-6
㈱梅の花………11-4, 14-6
梅干し（購入量過去最高）
　…………………………8-9
『梅干と日本刀』…………9-2
ウルグアイ・ラウンド
　………………5-12, 6-10, 7-4
ウルグアイ・ラウンド農
　業対策費……………6-10
雲仙普賢岳噴火………2-11,
　3-5～9

え

エイチ・ツー・オー（H2O）

リテイリング発足
　………………………19-10
栄養改善法廃止………14-8
栄養表示基準制度……8-5
栄養ドリンク……………4-2
江頭匡一………………17-4
駅弁大会（東京・京王百
　貨店）…………1-2, 23-1
江崎グリコ
　……………15-2, 18-5・11
エタノール需要………19-3
越後杜氏………………1-12
越前蟹……………………1-3
EDINET 適用…………14-6
『エバラ食品 40 年史：味な
　文化を創造する』発刊
　…………………………12-6
エバラ食品工業………15-11,
　16-12
恵比寿駅（旅客駅開業
　100 年）……………18-10
恵比寿ガーデンプレイス
　開業…………………6-10
エビスビール記念館オー
　プン……………………22-2
えび調製品の輸入量及び
　輸入金額…………18, 22
えびの輸入量……………6
塩水港精糖………13-3・10,
　17-3
円高（史上最高値）……7-4,
　23-3・8・10
エンドウたんぱく（「ドラフ
　トワン」の原料）……16-2
エンロフロキサシン
　………………………15-7

お

「お～いお茶」（伊藤園）
　………………1-2, 14-7

王将フードサービス，店頭登録 ………… 5-3	会社法 ……… 17-7, 18-5, 19-5	「カップヌードルミュージアム」オープン … 23-9
オエノンホールディングス㈱商号変更（合同酒精） ………………… 15-7	会社分割制度創設 …… 12-5	家庭用水使用量 ……… 2-3
	外食産業の市場規模 …… 2, 9, 15	カテキン成分 ………… 15
「オー・プラス」（アサヒ飲料）発売 ……… 10-3	外食の低価格化 ……… 13	加糖あんの輸入量 … 14, 20
	海洋深層水（「アサヒ本生」に使用） ………… 13-2	加ト吉グループの循環取引（＊）… 19-3・5・11
大倉治右衛門 ………… 11-6	カイワレ大根 …… 8-6・12	㈱加ト吉上場廃止 …… 20-4
大倉商事，自己破産申請 ……………………… 10-8	価格破壊 …… 6, 6-4, 7-8	㈱加ト吉売上高水増し ………………… 19-4・6
大社義規 …………… 17-4	香川綾 ……………… 9-4	
『大関二百八十年史』発刊 ……………………… 8-4	「柿生禅寺丸まつり」 ……………………… 8-10	「カトリーナ」（大型ハリケーン） ………… 17-8
大玉のナシ展示会 … 17-10	カキ偽装 ………… 14-5・8	カナダ産牛肉の輸入停止 ……………………… 15-5
大塚正士 …………… 12-4	柿の日 …………… 17-10	蟹江一太郎 ………… 11-10
「O-bento（オーベントー）」発売 …………… 13-7	カクテルテイスト清涼飲料 ……………… 22-9	カネミ油症事件で被害者救済策 ………… 19-4
大宮守人 …………… 12-4	加工食品の日付表示	株式公開買い付け（TOB） ………… 18-5・10・11・12
「オーラプテン」（発ガン抑制成分） ……… 10-5	……………… 7-4, 9-4	
	カゴメ …… 1-7, 2-4, 16-3, 23-2・4	神谷伝兵衛記念館オープン ……………………… 13-1
奥尻島（北海道南西沖地震，M7.8） ……… 5-7	果実入りヨーグルト … 8-8	亀田製菓 …… 8-11, 12-3, 13-3, 14-2, 15-1
お口の恋人ロッテ50周年記念キャンペーン ……… 10-6	果実の自給率 ………… 6	
	菓子祭・全国銘菓奉献祭（橘本〈きつもと〉神社） …………… 17-4	「辛そうで辛くない少し辛いラー油」（桃屋） ………………… 21-8, 22-6
奥むめお ……………… 9-7		
「おとなのふりかけ」（永谷園本舗）発売 … 1-10	果汁輸入量 ……… 1, 6, 8	「カリフォルニア州産スイカ」販売 ………… 6-8
オリエンタル酵母工業 ……………… 15-4, 19-3	果汁輸入量の「ℓ」と「kg」の併記 ……………… 8	カルビー　東証1部上場 ……………………… 23-3
『オリオンビール50年のあゆみ』発刊 …… 20-10	カスピ海ヨーグルト … 14	カルピス，黒人マークの廃止決定 …………… 1-7
『オリオンビール40年のあゆみ』発刊 …… 10-7	勝浦港カツオまつり ……………………… 17-6	カルピス食品工業，カルピス社 …… 2-9, 3-2, 9-9, 19-10
オリジン東秀 …… 9-4・12, 17-3, 18-3・7	「学校給食いまむかし展」 ……………………… 1-11	
オレンジ果汁（ジュース） ……… 4-4, 5-3・4・6	『買ってはいけない』発刊 ……………………… 11-5	カルピス社，株式上場廃止 ………………… 19-9
	勝沼ぶどう郷駅 ……… 5-4	
か	「カップヌードル」（発売35年記念配当） …… 18-5	カルピス味の素ダノン株式会社 …………… 4-11
開高健 ……………… 1-12	カップヌードル，国内販売100億食達成 …… 7-11	「カルピスウォーター」発

売 ……………………… 3-2
カルフール, 日本 1 号店
　オープン ……………… 12-12
カルフール, イオンへ売
　却発表 ……………… 17-3
環境ホルモン …………… 10
「がんこ炎」店頭登録
　……………………… 16-9
缶コーヒー値上げ ……… 4-3
韓国産カキ, 宮城県産と
　偽装 ……………… 14-5・8
元日営業 ……………… 8-1
缶 (入り) チューハイ
　……… 11, 11-3, 13-7, 14,
　17-5
缶詰の賞味期間表示決定
　……………………… 1-11
寒天の日 ……………… 18-2
寒天ブーム ……………… 17
寒天輸入量 ……………… 17
関門海, マザーズ上場
　……………………… 17-6

き

『キーコーヒー 70 年史』
　発刊 ………………… 5-4
キーコーヒー ……… 6-1, 9-9
キーコーヒー㈱, 商号変
　更 (木村コーヒー店)
　……………………… 1-2
「気象予報士」………… 7-5
キシリトール, 食品添加
　物認定 ……………… 9-4
キシリトールガム発売
　(ロッテ) ……………… 9-5
北脇永治 (鳥取二十世紀
　梨) …………………… 13-4
『キッコーマン株式会社八十
　年史』発刊 ………… 12-10

キッコーマン …… 18-3・4,
　19-6
橘本 (きつもと) 神社 (菓
　子祭) ………………… 17-4
木徳神糧, 店頭登録
　……………………… 13-7
紀ノ国屋 ……………… 15-7
㈱紀文, 社史『Kibun：
　革新と挑戦と夢』発刊
　……………………… 1-2
㈱紀文フードケミファ
　……………………… 18-3
「逆特区」期限切れ … 18-9
「牛角」………… 9-11, 12-12,
　14-2, 17-4
旧神谷伝兵衛稲毛別荘,
　国登録有形文化財指定
　……………………… 9-5
キューサイ …… 9-9, 11-9,
　18-11
㈱九九プラス, 株式店頭
　登録 ………………… 16-9
キユーソー流通システム
　………………… 7-9, 16-6
旧帝国麦酒 …………… 8-4
牛丼の販売中止 ……… 16-2
牛肉偽装 ……… 14-4・6,
　15-12
牛肉の輸入自由化 …… 3-4
牛肉無断焼却 ………… 14-8
牛乳値上げ …………… 20-4
「旧花田家番屋」, 歴史文
　化財産百選選定 …… 18-2
「Q-Board」開設 …… 12-5
狂牛病 (＊) ………… 8-2・3
崎陽軒, 100 周年記念シ
　ウマイ発売開始 …… 20-4
「京仕込み」, 名称登場
　……………………… 4-4
京樽 … 9-1, 12-9, 17-9, 23-6

『協同乳業 50 年史』刊行
　……………………… 15-4
協和香料化学 (無許可添
　加物) ……………… 14-5・6
協和発酵キリン㈱発足
　……………………… 20-10
協和発酵工業 ………… 14-9
魚介類の自給率 …… 2, 5, 6
霧島酒造 ……………… 17-8
キリン・サントリー統合
　断念 ………………… 22-2
「キリン一番搾り〈生〉ビー
　ル」発売 ……………… 2-3
「麒麟淡麗〈生〉」(発泡酒)
　………………… 10-2, 11-6
キリンビール, バドワイ
　ザーの販売開始 …… 5-9
「キリンフリー」(ビール
　風味飲料) 発売 …… 21-4
キリンホールディングス
　㈱に商号変更 ……… 19-7
「キリンラガー」出荷量
　……………………… 8-6
近畿コカ・コーラボトリ
　ング … 1-8, 6-11, 11-6
近畿コカ・コーラボトリ
　ング, 『30 年のあゆみ
　1960-1990』』発刊
　……………………… 3-5
緊急輸入制限措置 (セー
　フガード) (＊) …… 7-8,
　8-7, 9-4・7, 13-3・4, 15-8
緊急輸入米, 発表 … 5-11

く

クールミントガム誕生 40
　周年記念 …………… 12-2
「くだものの日」……… 9-12
㈱くらコーポレーション
　……………… 13-5, 23-11

177

くらしき作陽大学，食文化学部設置 ……… 9-4
「蔵めぐりワインウイーク」 ……… 9-3
「クリアアサヒ」（第3のビール，アサヒビール）発売 ……… 20-3
㈱グリーンハウス … 2-11, 16-12
㈱クリエイト・レストランツ，マザーズ上場 ……… 17-9
グリコ・森永事件時効 ……… 12-2
ぐるなび ……… 17-4, 20-12
㈱グルメ杵屋 … 1-11, 8-9, 10-5
グレープフルーツ輸入量，過去最高 ……… 1
クローン牛 ……… 10-7, 11-8, 15-4
黒酢ブーム ……… 16
クロマグロ ……… 18-11, 19-1, 20-11, 21-10
クロルピリホス（残留農薬） ……… 15-5

け

経営陣による買収（MBO）……… 18-6・11
計画外流通米 ……… 9-10
鶏肉偽装 ……… 14-3・4
鶏卵価格上昇 ……… 23-4
鶏卵偽装表示（採卵日，賞味期限）……… 16-1
鶏卵を生で食べる場合の賞味期限の表示が義務 ……… 11-11
月桂冠，『月桂冠三百六十年史』発刊 ……… 11-6

元気寿司 …… 2-3, 3-8, 9-11, 14-9
県魚（福井県，越前蟹） ……… 1-3
「健康エコナクッキングオイル」（花王）発売 ……… 3-2
健康増進法公布 ……… 14-8
健康茶ブーム ……… 15
ケンコーマヨネーズ ……… 6-11, 16-12
原産国表示義務付け（輸入野菜）…… 8-9, 10-4
原産地表示義務付け ……… 12-7, 19-10
献上房州ビワ ……… 8-6
玄そばの輸入量 ……… 6
「玄蕃蔵」……… 4-9
原油価格 …… 19-1・11, 20-7

こ

「濃い味〈糖質0（ゼロ）〉」（キリンビール）発売 ……… 23-2
コイヘルペスウイルス病 ……… 15-10
「豪華客船の食―船からうまれた工夫―」展 ……… 20-3
高額納税者公示制度 ……… 16-5
広告付きたまご ……… 19-2
「甲州食べもの紀行―山国の豊かな食文化―」展 ……… 20-10
口蹄疫（＊）…… 9-3, 12-3, 13-3, 22-4・5・8
「口蹄疫復興宝くじ」発売 ……… 23-10

合同酒精，雪印乳業と業務提携 ……… 3-2
高病原性 H5 亜型 …… 16-1
高病原性鳥インフルエンザ …… 16-3, 19-2, 21-2, 22-2
「神戸コロッケ」（ロック・フィールド）発売 ……… 1-4
神戸の鈴木商店 ……… 8-4
幸楽苑 …… 9-9, 14-3, 15-3, 18-5
コーヒー豆の輸入量 ……… 3, 14, 18
「コーヒー牛乳」名称禁止 ……… 13-7
「可否茶館」跡地記念碑設立除幕式 ……… 20-4
コープこうべ，オレンジジュース発売 ……… 5-6
コーンスターチ ……… 11-8
コーンスターチ製造用トウモロコシの輸入量 … 2
コカ・コーラウエスト㈱，商号変更 ……… 21-1
コカ・コーラウエストジャパン，商号変更（北九州コカ・コーラボトリング）……… 11-7
コカ・コーラ セントラルジャパン ……… 13-6, 17-1
国際捕鯨委員会（IWC） ……… 6-5, 14-5
国産番茶 ……… 15
国産米の単品販売禁止 ……… 6-3
国産豚肉の調整保管制度発動 ……… 21-10
「極生」（発泡酒，キリンビール）発売 ……… 14-2
穀物（食用＋飼料用）の自給率 ……… 3

ココア……… 7-12, 12-1
コシヒカリ……… 13-3・5
コスモポリタン製菓廃業
　……… 18-8
小僧寿し本部……… 6-6,
　16-12, 18-5
「五訂　日本食品標準成分
　表」発表……… 12-11
後藤磯吉……… 13
小西酒造，『白雪の明治・
　大正・昭和前期』発刊
　……… 7-9
「ゴパン」（三洋電機）発
　売……… 22-11
ゴマ油生産量，過去最高
　を記録……… 14
ゴマ輸入量……… 14, 20-11
コメ偽装販売……… 15-9
コメ偽装表示摘発……… 15-3
コメ先物上場……… 18-3,
　23-7・8
米市場の部分開放受入れ
　発表……… 5-12
米泥棒被害……… 5-10
米の自給率……… 5
米の緊急輸入決定……… 5-9
米の産地偽装……… 15-2
コメのDNA鑑定……… 14-12
米不作……… 5, 15
コロンビア産コーヒー豆
　から残留農薬検出
　……… 15-10
「こんにゃくの日」……… 1-5
コンブ漁，解禁……… 17-6

さ ───
「ザ・プレミアム・モルツ」
　（サントリー）
　……… 17-6, 18-5, 23-1

㈱サイゼリヤ……… 4-9, 10-4,
　11-7, 12-7・8, 15-6, 20-10
サカタのタネ……… 2-11, 11-2
魚を育む森づくり活動
　……… 4-6
『魁：昨日・今日・明日：大
　関280年小史』発刊
　……… 3-4
サクラエビ漁……… 18-5, 22-4
桜田慧……… 9-5
さくらんぼの日……… 2-6
さくらんぼ東根駅……… 11-12
「颯爽（さっそう）」（ブレ
　ンド茶，日本コカ・コー
　ラ）発売……… 16-5
「サッポロ　スーパークリ
　ア」（ビールテイスト飲
　料）発売……… 21-9
「サッポロ一番」（発売35
　周年記念，サンヨー食
　品）発売……… 13-2
『サッポロビール120年
　史：SINCE1876』発刊
　……… 8-3
サッポロホールディング
　ス㈱へ移行（サッポロ
　ビール）……… 15-7
「サッポロ生ドラフ
　ティー」（発泡酒）発売
　……… 7-4
サツマイモ伝来300周年
　を祝う記念イベント
　……… 10-10
佐藤栄助……… 11-12
砂糖価格上昇……… 20-4
佐藤錦（さくらんぼ）
　……… 11-12
サブプライム・ローン
　……… 20-9

「サプリ」……… 10
「サラダクラブ」……… 11-2
三角合併（＊）……… 19-5
産業技術史資料情報セン
　ター……… 15-6
三星食品，ヘラクレス上
　場……… 16-9
『日々新たに──サントリー100
　年誌』発刊……… 11-10
『夢大きく：サントリー
　90年史』……… 2-4
サントリーホールディン
　グスへ移行（サント
　リー）……… 21-4
「サントリー　ファインゼ
　ロ」（炭酸飲料）発売
　……… 21-9
サントリーHDとキリン
　HDとの経営統合交渉
　が表面化……… 21-7
「サントリーオールフ
　リー」（ビールテイスト
　飲料）発売……… 22-8
「サントリーキレ味［生］」
　（第3のビール）発売
　……… 17-7
「サントリー鉄骨飲料」発
　売……… 1-10
山陽コカ・コーラボトリ
　ング……… 11-7
残留農薬規制強化……… 18-5

し ───
「C.C.レモン」（サント
　リー）発売……… 6-3
J-オイルミルズに商号変
　更（豊年味の素製油）
　……… 15-4, 16-7

J. フロント リテイリング ㈱発足（大丸と松坂屋 HD が経営統合）……19-9
塩入りの果汁入り飲料（キリンビバレッジ）発売 ……………… 23-7
塩専売法廃止 ……… 9-3
シカゴ小麦市場 …… 18-10, 19-12, 20-2
シカゴ大豆市場 …… 16-3, 19-12, 20-3・7
シカゴトウモロコシ市場 …… 8-7, 18-11, 19-12, 20-6
『敷島製パン八十年の歩み』発刊 ……… 14-6
ジクロルボス（有機リン系殺虫剤）……20-2・10
事故米（＊）… 20-9, 22-7
自主流通米価格形成機構 ………………… 2-8, 16-4
自主流通米 ………… 15-6
シトロスッコ社とクトラーレ社 ……… 5-4
柴田文次（キーコーヒー） ………………… 1-2
㈱シベール，ジャスダック上場 ………… 17-7
脂肪税 …………… 23-10
ジャスコ，イオンに社名変更 ……………… 13-8
ジャスダック ……… 13-2, 13-7・9, 16-9
ジャスダック証券取引所，開設 ………… 16-12
ジャスダック市場（＊）開設 …………… 22-10
ジャパンフーズ … 12-8, 15-2, 17-3
ジャンボナシ ……… 17-10
「シュガーレスチューインガム」（ロッテ）発売 ………………………… 5-4
酒税法改正 ……… 1-4, 4-4
主要缶詰の賞味期限… 2-3
シュリンプ及びプローン（えび）……… 6, 18, 22
酒類自動販売機 …… 1-11
酒類販売の自由化 … 15-9, 18-9
正栄食品工業 ……… 14-8
生涯累積 100 ミリシーベルト …………… 23-10
商業統計調査 …… 3-7, 19
焼酎の課税移出数量 ………………… 15, 18
「消費者の部屋」… 3-7, 5-3
消費者物価指数，初の前年比下落 ……… 7
消費税課税開始 …… 1-4
消費税アップ（3→5％） ………………… 9-4
消費税総額表示の義務付け …………… 16-4
「食品安全委員会」設置決定 …………… 14-6
食品安全委員会発足…15-7
食品安全基本法公布…15-5
賞味期限 ……7-4, 8-11, 17-7
醤油の生産量 ……… 14
「ジョージア」（日本コカ・コーラ） ………… 4-8
食育基本法制定 …… 17-6
食産業学部開設（宮城大学） …………… 17-4
「食生活指針 10 ヵ条」発表 …………… 12-3
『食足世平：日清食品社史』発刊 ……… 4-5
「食と農の博物館」開設（東京農業大学）…… 16-4
食品安全委員会 …… 15-7, 23-10
食品工業の国内生産額 ………………… 20
食品添加物の全面表示 ………………… 1-11, 3-7
食品表示関係三省連絡会議 …………… 14-2
食品リサイクル法施行 ………………… 13-4
「植物性乳酸菌　ラブレ」（カゴメ）発売…18-3
食文化学部設置（くらしき作陽大学）… 9-4
食物繊維 ………… 1-12
食糧管理法廃止……… 7-11
食料産業局設置……23-9
食料自給率… 1, 5, 12-3, 22
食料自給率目標 …… 7-12, 12-3
食糧庁廃止 ……… 15-6
食料・農業・農村基本法公布 …………… 11-7
食料品工業（事業所数，従業員数，出荷額等） ………………… 21-12
「初号アサヒビール　復刻版」発売 …… 23-11
「白い恋人」賞味期限改ざん発覚 ……… 19-8
新幹線の食堂車（最後） ………………… 12-3
新光製糖，店頭登録… 4-9
新ジャンル→第3のビール
「新食感宣言」（山崎製パン）発売 ……… 9-2
新食糧法 …… 7-11, 8-6
新茶の初取引 …… 22-4
新生（第3のビール，アサヒビール）発売…17-4

新三井製糖, 商号変更（三井製糖）………… 13-4
「新横浜ラーメン博物館」開館……………… 6-3

す
スィーティー（果物）出回る…………………… 6-2
水田農業確立後期対策………………… 1-11
「スーパーチューハイ」（サントリー）発売 …… 11-3
「スーパーホップス」（発泡酒, サントリー）発売 ………………… 8-5
「スーパーホップス マグナムドライ」（辛口発泡酒）発売 ………… 11-6
スーパーマーケット西友……………… 14-12, 15-3
㈱すかいらーく… 18-6・9, 22-5, 23-10
すき家, 牛丼値下げ ………………… 13-4
鈴木三郎助（2代目） ………………… 20-4
スターゼン……… 14-4, 17-6
スターバックスコーヒージャパン… 13-10, 19-5
スティール・パートナーズ, ブルドックソース ………………………… 19-5
スティール・パートナーズ・ジャパン・ストラテジック・ファンド ……18-10・11, 19-2・5・6
スティール・パートナーズ, サッポロホールディング ……………… 19-2
「ストレートタイプの天然果汁」（森永乳業）発売 ………………… 7-4
スパークリングワイン ………………… 20-11
駿河屋, 上場廃止 …… 17-1
ズワイガニ……………… 1-3

せ
㈱J-オイルミルズ, 社名変更（豊年味の素製油） ………………………… 15-4
清酒課税移出数量（年度）, 100万kℓ割れ … 12
清酒の1級, 2級などの等級完全廃止………… 4-4
清酒の課税移出数量…… 15
精製糖等の共同生産 ………………………… 14-7
生鮮オレンジの輸入自由化 …………………… 3-4
生鮮食品の表示に関する消費者調査（総務省） ………………………… 14-7
生鮮品の卸売市場経由率 ………………………… 19-5
「製造年月日」,「賞味期限」に切り替わる …… 7-4
製造物責任法（PL法）施行（＊） …………… 7-7
製パン各社, 出荷価格の引き上げ……………… 23-7
西友, 産業再生法適用申請 ……………………… 15-3
「セービング・バレンシアオレンジジュース100」（ダイエー）発売 … 5-6
セーフガード→輸入制限措置
世界食糧サミット …… 8-11
「世界のKitchenからソルティ・ライチ」（キリンビバレッジ）発売 ……… 23-7
世界貿易機関（WTO）発足 ……………………… 7-1
「関澤明清と房総の漁業」展 ………………… 13-1
『摂津製油百年史』発刊 ………………………… 3-1
㈱セブン＆アイ・ホールディングス ……… 17-9, 17-12, 18-1
セブン-イレブン・ジャパン ………………… 8-10
精米の産地・品種・産年の表示義務化……… 8-7
全国一斉休漁 ………… 20-7
全国菓子大博覧会 …… 1-4, 6-4, 10-4, 14-11, 20-4
全国醤油サミット … 19-10, 20-11, 22-10
全国地ビール醸造者協議会発足 ……………… 11-3
禅寺丸柿 …………… 8-10
㈱ゼンショー ……… 9-8, 17-5, 21-12
全頭検査 ……………… 13-10
全農チキン ……… 14-3・4

そ
SOYJOY（ソイジョイ）（大塚製薬）発売 ……… 18-4
双日株式会社発足 …… 16-4
そごうグループ倒産 ………………………… 12-7
そばの輸入量 ………… 6, 21
ソムリエ……………… 9-12

た
第1回アジア・太平洋水サミット………… 19-12

ダイエー，産業再生法適
　用申請 …………… 14-3
ダイオキシン（所沢産野
　菜） ……………… 11-2
第3回世界水フォーラム
　………………………15-3
第3のビール（新ジャン
　ル）（*）… 16-2, 17-4・7,
　　18-4・5, 20-3・6, 22-6
大豆のシカゴ相場（期近）
　→シカゴ大豆市場
台糖，上場廃止………17-3
『台糖九十年通史』発刊
　……………………… 2-9
ダイドードリンコ
　………………… 13-8, 15-1
第二次豆乳ブーム ……… 15
大日本明治製糖………… 8-7,
　　　　　　　　　　12-11
台風19号 ……………… 3-9
大西洋まぐろ類保存国際
　委員会 …… 19-1, 20-11,
　　　　　　　　　　21-11
タイ米 ………………6-3・6
高家（たかべ）神社
　…………………… 22-10
タカラブネ倒産………15-1
宝ホールディングス株式
　会社，商号変更（寶酒造）
　………………… 14-4, 19-5
滝沢ハム，店頭登録 …2-11
但馬杜氏 ……………… 1-12
㈱ダスキン…… 14-5, 18-12
田中玄蕃（ヒゲタ醤油）
　……………………… 4-9
田中芳男 ……………… 8-6
タバコ自動販売機の成人
　識別カード ………20-7
食べるラー油 … 21-8, 22-3

タマゴの賞味期限の表示
　が義務 …………… 11-11
だんご3兄弟 ………… 11
丹波杜氏 …………… 1-12

ち

地域ブランド ………18-4
チーズの消費量………13-5
地下鉄サリン事件 …… 7-3
蓄養マグロ …………… 3-8
地ビール生産可能となる
　……………………… 6-4
地ビールの日 ………12-4
茶飲料 …………… 8-9, 12-1
茶カテキン …………18-5
中京コカ・コーラボトリ
　ング ……………… 13-6
中国産ウナギ加工品
　…………………… 15-7
中国産ウナギ産地偽装
　………………… 20-6・11
中国産健康食品，回収命
　令 ……………… 15-8
中国産ピザ生地………20-10
中国産ブロイラー ……15-5
中国産マツタケ ……14-8
中国産冷凍ホウレンソウ
　………… 14-5, 15-5, 16-6
中国製ダイエット食品
　……………………… 14-7
中国製冷凍インゲン中毒
　事件 …………… 20-10
中国製冷凍ギョーザ中毒
　事件 ………… 20-1・2
中国米 ……………… 6-6
昼食戦争 …………… 13-1
中西部太平洋まぐろ類委
　員会 …………… 20-12
チューハイ ………… 11-3

腸管出血性大腸菌
　………………… 23-4・5
調査捕鯨 …………… 13-7
「超熟」発売（敷島製パン）
　…………………… 10-10
朝食を毎日食べる子供の
　割合 …………… 21-4
調理済み食品 … 9-9, 10
「チョーヤ　酔わないウ
　メッシュ」発売 … 23-3
チリ産ブドウ，輸入停止
　……………………… 1-3

て

鄭　永慶（てい・えいけ
　い） ……………… 20-4
「D-ドライビール」（ダイ
　エー）発売 ……… 13-7
t-ブチルヒドロキノン
　〈TBHQ〉（肉まん法定
　外添加物） ……… 14-5
『帝国ホテル百年史』刊行
　…………………… 2-11
ティラミス ……………… 2
ディルドリン（殺虫剤）
　…………………… 14-5
「デカビタC」（サント
　リー）発売 ……… 4-3
敵対的TOB ………… 18-11
敵対的買収（*）……18-3
テスコ（英スーパー最大
　手） ……………… 15-6
鉄道博物館開館……… 19-10
「デパ地下」ブーム …… 13
テレビ朝日ダイオキシン
　報道 ……… 11-2・3・9,
　　　　　　　　13-5, 15-10
天安門事件 ………… 1-6
電気ケトル ………… 23-10

テンコーポレーション ……………… 14-2, 16-12
天然果汁市場 …………… 1-3
天然トラフグの最高値 ………………………… 22-1

と
土井勝(家庭料理研究家) ………………………… 7-3
東京パン屋ストリート ………………………… 17-2
『東京風月堂社史:信頼と伝統の道程』発刊 ………………………… 17-4
東西ドイツ統一 ……… 2-10
同時多発テロ ………… 13-9
東証大納会 …… 1-12, 2-12
東証日経平均株価,終値 ……………… 1-12, 2-8, 4-8
東証マザーズ→マザーズ
東食,倒産 …………… 9-12
東ハト買収,山崎製パン ………………………… 18-7
東ハト,民事再生法適用申請 ………………… 15-3
東洋醸造,旭化成と合併 ………………………… 4-1
ドール社,雪印乳業と合弁 ………………………… 1-3
特定保健用食品 …… 3-2・9, 13-4
所沢市産の野菜 … 11-2・3
土佐与一 ………… 22-10
とちおとめ(イチゴ) ………………………… 19-2
「鳥取二十世紀梨記念館」オープン ………… 13-4
都電 年忘れビール号 ………………………… 21-12

都道府県別食料自給率,初公表 ……………… 11
㈱ドトール・日レスホールディングス発足 ………………………… 19-10
㈱ドトールコーヒー… 5-8, 12-11, 18-11
トマト加工品3品目輸入自由化 …………… 1-7
豊田通商,トーメンと合併 …………………… 18-4
ドラフトワン(第3のビール,サッポロビール)発売 ………………………… 16-2
鳥井信一郎 ………… 16-7
鳥井信治郎 ………… 11-10
鳥インフルエンザウイルス …… 15-5, 16-1, 17-6, 19-1
鳥インフルエンザ緊急総合対策 …………… 16-3
㈱トリドール … 18-2, 20-12
トリプル安 …………… 2-3
ドリンク剤 ………… 11-3
トレーサビリティー … 14
ドン・キホーテ … 8-12, 12-7, 18-3, 19-10

な
中内功(ダイエー) … 17-9
中川安五郎(文明堂) ………………………… 12-12
長崎屋グループ倒産 … 12-2
中食市場 ……… 9, 10, 17
永谷園,商号変更(永谷園本舗) ………… 4-10
永谷嘉男 …………… 17-12
中埜又左エ門(7代)… 14-5
「ナスダック・ジャパン」 …………… 12-5, 13-10

『なぜ,伊右衛門は売れたのか』 ………………… 18-4
「ナタデココ」 ……… 4-8, 5
「なっちゃんオレンジ」(サントリー)発売 ……… 10-3
納豆のダイエット効果 ………………………… 19-1
納豆の日 …………… 4-7
㈱なとり …… 11-11, 13-9, 14-9
「なみえ焼そば」(日清食品)発売 …………… 23-10
「冷凍 日清 なみえ風焼そば」発売 ……… 23-11
成田きんさん,蟹江ぎんさん ………………… 4-8
南部杜氏 …………… 1-12

に
ニアウォーター ……… 10
肉骨粉(MBM:Meat Bone Meal) …… 13-1・9・10, 15-9
『日本盛 西宮酒造100年史』発刊 ………… 1-9
「二十世紀梨由来の碑」 ………………………… 10-6
「24時間,戦えますか」(三共)話題を呼ぶ ……… 1
2000年対応問題 …… 11
㈱ニチレイ …… 1-4, 19-5
『ニチレイ50年史』発刊 ………………………… 8-9
㈱ニチロ …… 2-1, 16-11, 19-10
ニッカウヰスキー㈱ … 1-9, 13-1・4
日清オイリオグループ㈱ (社名変更) ……… 14-10

日清食品 … 4-9, 16-5, 18-5, 23-10・11
『日清製粉創業九十周年記念史』発刊 … 2-5
日清食品ホールディングス㈱（商号変更）… 20-10
日新製糖 … 12-11, 14-6・7
日清製粉 … 1-9, 13-7
㈱日清製粉グループ本社 … 13-7, 14-4, 15-4
『日清製粉100年史』発刊 … 13-3
「日清ラ王」（日清食品）発売 … 4-9
日東富士製粉，社名変更 … 18-4
日本ハム … 2-12, 14-8, 15-7・12, 17-4, 23-10
日本アクセス，伊藤忠商事による公開買い付け … 18-6
ニホンウナギの産卵場所，突き止める … 18-2
「日本乾物協会」設立 … 18-9
日本ケンタッキー・フライド・チキン … 2-8, 3-5
日本コメ市場㈱，計画外流通米の取引開始 … 9-10
日本食育学会設立 … 18-11
『日本食品化工40年史』発刊 … 1-1
「日本植物図譜展」… 7-2
日本食レストランへの認証制度 … 18-11
「日本人の栄養所要量」… 6-3
日本人の平均寿命 … 6-5, 20-7, 21-7, 22-7, 23-7

日本水産，チリに子会社設立 … 2-2
日本製粉 … 12-5, 14-3, 15-3, 16-11, 18-11
『日本製粉社史　近代製粉120年の軌跡』発刊 … 13-4
日本たばこ産業，㈱加ト吉と業務提携 … 12-10
日本たばこ産業，㈱加ト吉を子会社化 … 20-1
日本たばこ産業，中国製ギョーザ事件 … 20-1
日本標準職業分類 … 9-12
日本マクドナルド … 9-9, 10-3, 12-2, 15-6
『優勝劣敗：日本マクドナルド20年のあゆみ』発刊 … 3-11
「日本マンダリンセンター」完成 … 5-10
日本ミルクコミュニティ … 14-8, 15-1, 21-10, 23-4
日本容器包装リサイクル協会発足 … 8-9
ニュージーランド産リンゴ，輸入解禁 … 5-6
乳廃牛 … 13-9, 14-2・5・8, 15-1
ニンジン100％と果汁を加えたジュース発売（カゴメ）… 4-3

ぬ
抜き実（そば）… 21

ね
ネーブルオレンジ，値下がり … 7-4
熱帯夜 … 6-7

の
農産物の需要と生産の長期見通し … 2-1, 7-12
濃縮還元タイプのオレンジジュース発売 … 5-3
（独法）農畜産業振興機構発足 … 15-10
農畜産業振興事業団発足 … 8-10
農薬残留基準案 … 3-12
「のどごし（生）」（第3のビール，キリンビール）発売 … 17-4, 23-10

は
バーガーキング … 19-6
「バーリアル」… 22-6
「バイオテクノロジー応用の食品，食品添加物の製造指針及び安全性評価指針」… 3-12
バイキングの日 … 20-8
俳句の日 … 3-8
「焙妙（ばいしょう）」，名称登場 … 4-4
パイナップル果汁輸入自由化 … 2-4
売買同時入札（SBS）（＊）… 7-7
廃用牛の買取り … 14-2
ハウス食品 … 5-10, 14-2
はごろもフーズ，東証2部上場 … 12-2
『はごろもフーズの七十年』発刊 … 13
バターの緊急輸入 … 2-9, 20-6, 23-8
「畑から百三十年」（サッポロビール）発売 … 18-8

「畑が見えるビール」（サッポロビール）限定発売 …… 18-3
ハタハタ魚，3年ぶりに解禁 …… 7-10
「はちみつレモン」 …… 1
発ガン抑制効果（柑橘の中の成分） …… 10-5
パッケージサラダ（サラダクラブ）製造販売 …… 11-2
「八朔祭」 …… 9-2
㈱八丁味噌，『カクキュー山越え谷に越え350年』発刊 …… 12-9
発泡酒 …… 6-10, 7-4, 8-5・10, 10, 10-2, 11-2・6, 12-1, 13-2・3, 14, 14-4・6, 15-5・6, 17-2, 18-4
発泡酒・ビール風アルコール飲料 …… 12-1
発泡酒増税反対署名運動 …… 13-12
発泡酒の課税移出数量（過去最高） …… 14
花島兵右衛門 …… 3-3
バナナ購入量 …… 16
バナナダイエットブーム …… 21
バナナの自動販売機 …… 22-6
バナナのたたき売り …… 9-12
バナナ輸入量，購入量，過去最高 …… 21
バブル経済崩壊の引き金 …… 2-3
阪急百貨店と阪神百貨店，経営統合 …… 19-10

阪急デパートの大食堂 …… 14
阪神淡路大震災 …… 7-1

ひ

非遺伝子組み換え …… 11-8, 23-1
ビール購入量 …… 12-1
ビール系飲料 …… 18, 18-4, 20-6, 22
ビールテイスト飲料 …… 21-4・9, 22-8
「ビールデンウィーク」開催 …… 19-5
ビール等の賞味期限表示開始 …… 8-11
ビールの課税移出数量 …… 6, 8, 14
B-1グランプリ …… 18-2, 19-6, 20-11, 21-9, 22-9, 23-11
㈱ピエトロ …… 5-7, 7-4, 14-4, 15-10, 19-9
東日本大震災による農林水産関係の被害総額 …… 23-7
非柑橘果汁の輸入自由化 …… 1-4
樋口清之 …… 9-2
非食用米の目的外使用 …… 20-9
備蓄米，無償交付（学校給食） …… 10-5
備中杜氏 …… 1-12
『ヒットを生み出す最強チーム術：キリンビール・マーケティング部の挑戦』発刊 …… 21-9
ひとめぼれ …… 3
日野原重明 …… 18-10
「ビフィズス菌活性飲料」

（カルピス）発売 …… 1-2
「冷やし系食べ物」 …… 13-7
「氷結果汁」（缶チューハイ，キリンビール）発売 …… 13-7
広島杜氏 …… 1-12
ビワ献上 …… 8-6
品質保持期限 …… 7-4, 17-7

ふ

㈱ファミリーマート …… 1-8, 13-2, 23-8
ブイトーニ ピッツァ …… 9-9
フードテーマパーク …… 6-3, 13-1, 17-2
複合不況 …… 4
『カステラ読本 復古創新 福砂家』発刊 …… 17-1
富士コカ・コーラボトリング …… 12-12, 13-6
藤田田（日本マクドナルド） …… 13-7, 16-4
フジッコ㈱ …… 2-12, 7-5
「富士宮やきそば」 …… 18-2, 19-6, 23-8
不二家，『創業80周年記念誌』発刊 …… 2-11
不二家 …… 19-1〜5, 20-9・11
フジ日本精糖 …… 13-10, 16-3
豚丼，豚どんぶり …… 16-1
豚肉偽装 …… 14-4
「ぶっかけ！おかずラー油チョイ辛」（エスビー食品）発売 …… 22-3
ブドウ果汁輸入自由化 …… 2-4
船場吉兆，食べ残し料理の使い回し発覚など …… 19-11, 20-5・10

フランス産リンゴ，輸入
　解禁…………… 9-9・12
「フルーツ牛乳」名称禁止
　………………………… 13-7
フルーツ入りヨーグルト
　………………………… 9-9
ブルドックソース（初の
　買収防衛策発動会社）
　………… 12-6, 17-11,
　　　　 19-2・6・7・11
㈱ブルボン………… 1-6, 12-3
「プレミアム　アルコール
　フリー」（ビール風味
　飲料，サッポロビール）
　発売………………… 23-3
フロインドリーブ，ハイ
　ンリッヒ（敷島製パン）
　………………………… 14-6
プロセスチーズ輸入自由
　化…………………… 1-4
ブロッコリー，『家計調査』
　品目別調査追加…… 2-1

へ

米国コメ協議会，米国産
　コメ出展強行……… 3-3
米国産牛肉の輸入停止
　…………………… 15-12, 18-1
米国産牛肉の輸入再開
　…………………………… 17-12
米国産牛肉の輸入再々開
　…………………………… 18-7
米国産コシヒカリ … 15-9
米国産コメ………… 2-3, 3-3
米国産サクランボ，輸入
　解禁………………… 4-5
米国産リンゴ（デリシャ
　ス系の2種）輸入解禁
　…………………………… 6-8
米国初の BSE 牛…… 15-12

平成16年新潟県中越地震
　………………………… 16-10
平成19年新潟県中越沖地
　震……………………… 19-7
平成の米騒動…… 6-1〜2
平成の名経営者……… 16-1
米飯給食，備蓄米無償交
　付…………………… 10-5
「β-クリプトキサンチ
　ン」………………… 10-5
ヘラクレス（＊）（有価証券
　市場）… 14-12, 16-9・12,
　　　　 17-4, 18-8・9, 19-7
「ヘルシア緑茶」（花王）
　発売………………… 15-5
「ヘルシアウォーター」（花
　王）発売…………… 18-5
ベルリンの壁崩壊…… 1-11

ほ

宝幸水産，会社更生手続
　申請………………… 14-4
包丁供養・包丁式（広島
　県の大聖院）……… 17-3
ボージョレ（ボジョレー）・
　ヌーボー（＊）…… 14-11,
　　　　 16, 17-11, 20-11
ホーネンコーポレーショ
　ン，社名変更（豊年製油）
　…………………………… 1-4
『育もう未来：ホーネン
　70年のあゆみ』発刊
　…………………………… 5-4
㈱ホーブ，ジャスダック
　上場………………… 17-8
北陸コカ・コーラボトリ
　ング，『30年のあゆみ』
　発刊………………… 5-5
保健機能食品………… 13-4

ポジティブリスト制度
　（＊）…………… 15-5, 18-5
「BOSS（ボス）」（サント
　リー，缶コーヒー）発
　売…………………… 4-8
「ポッカ」（ポッカコーポ
　レーション）……… 4-8
北海道拓殖銀行，倒産
　…………………………… 9-11
「北海道生搾り」（発泡酒,
　サッポロビール）発売
　…………………………… 13-3
北海道南西沖地震（奥尻
　島）…………………… 5-7
ポッカコーポレーション
　… 4-8, 17-8・12, 20-1, 23-2
「ホップス〈生〉」（発泡酒,
　サントリー）発売 … 6-10
「ポテチ税（ポテトチップ
　ス税）」…………… 23-10
ホワイトナイト（白馬の
　騎士）（＊）…… 18-3・11
本庄正則（伊藤園）… 14-7

ま

「−196℃」（缶チューハイ,
　サントリー）発売 … 17-5
巻き網漁船転覆………20-6
「マクドナルド」，50周年
　…………………………… 17-4
幕張メッセ… 1-10, 2-3, 3-3
マザーズ（＊）…… 11-11,
　　　 15-11, 16-12, 17-6・9,
　　　 18-2・8・9・11・12
マスカットの出荷……22-5
松尾孝（カルビー）… 15-10
松園尚巳（ヤクルト）… 6-12
松葉がに……………… 1-3
松本サリン事件発生… 6-6

㈱松屋フーズ … 2-10, 12-9, 17-4, 22-6
「まないた開き」（東京都台東区報恩寺）……… 6-1
真夏日……………………… 6-7
㈱マリンポリス，店頭登録 ………………………… 16-9
マルサンアイ … 13-6, 16-9
㈱マルタイ………… 6-8, 7-9
㈱マルハグループ本社 ……………………… 16-4, 17-3
㈱マルハニチロホールディングス発足 … 19-10
丸紅畜産，鶏肉偽装…14-3
『丸美屋食品50年史』発刊 ……………………… 13-4
マンゴーの輸入量 ……… 19
饅頭祭（奈良市漢國神社） ……………………… 13-4

み

ミートホープの食肉偽装事件…………… 19-6・10
三笠フーズ（事故米不正転売）………………20-9
ミカンの生産量………… 18
ミシュラン………… 19-12
「ミスタードーナツ」 ……………… 14-5, 18-12
水だし麦茶（石垣敬義） ……………………… 16-6
水不足……………… 6-7・8
みその生産量，50万トンを割る ……………… 18
みそ輸出量……………… 18
みそラーメン（大宮守人） ……………………… 12-4
三井製糖，商号変更（新三井製糖）………17-4

『三井製糖20年史』発刊 ………………………… 3-6
ミツカングループ本社，社史発刊………… 16-5
『株式会社三越100年の記録』発刊 ………… 17-5
㈱三越伊勢丹ホールディングス設立 ………… 20-4
三菱食品株式会社発足 ……………………… 23-7
水俣湾安全宣言……… 9-7
「南アルプス天然水」（サントリー）発売 …1-11
ミナミマグロ ……… 18-10, 21-7・10
みなみまぐろ保存委員会 ……………… 18-10, 21-10
ミニストップ … 5-7, 8-8
ミニマム・アクセス ……………… 5-12, 7-7, 10-5
ミネラルウォーター… 2, 6, 11, 14, 15, 17-1, 20
ミネラルウォーター類の品質表示ガイドライン ……………………… 2-3
ミネラルウオーター細菌，異物混入事件…… 7-9
三宅島全島避難……12-9
宮崎県で口蹄疫終息宣言 ……………………… 22-8
宮崎県で口蹄疫発生 ……………………… 22-4
宮崎甚左衛門（東京文明堂）……………… 12-12
明星食品 …………16-4, 18-10・11・12, 19-3
「未来に残したい漁業漁村の歴史文化財産百選」 ……………………… 18-2
㈱ミレニアムリテイリン

グ発足 ……………… 15-6
民営機械製粉業発祥の地 ……………………… 13-6

む

麦100％焼酎（二階堂酒造）……………… 18-9
麦茶飲料事業買収（アサヒビール）……… 22-12
「麦の薫り〈生〉」（発泡酒，サントリー）発売 ……………………… 11-2
無許可添加物 ……………………… 14-5・6
無洗米……………… 13-7
無登録農薬販売…… 14-11
村井弦斎まつり…… 15-10
村上信夫 …………… 17-8

め

『明治製菓の歩み　創業から80年』発刊 ……… 9-10
明治ホールディングス㈱設立………………21-4
名糖産業 ………… 14-10
「名品・金鵄ミルクを生んだ花島兵右衛門」展 ……………………… 3-3
メキシコ産スイカ …… 7-4
「メグミルク」（新ブランド）……………… 14-8
メタミドホス …… 20-1,9
メバチマグロ …… 20-12
メラミン ………… 20-10
メルシャン ………… 2-9, 18-11・12, 22-11

も

猛暑 ………… 6-7・8, 22
猛暑日……………… 19-4

門司赤煉瓦プレイス… 8-4
「モスチキン」(モスフードサービス)発売… 4-9
㈱モスフードサービス
　………1-5, 2-11, 8-9, 17-3
持株会社(*)… 9-12, 13-7, 14-4・10, 15-6, 17-7・9, 19-7, 19-9・10, 20-10, 21-4・10, 23-7
もつ鍋ブーム ………4
「桃の天然水」(日本たばこ産業) ………8-3, 10
森和夫(東洋水産)…23-7
盛田善平(敷島製パン)
　……………… 14-6
『森永製菓一〇〇年史』発刊 ………12-8
森永太一郎 ………11-8

や

ヤオハンジャパン, 倒産
　……………… 9-9
焼き肉(店)チェーン
　……… 9-9, 12, 23-5・7・10
ヤクルト本社 … 16-3, 19-5
野菜の自給率 ………5
野菜の1人当たり消費量
　………………14
八原昌元(明星食品)
　………………16-4
山一證券, 自主廃業正式決定 ………9-11
「山崎50年」(サントリー)発売 ………17-5
山崎製パン, 東ハト買収
　………………18-7
山崎製パン, 日糧製パンと業務資本提携 …21-8
山崎製パン, 不二家を傘下へ……… 19-3・4, 20-11

「山廃仕込み」, 名称登場
　……………… 4-4
八女茶, 他県産葉茶を混ぜ販売 ………15-1

ゆ

有機農産物の表示ガイドライン ………4-9
「有機農産物に係る青果物等特別表示ガイドライン」制定………4-10
有機農産物の定義 …13-4
友好的TOB(*)
　……………18-3・11
UCC ………4-8
『UCCのあゆみ:60年史』発刊 ………7-10
郵政事業, 民営化 …19-10
『バウムクーヘンに咲く花:ユーハイム70年の発展と軌跡』発刊 ………3-10
㈱雪国まいたけ, 東証2部上場 ………6-3
雪印食品, 牛肉偽装
　………………14-1
雪印食品, 解散 …14-4
雪印食品, 再建断念
　………………14-2
雪印乳業, 天然果汁市場に参入 ………1-3
雪印乳業食中毒事件…12-6
雪印メグミルク
　…………21-10, 23-4
湯木貞一 ………9-4
「雪見だいふく」発売20周年記念キャンペーン
　………………13-9
ユズ湯 ………1-12
ユタカフーズ㈱ … 9-10, 12-3

ユッケ事件………23-4・10
㈱ユニカフェ ……… 11-6, 12-8, 13-9
輸入カキ偽装 ………14-5
輸入牛肉の関税率, 引き下げ………4-4
輸入牛肉偽装 …… 14-4・6
輸入鶏肉偽装 … 14-3・4
輸入ゴマ ………20-11
輸入小麦の売り渡し価格引き上げ……… 19-4・10, 20-2, 23-4
輸入自由化… 1-4, 2-4, 3-4
輸入豚肉セーフガード
　…………8-7, 9-4・7
輸入米の値引き販売… 6-7

よ

「洋菓子のヒロタ」倒産
　………………13-10
容器包装リサイクル法施行 ………9-4
溶血性尿毒症症候群(HUS) ………23-4・10
ヨーグルト ………8-8, 9-9
横浜冷凍, 『ザ・ヨコレイ40:社史』発刊 … 1-3
ヨコレイ(横浜冷凍), 東証1部に指定替え … 3-3
㈱吉野家ディー・アンド・シー ……… 12-9・11, 13-4・7, 16-2・6, 18-9
㈱吉野家ホールディングス ……19-10, 22-4, 23-6
米津松造 ………17-4
「横濱カレー・ミュージアム」開館………13-1

ら

ラスク………17-7

188

り

リーマン・ショック…20-9
「リゲイン」のコマーシャル ……1
理研ビタミン ……3-1, 5-10, 16-12
リステリア菌，輸入のナチュラルチーズから検出 …… 1-2
菱食 ………7-7, 16-1, 23-7
緑茶飲料 …… 15, 16-3, 18-4
㈱リンガーハット … 10-7, 12-2, 14-11
臨界事故の発生（東海村）…… 11-9
リンゴ果汁の輸入量 …… 2-4
リンゴ果汁産地偽装 …… 20-8
リンゴ果汁輸入自由化 …… 2-4
『リンゴふじの60年』刊行 …… 12-8

れ

冷夏 …… 5, 15
冷凍オレンジ果汁 …… 5-4
冷凍ギョーザの輸入量 …… 20
冷凍食品消費量 …… 17
冷凍食品生産数量，初の前年割れ …… 12
冷凍タコの輸入，関税法違反 …… 13-5
冷凍タコの輸入量 …… 13-5
冷凍米飯，量産体制確立（加ト吉）…… 6-9
冷凍弁当の輸入販売 …13-7
冷凍焼きおにぎり発売（日本水産）…… 1-9

レーザー糖度計 ……… 7-8
レオン自動機 …… 1-9, 15-1
レストラン・外食の法人申告所得上位ランキング …… 7
レタス生産量，過去最高 …… 14
㈱レックス・ホールディングス …… 12-12, 18-11

ろ

ロイヤルホールディングス㈱に社名変更（ロイヤル）…… 17-7
「6次産業化」 …… 23-9
六条麦茶 …… 22-12, 23-5
「魯山人の宇宙」展 …16-8
㈱ロック・フィールド …… 1-4, 3-3, 8-1, 12-2
「六甲のおいしい水」（ハウス食品），アサヒ飲料へ譲渡 …… 22-4
『ロッテ50年のあゆみ：21世紀へ』発刊 …10-6
㈱ロッテホールディングス設立 …… 19-4

わ

ワイン購入量 ……… 8
ワインビネガー輸入販売（キッコーマン）…… 11-3
ワインブーム … 9, 10-7, 11
和歌山ヒ素中毒事件発生 …… 10-7
和光堂 …… 18-5, 19-3
ワタミに商号変更（ワタミフードサービス）…… 17-4

ワタミフードサービス（ワタミの前身）…… 8-10, 10-8, 12-3
わらべや日洋 … 7-7, 11-11, 15-8
湾岸危機 …… 2-8
湾岸戦争 …… 3-1
「ワンダ」（缶コーヒー，アサヒ飲料）…… 4-8

統計編

1. 食料自給率の推移

		総合	米	うち主食用	小麦	大豆	野菜	果物
昭和48年度	1973	55	101		4	3	98	83
49	1974	55	102		4	4	98	83
50	1975	54	110		4	4	99	84
51	1976	53	100		4	3	98	81
52	1977	53	114		4	3	98	84
53	1978	54	111		6	5	97	79
54	1979	54	107		9	4	97	86
55	1980	53	100		10	4	97	81
56	1981	52	100		10	5	96	77
57	1982	53	100		12	5	96	79
58	1983	52	100		11	4	96	81
59	1984	53	109		12	5	95	74
60	1985	53	107		14	5	95	77
61	1986	51	108		14	5	95	74
62	1987	50	100		14	6	94	74
63	1988	50	100		17	6	91	67
平成1年度	1989	49	100		16	6	91	67
2	1990	48	100		15	5	91	63
3	1991	46	100		12	4	90	59
4	1992	46	101		12	4	90	59
5	1993	**37**	**75**		10	**2**	89	53
6	1994	46	120		9	**2**	86	47
7	1995	43	104		7	**2**	85	49
8	1996	42	102		7	3	86	47
9	1997	41	99	103	9	3	86	53
10	1998	40	95	100	9	3	83	49
11	1999	40	95	100	9	4	82	49
12	2000	40	95	100	11	5	81	44
13	2001	40	95	100	11	5	81	45
14	2002	40	96	100	13	5	83	44
15	2003	40	95	100	14	4	82	44
16	2004	40	95	100	14	3	80	40
17	2005	40	95	100	14	5	**79**	41
18	2006	39	94	100	13	5	**79**	**38**
19	2007	40	94	100	14	5	81	40
20	2008	41	95	100	14	6	82	41
21	2009	40	95	100	11	6	83	42
22	2010	39	97	100	9	6	81	**38**
23	2011							

(出所) 農林水産省『食料需給表』
(注1) 平成22年度は概算値.
(注2) 太字は期間中の最低値を示す.

(単位：%)

りんご	肉類	牛肉	豚肉	鶏肉	鶏卵	牛乳・乳製品	魚介類	魚介類（食用）
101	80	62	89	97	98	83	99	103
100	84	86	94	97	98	83	102	102
100	76	81	86	97	97	81	99	100
100	75	69	86	96	97	81	99	99
101	77	75	87	96	97	84	98	101
101	79	73	90	94	97	86	95	95
99	80	69	90	94	98	83	93	92
97	80	72	87	94	98	82	97	97
100	80	75	86	92	97	80	96	93
100	80	71	87	92	98	84	95	92
101	80	70	85	92	98	82	97	91
100	80	72	84	93	99	82	100	91
97	81	72	86	92	98	85	93	86
98	78	69	82	89	97	82	95	86
97	76	64	80	88	99	78	90	82
98	73	58	77	85	98	75	89	80
92	72	54	77	84	98	80	83	78
84	70	51	74	82	98	78	79	72
76	67	52	70	79	97	77	76	71
82	65	49	68	78	97	81	72	70
71	64	44	69	77	96	80	67	64
64	60	42	65	71	96	72	59	59
62	57	39	62	69	96	72	57	59
60	55	39	59	67	96	72	58	58
66	56	36	62	68	96	71	59	60
66	55	35	60	67	96	71	57	57
64	54	36	59	65	96	70	56	55
59	**52**	**34**	57	**64**	95	68	53	**53**
58	53	36	55	**64**	96	68	48	**53**
63	53	39	53	65	96	69	**47**	**53**
62	54	39	53	67	96	69	50	57
53	55	44	51	69	95	67	49	55
52	54	43	**50**	67	**94**	68	51	57
52	56	43	52	69	95	67	52	60
49	56	43	52	69	96	**66**	53	62
54	56	44	52	70	96	70	53	62
58	58	43	55	70	96	71	53	62
58	56	42	53	68	96	67	54	60

2．収穫量の推移

年産		単位	米	小麦	大豆	小豆	落花生	そば	かんしょ	生乳
		1,000トン	トン	トン	トン	トン	トン	トン	トン	トン
昭和40	1965		12,409	**1,287,000**	229,700	107,900	136,600	30,100	**4,955,000**	
41	1966		12,745	1,024,000	199,200	92,800	**138,800**	27,700	4,810,000	
42	1967		**14,453**	996,900	190,400	143,600	135,900	27,500	4,031,000	
43	1968		14,449	1,012,000	167,500	114,300	122,400	22,100	3,594,000	
44	1969		14,003	757,900	135,700	95,500	125,600	21,900	2,855,000	
45	1970		12,689	473,600	126,000	109,000	124,200	17,200	2,564,000	
46	1971		10,887	440,300	122,400	77,700	110,800	…	2,041,000	
47	1972		11,889	283,900	126,500	**155,300**	115,000	…	1,987,000	
48	1973		12,144	202,300	118,200	144,100	97,200	…	1,550,000	
49	1974		12,292	231,700	132,800	129,400	90,500	28,400	1,435,000	
50	1975		13,165	240,700	125,600	88,400	70,500	…	1,418,000	
51	1976		11,772	222,400	109,500	60,400	65,400	…	1,279,000	
52	1977		13,095	236,400	110,800	87,100	68,900	20,200	1,431,000	
53	1978		12,589	366,700	189,900	95,700	62,100	…	1,371,000	
54	1979		11,958	541,300	191,700	87,900	66,900	…	1,360,000	
55	1980		9,751	582,800	173,900	56,000	54,800	16,700	1,317,000	
56	1981		10,259	587,400	211,700	51,500	61,100	…	1,458,000	
57	1982		10,270	741,800	226,300	94,200	46,600	…	1,384,000	
58	1983		10,366	695,300	217,200	60,700	49,400	17,200	1,379,000	
59	1984		11,878	740,500	238,000	108,400	51,300	…	1,400,000	
60	1985		11,662	874,200	228,300	97,000	50,500	…	1,527,000	7,380,369
61	1986		11,647	875,700	245,200	88,200	46,600	18,400	1,507,000	7,456,640
62	1987		10,627	863,700	**287,200**	94,000	46,100	…	1,423,000	7,334,943
63	1988		9,935	1,021,000	276,900	96,700	31,800	…	1,326,000	7,606,774
平成1	1989		10,347	984,500	271,700	106,200	37,300	20,500	1,431,000	8,058,946
2	1990		10,499	951,500	220,400	117,900	40,100	…	1,402,000	8,189,348
3	1991		9,604	759,000	197,300	89,200	30,000	…	1,205,000	8,259,134
4	1992		10,573	758,700	188,100	68,600	30,900	21,700	1,295,000	8,576,442
5	1993		7,834	637,800	100,600	45,500	23,500	…	1,033,000	8,625,699
6	1994		11,981	564,800	98,800	90,000	34,900	…	1,264,000	8,388,917
7	1995		10,748	443,600	119,000	93,800	26,100	21,100	1,181,000	8,382,162
8	1996		10,344	478,100	148,100	78,100	29,600	…	1,109,000	**8,656,929**
9	1997		10,025	573,100	144,600	72,100	30,400	…	1,130,000	8,645,455
10	1998		8,960	569,500	158,000	77,600	24,800	17,900	1,139,000	8,572,421
11	1999		9,175	583,100	187,200	80,600	26,400	…	1,008,000	8,459,694
12	2000		9,490	688,200	235,000	88,200	26,700	…	1,073,000	8,497,278
13	2001		9,057	699,900	271,400	70,800	23,100	(26,000)	1,063,000	8,300,488
14	2002		8,889	829,000	270,200	65,900	24,200	(25,400)	1,030,000	8,385,280
15	2003		7,792	855,900	232,200	58,800	22,000	(26,800)	941,100	8,400,073
16	2004		8,730	860,300	163,200	90,500	21,300	(20,400)	1,009,000	8,328,951
17	2005		9,074	874,700	225,000	78,900	21,400	(31,200)	1,053,000	8,285,215
18	2006		8,556	837,200	229,200	63,900	20,000	**(33,000)**	988,900	8,137,512
19	2007		8,714	910,100	226,700	65,600	18,800	(26,300)	968,400	8,007,417
20	2008		8,823	881,200	261,700	69,300	19,400	(23,200)	1,011,000	7,982,030
21	2009		8,474	674,200	229,900	52,800	20,300	(15,300)	1,026,000	7,910,413
22	2010		8,483	571,300	222,500	54,900	16,200	29,700	863,600	7,720,456
23	2011		8,402	746,300	218,800	60,500	20,300	32,000	885,900	

（出所）農林水産省の各種統計書
（注1）太字は期間中の最高値を示す。
（注2）そばの（　　　）は主産県の収穫量である。

3．果樹結果樹面積・収穫量の推移（その1）

		みかん		りんご		日本なし		ぶどう	
		結果樹面積	収穫量	結果樹面積	収穫量	結果樹面積	収穫量	結果樹面積	収穫量
		ha	t	ha	t	ha	t	ha	t
昭和48	1973	156,300	3,389,000	51,600	962,700	16,700	479,900	22,500	271,000
49	1974	160,300	3,383,000	50,100	850,400	17,000	507,600	23,400	294,900
50	1975	160,700	3,665,000	48,600	897,900	17,000	460,500	24,400	284,200
51	1976	157,700	3,089,000	47,500	879,400	17,200	493,000	25,400	304,100
52	1977	153,900	3,539,000	46,600	958,800	17,300	518,700	26,300	326,500
53	1978	149,400	3,026,000	46,900	844,000	17,600	484,100	26,900	327,700
54	1979	143,400	3,618,000	46,500	852,700	17,800	505,100	27,500	352,000
55	1980	135,000	2,892,000	46,400	960,100	17,900	484,600	27,900	323,200
56	1981	128,000	2,819,000	46,600	845,700	17,900	479,200	27,700	309,900
57	1982	120,900	2,864,000	47,000	924,500	18,200	482,200	27,600	338,300
58	1983	115,900	2,859,000	47,300	1,048,000	18,500	493,100	27,500	323,700
59	1984	111,100	2,005,000	47,400	811,700	18,700	470,400	27,100	310,400
60	1985	106,900	2,491,000	47,900	910,300	18,800	461,100	26,500	311,300
61	1986	103,000	2,168,000	48,600	986,100	18,800	480,700	26,000	301,900
62	1987	99,700	2,518,000	49,300	997,900	18,700	467,700	25,600	307,900
63	1988	94,700	1,998,000	49,600	1,042,000	18,600	447,000	25,100	295,700
平成1	1989	78,800	2,015,000	49,900	1,045,000	18,600	439,100	24,600	274,700
2	1990	74,100	1,653,000	49,700	1,053,000	18,400	432,000	24,200	276,100
3	1991	71,700	1,579,000	49,400	760,400	18,400	425,300	23,900	270,800
4	1992	69,300	1,683,000	48,900	1,039,000	18,300	418,200	23,600	276,000
5	1993	68,500	1,490,000	48,500	1,011,000	18,300	382,300	23,400	259,500
6	1994	67,000	1,247,000	48,200	989,300	18,100	416,900	22,900	244,900
7	1995	65,400	1,378,000	47,700	962,600	17,900	383,100	22,500	250,300
8	1996	63,500	1,153,000	47,200	899,200	17,700	377,700	21,900	243,900
9	1997	62,000	1,555,000	46,600	993,300	17,400	404,600	21,400	251,300
10	1998	60,600	1,194,000	45,500	879,100	17,200	382,400	20,900	232,900
11	1999	59,700	1,447,000	44,600	927,700	16,900	390,400	20,500	242,200
12	2000	58,400	1,143,000	43,900	799,600	16,700	392,900	20,200	237,500
13	2001	56,300	1,282,000	43,100	930,700	16,400	368,200	19,900	225,400
14	2002	55,000	1,131,000	42,400	925,800	16,100	375,700	19,700	231,700
15	2003	53,700	1,146,000	41,600	842,200	15,700	332,200	19,400	220,800
16	2004	52,300	1,060,000	41,300	754,400	15,500	328,100	19,200	205,600
17	2005	51,500	1,132,000	40,800	818,900	15,200	362,400	19,000	219,900
18	2006	50,300	841,900	40,300	831,800	14,900	291,400	18,900	210,500
19	2007	49,300	1,066,000	39,900	840,100	14,600	296,800	18,600	209,100
20	2008	48,300	906,100	39,500	910,700	14,300	328,200	18,400	201,000
21	2009	47,000	1,003,000	38,800	845,600	14,200	317,900	18,300	202,200
22	2010	46,100	786,000	38,100	786,500	13,900	258,700	18,000	184,800
23	2011					13,700	286,200	17,800	172,600

（出所）農林水産省『果樹生産出荷累年統計』『果樹生産出荷統計』
（注）太字は期間中の最高値を示す。

3．果樹結果樹面積・収穫量の推移（その２）

		かき		もも		なつみかん		いよかん	
		結果樹面積	収穫量	結果樹面積	収穫量	結果樹面積	収穫量	結果樹面積	収穫量
		ha	t	ha	t	ha	t	ha	t
昭和48	1973	30,600	347,200	17,000	281,400	14,800	378,500	1,250	37,500
49	1974	30,000	283,600	16,500	263,200	15,100	310,700	1,360	38,600
50	1975	29,300	274,700	16,100	270,600	15,100	371,900	1,640	45,200
51	1976	28,400	264,100	15,800	267,100	14,900	350,300	1,980	48,000
52	1977	27,600	275,400	15,300	273,200	14,700	273,200	2,610	63,300
53	1978	27,100	287,000	15,200	276,900	14,200	339,000	3,250	73,100
54	1979	26,900	263,900	15,300	275,600	14,000	333,400	3,990	91,900
55	1980	26,800	265,200	15,100	244,600	14,000	366,200	4,720	91,400
56	1981	26,700	260,500	15,000	238,800	14,000	254,200	6,020	110,000
57	1982	26,600	333,700	14,800	227,500	13,700	318,300	7,370	137,600
58	1983	26,600	309,900	14,600	236,900	13,300	345,200	8,580	166,600
59	1984	26,800	297,400	14,300	215,600	13,100	325,400	9,650	148,000
60	1985	26,900	289,700	13,900	205,400	12,600	268,700	10,300	170,100
61	1986	26,800	291,300	13,600	219,200	11,600	278,700	10,700	186,300
62	1987	26,600	290,200	13,400	212,400	11,200	287,700	11,200	217,000
63	1988	26,400	287,600	13,200	202,900	10,500	226,900	11,500	213,600
平成1	1989	26,300	265,700	12,800	180,300	8,880	200,700	11,300	217,300
2	1990	26,300	285,700	12,500	189,900	8,020	169,700	11,300	216,900
3	1991	26,200	248,800	12,300	186,200	7,340	161,000	11,200	180,600
4	1992	26,100	307,700	12,100	187,500	6,950	157,200	11,100	230,400
5	1993	26,000	241,900	11,800	173,000	6,550	129,300	10,900	170,400
6	1994	25,900	302,200	11,500	174,300	6,100	114,000	10,700	206,100
7	1995	25,800	254,100	11,100	162,800	5,730	110,400	10,400	172,500
8	1996	25,500	240,500	10,900	168,700	5,370	98,900	10,100	197,600
9	1997	25,300	301,700	10,800	175,400	5,030	109,600	9,850	201,500
10	1998	25,100	260,100	10,800	169,700	4,840	102,600	9,600	211,400
11	1999	24,900	286,300	10,800	158,100	4,600	90,300	9,370	186,000
12	2000	24,700	278,500	10,700	174,600	4,330	84,500	8,870	188,400
13	2001	24,500	281,800	10,600	175,600	4,100	86,300	8,320	177,900
14	2002	24,500	269,300	10,600	175,100	3,970	81,500	8,000	139,300
15	2003	24,400	265,000	10,500	157,000	3,810	74,900	7,650	119,800
16	2004	23,800	232,400	10,300	151,900	3,640	73,800	7,160	131,000
17	2005	23,700	285,900	10,300	174,000	3,540	61,700	6,830	108,000
18	2006	23,500	232,700	10,300	146,300	3,350	58,100	6,390	85,700
19	2007	23,200	244,800	10,200	150,200	調査廃止	調査廃止	調査廃止	調査廃止
20	2008	23,000	266,600	10,100	157,300	〃	〃	〃	〃
21	2009	22,700	258,000	10,100	150,700	〃	〃	〃	〃
22	2010	22,400	189,400	10,000	136,700	〃	〃	〃	〃
23	2011	22,100	207,500	9,980	139,800	〃	〃	〃	〃

4．輸入量（年度）の推移（その１）

(単位：1,000トン)

		牛肉	豚肉	鶏肉	米	小麦	大麦	トウモロコシ
昭和35年度	1960	6	6	0	219	2,660	30	1,514
36	1961	6	1	0	77	2,660	0	1,914
37	1962	4	0	0	182	2,490	0	2,425
38	1963	5	8	5	239	3,412	414	2,894
39	1964	6	2	4	502	3,471	580	3,139
40	1965	11	0	8	1,052	3,532	512	3,558
41	1966	14	0	7	679	4,103	598	3,696
42	1967	20	0	10	364	4,238	666	4,191
43	1968	19	18	18	265	3,996	777	5,270
44	1969	23	36	20	48	4,537	806	5,728
45	1970	33	17	12	15	4,621	1,072	5,647
46	1971	62	29	30	10	4,726	1,138	5,248
47	1972	77	90	29	12	5,317	1,488	6,439
48	1973	170	128	26	38	5,369	1,817	8,021
49	1974	40	71	21	63	5,485	2,038	7,719
50	1975	91	208	28	29	5,715	2,117	7,568
51	1976	134	187	40	18	5,545	2,258	8,612
52	1977	132	161	48	71	5,662	2,238	9,313
53	1978	146	155	66	45	5,679	2,052	10,736
54	1979	189	176	69	20	5,544	2,132	11,707
55	1980	172	207	80	27	5,564	2,087	13,331
56	1981	172	232	104	67	5,504	2,225	13,248
57	1982	198	199	107	61	5,432	1,833	14,206
58	1983	208	271	100	18	5,544	2,275	14,649
59	1984	213	262	112	165	5,553	2,284	13,976
60	1985	225	272	115	30	5,194	2,071	14,449
61	1986	268	292	187	41	5,200	1,942	14,868
62	1987	319	415	217	39	5,133	1,988	16,602
63	1988	408	484	272	43	5,290	2,120	16,481
平成1年度	1989	520	523	296	50	5,182	2,087	15,907
2	1990	549	488	297	50	5,307	2,211	16,074
3	1991	467	631	392	57	5,413	2,478	16,655
4	1992	605	667	398	92	5,650	2,550	16,435
5	1993	810	650	390	1,049	5,607	2,369	16,864
6	1994	834	724	516	**1,835**	**6,044**	2,612	16,198
7	1995	941	772	581	495	5,750	**2,627**	15,983
8	1996	873	964	634	634	5,907	2,447	16,258
9	1997	941	754	568	634	5,993	2,346	16,083
10	1998	974	803	591	749	5,674	2,548	16,245
11	1999	975	953	650	806	5,613	2,474	16,422
12	2000	**1,055**	952	686	879	5,688	2,438	15,982
13	2001	868	1,034	**702**	786	5,624	2,153	16,276
14	2002	763	1,101	662	882	4,973	2,142	16,788
15	2003	743	1,145	585	957	5,539	1,999	**17,012**
16	2004	643	1,267	561	726	5,484	2,094	16,248
17	2005	654	**1,298**	679	978	5,292	2,030	16,798
18	2006	667	1,100	589	799	5,464	2,153	16,694
19	2007	662	1,126	605	856	5,386	1,903	16,716
20	2008	671	1,207	643	841	5,186	1,811	16,357
21	2009	679	1,034	553	869	5,354	2,084	16,207
22	2010	731	1,144	681	831	5,473	1,902	16,055
23	2011							

(出所) 農林水産省『食料需給表』
(注1) 平成22年度は概算値。
(注2) 太字は期間中の最高値を示す。

4．輸入量（年度）の推移（その2）

(単位：1,000トン)

		こうりゃん	大豆	野菜	果実	りんご	魚介類
昭和35年度	1960	57	1,081	16	118	0	100
36	1961	213	1,176	14	191	0	135
37	1962	442	1,284	16	245	0	205
38	1963	866	1,617	19	403	0	438
39	1964	969	1,607	19	567	0	572
40	1965	1,627	1,847	42	573	0	655
41	1966	2,433	2,168	32	689	0	625
42	1967	2,550	2,170	53	763	0	605
43	1968	2,285	2,421	85	934	0	927
44	1969	2,912	2,591	85	1,086	0	750
45	1970	4,109	3,244	98	1,186	0	745
46	1971	3,663	3,212	139	1,375	0	551
47	1972	3,516	3,399	211	1,589	0	765
48	1973	3,991	3,635	276	1,503	0	1,079
49	1974	4,354	3,244	360	1,385	0	779
50	1975	3,669	3,334	230	1,387	1	1,088
51	1976	4,669	3,554	283	1,464	0	1,136
52	1977	5,030	3,602	316	1,481	0	1,848
53	1978	5,047	4,260	453	1,634	0	1,479
54	1979	**5,479**	4,132	482	1,621	5	1,707
55	1980	3,742	4,401	495	1,539	28	1,689
56	1981	3,436	4,197	613	1,614	0	1,597
57	1982	3,145	4,344	666	1,699	0	1,527
58	1983	3,345	4,995	768	1,611	0	1,944
59	1984	4,592	4,515	970	1,753	1	1,955
60	1985	4,860	4,910	866	1,904	28	2,257
61	1986	4,811	4,817	962	2,174	19	2,928
62	1987	3,838	4,797	1,114	2,260	28	3,299
63	1988	4,080	4,685	1,580	2,383	25	3,699
平成1年度	1989	4,048	4,346	1,527	2,641	93	3,310
2	1990	3,668	4,681	1,551	2,978	273	3,823
3	1991	3,426	4,331	1,724	3,033	249	4,320
4	1992	3,093	4,725	1,731	3,449	225	4,718
5	1993	3,022	5,031	1,921	3,776	348	4,788
6	1994	2,724	4,731	2,331	4,792	525	5,635
7	1995	2,174	4,813	2,628	4,547	686	**6,755**
8	1996	2,538	4,870	2,466	4,384	588	5,921
9	1997	2,775	5,057	2,384	4,265	502	5,998
10	1998	2,582	4,751	2,773	4,112	454	5,254
11	1999	2,332	4,884	3,054	4,626	536	5,731
12	2000	2,101	4,829	3,124	4,843	551	5,883
13	2001	1,864	4,832	3,120	5,151	699	6,727
14	2002	1,692	5,039	2,760	4,862	534	6,748
15	2003	1,492	**5,173**	2,922	4,757	541	5,747
16	2004	1,410	4,407	3,151	5,353	704	6,055
17	2005	1,382	4,181	**3,367**	5,437	788	5,782
18	2006	1,311	4,042	3,244	5,130	776	5,711
19	2007	1,177	4,161	2,992	5,162	**924**	5,162
20	2008	1,274	3,711	2,811	4,889	797	4,851
21	2009	1,761	3,390	2,532	4,734	602	4,500
22	2010	1,473	3,456	2,782	4,756	592	4,841
23	2011						

5. 輸入量（暦年）の推移（その1）

		バナナ	グレープフルーツ	オレンジ	パイナップル	キウイフルーツ	マンゴー	サクランボ	レモン・ライム
統計品目番号		0803.00-100	0805.40-000	0805.10-000	0804.30-010	0810.50-000	0804.50-011	0809.20-000	0805.50-010
	単位	トン	トン	トン	トン	トン	トン	トン	トン
昭和35年	1960	42,368		183					3,003
36	1961	73,860		264					3,109
37	1962	82,659	365	207					3,721
38	1963	255,623	433	479					4,021
39	1964	351,790	743	744					14,741
40	1965	357,613	870	1,165	11,173				18,948
41	1966	416,246	1,037	1,854	21,191				23,153
42	1967	481,072	1,126	2,056	21,004				29,553
43	1968	637,793	1,213	1,920	21,382				35,930
44	1969	738,555	1,814	3,145	23,648				41,172
45	1970	843,891	2,265	4,313	35,609				54,044
46	1971	988,540	11,350	6,896	44,390				62,283
47	1972	1,062,884	91,433	13,479	71,247				78,659
48	1973	931,138	109,695	16,418	55,549				91,268
49	1974	857,214	151,439	20,437	36,103				92,976
50	1975	894,111	146,702	22,116	54,218	946		132	64,051
51	1976	832,228	151,757	24,401	62,384	1,708		244	92,768
52	1977	824,924	161,242	22,499	77,607	1,731		166	104,684
53	1978	804,095	142,154	51,008	101,478	2,477		1,333	116,945
54	1979	790,090	159,408	54,075	109,190	3,395		2,256	99,994
55	1980	726,086	135,213	71,403	105,013	3,438		2,652	100,691
56	1981	707,904	166,934	75,741	122,829	6,412		2,650	112,528
57	1982	757,917	153,704	82,421	121,877	5,472		1,751	104,601
58	1983	575,895	177,289	89,190	101,987	12,415		1,568	119,555
59	1984	682,355	157,887	89,121	114,791	17,174		1,921	122,638
60	1985	680,035	120,804	111,635	128,912	27,661		1,726	113,924
61	1986	764,564	182,431	117,300	144,811	35,268		4,087	125,825
62	1987	774,840	204,767	123,425	144,678	53,929		10,178	128,184
63	1988	760,409	235,006	115,347	138,157	57,137	5,291	8,525	118,906
平成1年	1989	773,723	275,350	128,372	135,383	50,175	5,966	8,796	112,300
2	1990	757,521	156,656	145,188	128,250	58,880	5,510	6,858	103,884
3	1991	803,340	260,784	82,017	137,786	42,651	6,885	5,814	89,079
4	1992	777,175	244,578	171,701	127,466	52,265	8,059	12,617	93,416
5	1993	913,335	237,489	165,420	120,963	47,058	9,264	12,667	89,276
6	1994	929,380	284,965	**190,376**	113,527	45,512	7,606	15,666	89,082
7	1995	873,765	278,129	179,960	107,940	42,483	10,047	12,208	
8	1996	818,712	270,479	154,086	96,618	46,699	9,592	11,336	
9	1997	885,140	283,773	171,269	96,087	40,223	8,599	12,492	87,497
10	1998	864,853	229,905	150,470	84,710	42,537	8,877	7,253	
11	1999	983,204	262,416	89,703	89,866	41,249	8,873	15,891	
12	2000	1,078,655	272,278	136,150	100,092	41,531	9,627	10,056	16,716
13	2001	990,544	268,650	126,203	118,344	39,564	8,892	**17,031**	
14	2002	930,272	284,687	103,873	122,871	48,311	8,875	14,162	88,193
15	2003	986,643	274,328	117,087	122,690	49,712	10,307	14,526	87,974
16	2004	1,026,014	**288,510**	112,937	142,281	61,955	12,336	13,941	82,536
17	2005	1,066,873	205,961	115,433	155,426	59,435	12,139	12,363	76,686
18	2006	1,043,634	170,881	120,875	152,479	54,479	12,383	6,947	73,086
19	2007	970,594	212,838	85,803	**165,794**	59,618	**12,389**	9,374	60,864
20	2008	1,092,738	184,038	97,818	144,464	59,222	11,589	8,525	57,405
21	2009	**1,252,606**	178,912	94,411	143,981	58,501	11,103	10,013	51,422
22	2010	1,109,072	174,771	109,946	142,582	62,963	10,391	11,009	52,618
23	2011	1,064,125	160,004	115,330	152,864	**65,895**	10,055	10,351	51,898

（出所）財務省『貿易統計』
（注1）太字は期間中の最高値を示す。
（注2）レモン・ライムは平成14年（2002）から「レモン」のみの数値。

5．輸入量（暦年）の推移（その２）

統計品目番号		加糖あん 2005.51-190				
			うち、中国	台湾	フィリピン	その他
単位		トン	トン	トン	トン	トン
昭和35年	1960					
36	1961					
37	1962					
38	1963					
39	1964					
40	1965					
41	1966					
42	1967					
43	1968					
44	1969					
45	1970					
46	1971					
47	1972					
48	1973					
49	1974					
50	1975					
51	1976					
52	1977					
53	1978					
54	1979					
55	1980					
56	1981					
57	1982					
58	1983					
59	1984					
60	1985					
61	1986					
62	1987					
63	1988					
平成1年	1989					
2	1990	22,028	10,626	9,043	936	1,423
3	1991	20,930	12,604	5,878	890	1,558
4	1992	26,022	17,166	5,709	1,593	1,554
5	1993	32,186	23,960	5,316	1,799	1,111
6	1994	37,883	29,747	4,922	2,002	1,212
7	1995	45,361	38,517	3,147	2,199	1,498
8	1996	47,395	41,048	2,009	2,770	1,568
9	1997	48,116	42,381	1,273	2,695	1,767
10	1998	48,432	43,071	1,185	2,552	1,624
11	1999	55,305	50,270	838	2,583	1,614
12	2000	58,113	53,577	553	2,424	1,559
13	2001	70,410	66,600	476	2,349	985
14	2002	80,037	76,415	452	2,162	1,008
15	2003	80,622	77,503	334	1,962	823
16	2004	84,951	82,193	220	1,881	657
17	2005	90,982	88,022	227	2,010	723
18	2006	91,381	88,353	167	2,112	749
19	2007	93,239	90,399	151	1,993	696
20	2008	73,397	70,905	43	1,698	751
21	2009	69,616	67,347	44	1,680	545
22	2010	73,035	71,137	45	994	859
23	2011	76,076	74,497	58	590	931

5. 輸入量（暦年）の推移（その3）

		活ウナギ	加工ウナギ	冷凍タコ	玄そば	そば（抜き実）	ゴマ
	統計品目番号	0301.92-200	1604.19-010	0307.59-100	1008.10-090	1104.29-310	1207.40-000
	単位	トン	トン	トン	トン	トン	トン
昭和35年	1960						
36	1961						
37	1962						
38	1963						
39	1964						
40	1965						
41	1966						
42	1967						
43	1968						
44	1969						
45	1970						
46	1971						
47	1972						
48	1973						
49	1974						
50	1975						
51	1976	14,207			54,727		
52	1977	15,428			53,528		
53	1978	12,102			61,525		
54	1979	13,268			68,261		
55	1980	15,356			66,698		
56	1981	17,800			69,472		
57	1982	10,971			87,178		
58	1983	17,328			71,781		
59	1984	16,854			78,467		
60	1985	17,270	14,327		75,114		
61	1986	21,058	11,475		84,543		
62	1987	20,056	12,094		91,360		
63	1988	18,895	22,064	98,609	91,753		107,979
平成1年	1989	18,148	23,813	110,190	96,461		113,239
2	1990	20,112	28,837	90,360	90,140		123,872
3	1991	17,688	33,857	112,819	86,687		122,222
4	1992	16,745	36,372	122,585	89,948		117,308
5	1993	15,137	38,341	131,032	99,755		118,015
6	1994	15,832	39,012	105,673	104,039		141,460
7	1995	11,969	36,159	97,854	103,831	1,401	139,566
8	1996	11,442	45,502	96,467	89,072	2,338	145,108
9	1997	13,635	55,276	79,031	104,647	2,963	152,263
10	1998	13,033	52,002	77,287	99,359	4,303	140,860
11	1999	11,628	56,717	103,248	103,290	5,850	135,015
12	2000	14,356	71,313	116,260	97,050	8,637	164,713
13	2001	17,375	69,385	85,679	92,722	11,318	147,563
14	2002	20,884	59,753	74,580	90,659	16,760	153,019
15	2003	24,052	42,312	55,898	91,960	20,637	149,427
16	2004	26,601	48,758	53,342	89,854	27,145	154,908
17	2005	23,552	32,408	55,538	84,919	26,937	162,754
18	2006	20,236	35,490	48,360	78,332	24,841	159,110
19	2007	21,298	35,434	46,784	71,045	29,563	169,556
20	2008	15,887	16,821	44,707	62,942	29,129	185,105
21	2009	12,086	20,460	56,192	59,649	31,235	128,917
22	2010	14,841	22,938	44,677	70,265	29,422	161,433
23	2011	9,658	14,642	38,354	56,525	31,760	164,097

（注）そば（抜き実）については，平成21年までは「その他の加工穀物」（1104.29-300）のうち中国からの輸入分をそばの抜き実とみなした。平成22年からはこの年新設された「その他加工穀物（そばのもの）1104.29-310」の数値。

5．輸入量（暦年）の推移（その4）

統計品目番号		ミネラルウオーター（鉱水及び炭酸水）						
		2201.10-000	うちベルギー	フランス	イタリア	カナダ	米国	その他
	単位	kℓ	kℓ	kℓ	kℓ	kℓ	kℓ	kℓ
昭和35年	1960							
36	1961							
37	1962							
38	1963							
39	1964							
40	1965							
41	1966							
42	1967							
43	1968							
44	1969							
45	1970							
46	1971							
47	1972							
48	1973							
49	1974							
50	1975							
51	1976							
52	1977							
53	1978							
54	1979							
55	1980							
56	1981							
57	1982							
58	1983							
59	1984							
60	1985							
61	1986							
62	1987							
63	1988	9,091	70	8,060	50	366	109	436
平成1年	1989	16,279	46	13,527	156	519	198	1,833
2	1990	25,349	0	20,466	204	609	209	3,861
3	1991	34,686	167	29,216	394	843	776	3,290
4	1992	45,594	199	40,148	299	1,690	92	3,166
5	1993	68,430	876	60,783	284	3,493	490	2,504
6	1994	146,821	23,408	93,790	407	7,426	13,222	8,568
7	1995	198,713	18,200	121,618	626	15,080	28,956	14,233
8	1996	144,721	14,256	115,412	447	3,296	8,786	2,524
9	1997	148,605	10,971	116,645	885	3,878	14,218	2,008
10	1998	159,127	7,448	134,170	1,348	1,162	13,152	1,847
11	1999	175,582	4,230	137,468	1,289	3,279	22,721	6,595
12	2000	195,334	1,648	157,773	1,639	4,615	25,502	4,157
13	2001	226,061	1,399	169,087	2,269	9,068	37,656	6,582
14	2002	264,078	651	196,724	4,868	2,684	53,213	5,938
15	2003	331,575	441	245,542	7,770	5,541	67,635	4,646
16	2004	330,671	478	228,147	8,744	11,416	75,135	6,751
17	2005	406,925	357	278,454	12,187	15,419	94,363	6,145
18	2006	552,620	953	364,898	16,991	17,292	140,529	11,957
19	2007	580,809	188	367,445	13,365	11,591	169,026	19,194
20	2008	499,676	185	309,277	12,611	10,744	152,843	14,416
21	2009	418,972	-	244,939	11,351	14,654	130,370	17,658
22	2010	418,975	-	233,881	14,293	12,853	131,376	26,572
23	2011	589,575	1	260,579	24,431	35,904	178,113	90,547

5．輸入量（暦年）の推移（その5）

		果汁	オレンジ果汁	リンゴ果汁	グレープフルーツ果汁	ブドウ果汁	その他果汁	コーヒー豆	寒天
統計品目番号		2009	2009.11+12+19	2009.71+79	2009.21+29	2009.61+69		09.01.11.12-000	13.02.31-000
単位		H8年までkℓ, H9年からトン						トン	トン
昭和35年	1960								
36	1961								
37	1962								
38	1963								
39	1964								
40	1965								
41	1966								
42	1967								
43	1968								
44	1969								
45	1970	5,308							
46	1971								
47	1972								
48	1973								
49	1974								
50	1975	4,818							
51	1976	5,168	1,465		601	368	2,734		
52	1977	5,199	1,438		1,102	1,151	1,507		
53	1978	5,349	1,581		1,344	582	1,842		
54	1979	10,742	3,430		1,767	959	4,586		
55	1980	11,404	2,781		1,941	1,113	5,569		
56	1981	11,788	3,810		3,329	1,875	2,774		
57	1982	13,872	4,811		3,440	2,810	2,811		
58	1983	14,792	4,781		3,704	2,488	3,819		
59	1984	16,911	3,861		4,139	2,546	6,364		
60	1985	35,104	14,999		5,207	3,904	10,994		
61	1986	29,936	12,660		5,867	3,466	7,943		
62	1987	33,206	10,810		8,748	3,828	9,821		
63	1988	39,772	11,149	3,956	11,089	5,423	8,154	263,865	
平成1年	1989	66,966	20,649	14,868	11,062	7,489	12,898	284,070	
2	1990	110,915	29,067	42,724	11,731	7,539	19,854	291,339	
3	1991	115,975	35,678	37,454	9,465	11,562	21,816	301,050	
4	1992	130,190	55,834	31,851	14,092	10,448	17,965	293,422	
5	1993	148,962	60,912	44,921	13,417	12,115	17,597	312,524	
6	1994	220,394	106,647	58,792	15,471	14,396	25,088	345,280	
7	1995	233,338	81,177	74,695	14,619	15,199	47,648	300,563	
8	1996	218,061	83,256	64139	19,298	17,028	34,340	326,914	
9	1997	245,465	101,654	72,199	18,582	20,022	33,008	325,233	
10	1998	229,651	94,489	65383	16,216	24,544	29,019	332,386	
11	1999	269,927	103,347	76,869	23,787	29,900	36,024	363,418	
12	2000	273,289	101,082	78,185	28,626	33,062	32,334	382,230	
13	2001	320,287	123,189	100,023	32,720	30,972	33,383	381,745	
14	2002	288,972	109,001	77,584	36,479	28,292	37,616	400,771	1,488
15	2003	275,851	92,113	77,573	36,940	29,343	39,882	377,647	1,428
16	2004	331,272	110,671	97,957	40,436	34,672	47,536	400,977	1,633
17	2005	356,419	113,097	109,593	38,639	38,256	56,834	413,264	3,586
18	2006	329,693	102,169	105,770	28,256	40,724	52,774	422,696	2,629
19	2007	344,324	94,219	123,196	28,773	45,036	53,100	389,818	1,702
20	2008	312,047	80,054	106,506	28,190	48,267	49,030	387,538	1,683
21	2009	275,704	79,824	80,666	25,804	47,485	41,925	390,938	1,535
22	2010	283,812	89,212	78,527	24,677	47,747	43,649	410,530	1,546
23	2011	309,622	99,083	84,079	28,439	48,896	49,125	416,805	1,535

5. 輸入量（暦年）の推移（その6）

統計品目番号		冷凍ギョーザ 1902.20-229	うち、中国	韓国	台湾	その他	コンスターチ用トウモロコシ 1005.90.091	えび（冷凍）0306.13-000	えび調製品（水煮後冷凍）1605.20-011	えび調製品（米含まず）1605.20-029
単位		トン	トン	トン	トン	トン	トン	トン	トン	トン
昭和35年	1960									
36	1961									
37	1962									
38	1963									
39	1964									
40	1965									
41	1966									
42	1967									
43	1968									
44	1969									
45	1970									
46	1971									
47	1972									
48	1973									
49	1974									
50	1975									
51	1976									
52	1977									
53	1978									
54	1979									
55	1980									
56	1981									
57	1982									
58	1983									
59	1984									
60	1985									
61	1986									
62	1987									
63	1988						2,600,994	258,232	1,691	
平成1年	1989						2,945,677	263,422	1,471	980
2	1990						3,067,828	283,448	1,725	1,557
3	1991						3,349,058	284,493	3,561	2,302
4	1992						3,309,681	272,761	4,325	3,312
5	1993						3,269,140	300,489	5,038	4,558
6	1994						3,250,473	**302,975**	5,998	6,562
7	1995	4,509	1,949	978	671	911	3,397,498	292,910	8,527	9,538
8	1996	4,638	2,304	965	**688**	681	3,350,044	288,763	8,283	12,367
9	1997	5,024	2,760	781	649	834	3,526,820	267,247	9,619	12,751
10	1998	4,727	2,636	913	533	645	3,582,135	238,906	10,339	13,984
11	1999	6,274	4,546	904	493	331	**3,656,383**	247,314	10,725	16,160
12	2000	10,003	8,154	**1,066**	207	576	3,520,882	246,627	11,788	20,009
13	2001	12,184	10,726	879	10	569	3,293,997	245,048	14,045	23,980
14	2002	13,839	12,396	896	4	543	3,276,823	248,868	13,936	27,678
15	2003	15,653	13,924	853	8	868	3,591,928	233,195	13,927	33,361
16	2004	17,023	15,432	859	4	728	3,532,606	241,443	16,745	39,688
17	2005	16,168	14,922	668	32	546	3,485,840	232,435	17,051	42,195
18	2006	**17,252**	**15,962**	613	38	639	3,619,506	229,948	18,269	**50,016**
19	2007	15,837	14,691	495	11	640	3,499,049	207,243	17,893	48,162
20	2008	6,012	5,147	378	60	427	3,437,127	196,626	19,678	44,031
21	2009	6,363	5,389	455	93	426	3,104,939	197,574	20,898	41,147
22	2010	8,778	7,710	497	43	528	3,276,782	205,345	21,563	46,591
23	2011	9,228	8,083	513	55	577	3,257,084	205,216	**23,592**	49,184

（注）えび（冷凍）はシュプリンとプローン．

6. 砂糖及び異性化糖の需給総括表

砂糖年度	総需要量①		国内産糖生産量②					輸入量	②/①	一人当たり消費量	異性化糖需要量
		対前年比		てん菜糖	白糖	原料糖	甘しゃ糖				
	千トン	%	千トン	千トン	千トン	千トン	千トン	千トン	%	kg	千トン
昭和57年	-	-	-	-	-	-	-	-	-	-	-
59	-	-	-	-	-	-	-	-	-	-	-
60	2,655	0.5	870	574	574	-	285	1,779	32	21.9	617
61	-	-	-	-	-	-	-	-	-	-	-
62	-	-	-	-	-	-	-	-	-	-	-
63	-	-	-	-	-	-	-	-	-	-	-
平成1年	-	-	-	-	-	-	-	-	-	-	-
2	2,643	0.4	865	644	527	116	212	1,693	32	21.3	725
3	-	-	-	-	-	-	-	-	-	-	-
4	2,513	▲ 3.8	838	626	513	112	204	1,701	33	20.2	672
5	2,476	▲ 1.5	790	602	491	111	180	1,628	32	19.8	738
6	2,471	▲ 0.2	765	583	501	82	175	1,639	31	19.8	727
7	2,435	▲ 1.5	842	650	491	159	183	1,606	35	19.4	733
8	2,385	▲ 2.1	716	573	483	90	136	1,608	30	18.9	737
9	2,323	▲ 2.6	808	643	476	166	156	1,542	35	18.4	740
10	2,313	▲ 0.4	860	679	453	225	172	1,468	37	18.3	760
11	2,300	▲ 0.6	800	616	482	134	175	1,487	35	18.1	763
12	2,293	▲ 0.3	730	569	446	123	153	1,483	32	18.1	741
13	2,277	▲ 0.7	840	663	471	192	170	1,405	37	17.9	761
14	2,296	0.8	875	721	469	252	143	1,480	38	18.0	768
15	2,237	▲ 2.6	904	743	463	280	153	1,364	40	17.5	791
16	2,229	▲ 0.4	912	784	477	307	121	1,272	41	17.5	796
17	2,165	▲ 2.9	839	699	452	247	132	1,326	39	17.0	790
18	2,181	0.7	800	643	451	192	148	1,346	37	17.1	801
19	2,197	0.7	861	683	454	229	169	1,380	39	17.2	824
20	2,136	▲ 2.8	878	683	451	232	186	1,222	41	16.7	784
21	2,099	▲ 1.7	861	683	433	250	168	1,263	41	16.5	803
22	2,095	▲ 0.2	655	490	424	66	156	1,431	31	16.4	806
23 (見通し)	2,127	1.5	697	562	446	116	127	1,455	33	16.7	806

(出所)『独立行政法人 農畜産業振興機構ホームページ』(農林水産省資料より)
(注1) 砂糖年度とは、当該年の10月1日から翌年の9月30日までの期間をいう。
(注2) 分蜜糖は精製糖ベースの数量、含蜜糖については製品ベースの数量、異性化糖は標準異性化糖(果糖55%ものの固形ベース)に換算した数量である。
(注3) 国内産糖生産量と輸入量の合計と総需要量の差は在庫変動である。
(注4) 国内産糖生産量の合計には含蜜糖生産量を含む。
(注5) 総需要量は、分蜜糖消費量、含蜜糖消費量及び工業用等の合計である。
(注6) 17から21砂糖年度における②欄のてん菜糖の数値は、供給量の数値である。
(注7) 輸入量は、通関実績の数値である。

7. 冷凍食品の生産量，輸入量，消費量の推移

項目		a.国内生産量 （トン）	b.冷凍野菜輸入量 （トン）	c.調理冷凍食品輸入量 （トン）	消費量 a+b+c （トン）	消費量に占める輸入量の割合 （％）	国民1人当たり消費量 （kg）
昭和43年	1968	77,108	1,109		78,217	1.4	0.8
44	1969	123,499	4,022		127,521	3.2	1.2
45	1970	141,305	8,474		149,779	5.7	1.4
46	1971	183,953	8,529		192,482	4.4	1.8
47	1972	244,875	11,006		255,881	4.3	2.4
48	1973	317,772	29,598		347,370	8.5	3.2
49	1974	338,820	49,339		388,159	12.7	3.5
50	1975	355,131	24,954		380,085	6.6	3.4
51	1976	409,150	52,032		461,182	11.3	4.1
52	1977	448,601	63,869		512,470	12.5	4.5
53	1978	482,913	81,293		564,206	14.4	4.9
54	1979	521,200	117,624		638,824	18.4	5.5
55	1980	562,165	140,756		702,921	20.0	6.0
56	1981	598,647	150,248		748,895	20.1	6.4
57	1982	655,054	157,067		812,121	19.3	6.8
58	1983	694,351	149,762		844,113	17.7	7.1
59	1984	740,268	178,156		918,424	19.4	7.6
60	1985	778,346	179,605		957,951	18.7	7.9
61	1986	823,064	214,495		1,037,559	20.7	8.5
62	1987	845,711	254,760		1,100,471	23.2	9.0
63	1988	876,731	312,525		1,189,256	26.3	9.7
平成1年	1989	946,706	315,354		1,262,060	25.0	10.2
2	1990	1,025,429	305,144		1,330,573	22.9	10.8
3	1991	1,106,070	387,022		1,493,092	25.9	12.0
4	1992	1,202,613	400,805		1,603,418	25.0	12.9
5	1993	1,263,201	431,818		1,695,019	25.5	13.6
6	1994	1,319,160	501,039		1,820,199	27.5	14.6
7	1995	1,364,864	548,429		1,913,293	28.7	15.2
8	1996	1,419,684	604,036		2,023,720	29.8	16.1
9	1997	1,482,037	627,242	85,205	2,194,484	32.5	17.4
10	1998	1,488,910	705,568	94,178	2,288,656	34.9	18.1
11	1999	1,504,962	742,697	99,427	2,347,086	35.9	18.5
12	2000	1,498,700	744,332	127,748	2,370,780	36.8	18.7
13	2001	1,508,102	776,708	160,868	2,445,678	38.3	19.2
14	2002	1,485,326	717,220	193,313	2,395,859	38.0	18.8
15	2003	1,496,690	679,795	222,825	2,399,310	37.6	18.8
16	2004	1,526,625	761,348	259,433	2,547,406	40.1	20.0
17	2005	1,539,009	786,507	291,098	2,616,614	41.2	20.5
18	2006	1,545,204	831,880	315,436	2,692,520	42.6	21.1
19	2007	1,527,564	821,128	319,796	2,668,488	42.8	20.9
20	2008	1,471,396	770,563	232,224	2,474,183	40.5	19.4
21	2009	1,396,035	760,997	201,826	2,358,858	40.8	18.5
22	2010	1,399,703	829,406	227,618	2,456,727	43.0	19.2
23	2012						

(出所) (社) 日本冷凍食品協会ホームページ
(注1) 冷凍食品国内生産量と調理冷凍食品輸入量は日本冷凍食品協会調べ。なお，調理冷凍食品輸入量は当協会会員社のうち，輸入冷凍食品を扱う約30社を対象とした調査結果であり，平成9年から調査を実施。
(注2) 冷凍野菜輸入量は「日本貿易統計」(財務省)
(参考) アメリカ人の国民1人当たりの年間消費量…69.1kg
2007年クイック・フローズン・フーズ・インターナショナル調べ.

8. ミネラルウォーター類　国内生産，輸入の推移〈数量〉

単位：kℓ、%

年		国内生産		輸入			合計	
		数量	前年比	数量	前年比	シェア	数量	前年比
昭和57年	1982	87,000	-	163	-	0.2	87,163	-
58	1983	89,000	102.3	1,036	635.6	1.2	90,036	103.3
59	1984	91,000	102.2	1,396	134.7	1.5	92,396	102.6
60	1985	83,000	91.2	1,072	76.8	1.3	84,072	91.0
61	1986	81,000	97.6	1,179	110.0	1.4	82,179	97.7
62	1987	86,000	106.2	3,547	300.8	4.0	89,547	109.0
63	1988	95,000	110.5	9,091	256.3	8.7	104,091	116.2
平成1年	1989	101,000	106.3	16,279	179.1	13.9	117,279	112.7
2	1990	150,000	148.5	25,349	155.7	14.5	175,349	149.5
3	1991	244,000	162.7	34,686	136.8	12.4	278,686	158.9
4	1992	300,000	123.0	45,594	131.4	13.2	345,594	124.0
5	1993	346,400	115.5	68,430	150.1	16.5	414,830	120.0
6	1994	412,300	119.0	146,821	214.6	26.3	559,121	134.8
7	1995	452,200	109.7	198,713	135.3	30.5	650,913	116.4
8	1996	485,900	107.5	144,721	72.8	22.9	630,621	96.9
9	1997	645,900	132.9	148,605	102.7	18.7	794,505	126.0
10	1998	714,600	110.6	159,127	107.1	18.2	873,727	110.0
11	1999	956,400	133.8	175,582	110.3	15.5	1,131,982	129.6
12	2000	894,300	93.5	195,334	111.2	17.9	1,089,634	96.3
13	2001	1,021,200	114.2	226,061	115.7	18.1	1,247,261	114.5
14	2002	1,075,500	105.3	264,078	116.8	19.7	1,339,578	107.4
15	2003	1,132,500	105.3	331,575	125.6	22.6	1,464,075	109.3
16	2004	1,295,855	114.4	330,671	99.7	20.3	1,626,526	111.1
17	2005	1,427,099	110.1	406,925	123.1	22.2	1,834,024	112.8
18	2006	1,800,850	126.2	552,620	135.8	23.5	2,353,470	128.3
19	2007	1,924,258	106.9	580,809	105.1	23.2	2,505,067	106.4
20	2008	2,015,614	104.7	499,676	86.0	19.9	2,515,290	100.4
21	2009	2,089,231	103.7	418,972	83.8	16.7	2,508,203	99.7
22	2010	2,098,950	100.5	418,975	100.0	16.6	2,517,925	100.4

（出所）日本ミネラルウォーター協会ホームページ
輸入資料…財務省関税局　日本貿易統計
2002年国産生産量データ修正：▲35,000 kℓ（重複計上のため）

9. 酒税課税移出状況

区分		清酒	合成清酒	しょうちゅう	ビール	ウイスキー類	みりん
		千kℓ	千kℓ	千kℓ	千kℓ	千kℓ	千kℓ
昭和23年度	1948	127	53	39	79		
24	1949	132	76	142	137		
25	1950	186	76	188	181		
26	1951	244	139	200	267		
27	1952	312	102	195	267		
28	1953	431	131	265	396		
29	1954	425	128	241	333		
30	1955	510	135	282	406		
31	1956	555	136	270	464		
32	1957	598	138	255	550		
33	1958	631	136	271	630		
34	1959	682	138	278	767		
35	1960	751	137	269	932		
36	1961	830	138	267	1,285		
37	1962	979	122	251	1,490	51	14
38	1963	1,126	92	240	1,725	52	15
39	1964	1,280	80	219	1,992	55	18
40	1965	1,159	74	217	1,985	65	16
41	1966	1,478	66	227	2,144	90	19
42	1967	1,293	53	221	2,462	113	24
43	1968	1,454	53	225	2,486	106	23
44	1969	1,530	44	201	2,757	120	28
45	1970	1,601	38	213	2,981	134	31
46	1971	1,588	33	195	3,090	145	36
47	1972	1,711	31	212	3,445	153	39
48	1973	1,766	27	203	3,812	180	50
49	1974	1,598	22	188	3,653	201	47
50	1975	1,747	22	195	3,905	234	41
51	1976	1,635	22	211	3,690	265	52
52	1977	1,636	20	222	4,191	284	56
53	1978	1,558	21	233	4,451	285	64
54	1979	1,651	21	246	4,687	320	60
55	1980	1,473	21	247	4,521	344	69
56	1981	1,547	21	261	4,535	334	67
57	1982	1,543	21	308	4,792	361	69
58	1983	1,434	22	414	5,008	379	74
59	1984	1,344	21	585	4,582	276	77
60	1985	1,355	21	623	4,851	272	80
61	1986	1,410	22	594	5,049	267	81
62	1987	1,414	21	567	5,433	263	85
63	1988	1,448	22	689	5,824	296	85
平成元年度	1989	1,353	22	414	6,250	195	91
2	1990	1,422	22	596	6,490	189	88
3	1991	1,377	22	468	6,869	178	100
4	1992	1,374	31	559	6,966	167	83
5	1993	1,421	42	649	6,895	171	93
6	1994	1,243	48	605	7,086	152	92
7	1995	1,310	54	663	6,766	134	95
8	1996	1,253	56	701	6,846	123	97
9	1997	1,162	54	705	6,570	128	106
10	1998	1,093	55	688	6,096	124	110
11	1999	1,061	57	704	5,779	121	158
12	2000	999	61	721	5,389	115	134
13	2001	949	64	776	4,778	102	106
14	2002	898	67	798	4,271	93	106
15	2003	841	64	900	3,929	87	108
16	2004	753	64	964	3,810	77	107
17	2005	730	65	964	3,613	75	111

区分		清酒	合成清酒	連続式・単式蒸留しょうちゅう	ビール	ウイスキー・ブランデー
		千kℓ	千kℓ	千kℓ	千kℓ	千kℓ
平成18年度	2006	700	58	968	3,499	72
19	2007	676	55	965	3,442	65
20	2008	653	51	947	3,175	69
21	2009	616	47	942	2,996	76
22	2010（速報値）	603	44	905	2,920	86

(出所) 国税庁ホームページ。但し、22年度は編者が国税庁 HP の速報値をもとに作成したものである。
(注1) この表は会計年度内の酒類の課税移出数量について示したものである。
(注2) 「課税移出数量」は税額控除適用後の実課税数量である。ただし、昭和23〜27年度及び昭和31年度は税額控除適用前の移出数量である。
(注3) 平成18年度の「その他」は、その他の醸造酒、粉末酒及び雑酒の合計である。
(注4) 昭和48年度以降は、沖縄国税事務所分を含む。
(注5) 「計」の「外」は税関分の課税状況を外書で示す。

課税移出数量				雑酒		計	
果実酒類	スピリッツ類	リキュール類		発泡酒			外
千kl	千kl	千kl	千kl	千kl	千kl	千kl	千kl
	12						310
	12						499
	18						649
	28						878
	31						907
	44						1,267
	45					1	1,172
	51					1	1,384
	59						1,484
	67					1	1,608
	85					1	1,753
	88					1	1,953
	103					2	2,192
	108					2	2,628
41	3	7	6		6	2	2,963
36	3	9	4		4	3	3,303
37	2	10	1		1	3	3,695
39	3	10	0		0	4	3,568
37	3	12	0		0	4	4,076
42	4	15	0		0	4	4,229
33	5	16	0		0	4	4,402
34	7	20	0		0	5	4,739
31	8	23	-		-	8	5,060
35	9	22	0		0	8	5,153
36	8	23	0		0	12	5,660
46	8	25	0		0	27	6,116
39	6	22	-		0	30	5,776
42	5	22	-		0	35	6,214
46	5	21	-		1	40	5,948
45	5	24	0		1	43	6,485
47	6	23	0		1	54	6,688
56	7	22	0		1	61	7,072
51	7	23	-		1	56	6,758
57	7	23	0		3	64	6,855
67	9	27	0		3	71	7,201
70	15	36	0		3	74	7,456
67	42	93	7		11	67	7,098
62	31	90	5		8	71	7,394
63	22	78	0		5	81	7,590
72	19	80	0		5	120	7,960
75	17	80	0		5	144	8,543
82	41	107	0		6	229	8,559
79	42	131	0		6	259	9,066
72	38	130	8		14	248	9,267
70	35	140	3		9	239	9,432
67	26	163	1		6	259	9,534
72	27	216	26		31	499	9,572
82	23	233	205		209	439	9,568
91	21	252	318		321	398	9,762
130	19	267	475		478	397	9,619
158	16	280	1,053		1,057	419	9,676
133	17	378	1,400		1,403	356	9,810
116	20	395	1,693		1,696	370	9,646
111	21	486	2,342		2,345	366	9,738
111	20	571	2,600		2,603	385	9,538
94	44	597	2,488		2,533	370	9,197
84	73	711	2,278		2,539	371	9,182
103	75	743	1,683		2,719	352	9,197

課税移出数量		原料用				計	
みりん	果実酒・甘味果実酒	アルコール・スピリッツ	リキュール	発泡酒	その他		外
千kl	千kl	千kl	千kl	千kl	千kl	千kl	千kl
112	89	7	783	1,580	1,058	346	9,016
113	86	121	1,023	1,526	848	344	8,922
110	88	209	1,270	1,374	781	367	8,726
106	87	256	1,575	1,141	747	412	8,589
105	92	292	1,746	961	718	491	8,472

10. ビール類の出荷量の推移

(単位:千kℓ, %)

		ビール	発泡酒	新ジャンル	計
平成2	1990	6,551			6,551
7	1995	6,856	190		7,046
12	2000	5,532	1,568		7,100
17	2005	3,574	1,763	1,005	6,343
21	2009	3,026	1,201	1,755	5,982
22	2010	2,918	988	1,907	5,813
22/21		96.4	82.3	108.7	97.2

(出所)『日本国勢図会 2011/12』(矢野恒太郎記念会)〈原資料はキリンビール(株)〉
(注)ビール大手5社の累計課税出荷量,暦年の数値

11. 清涼飲料の生産量の推移

(単位:千kℓ, %)

		生産量	増減率
平成3	1991	11,536	
4	1992	11,882	3.0
5	1993	11,506	-3.2
6	1994	12,821	11.4
7	1995	12,732	-0.7
8	1996	13,149	3.3
9	1997	13,967	6.2
10	1998	14,471	3.6
11	1999	15,167	4.8
12	2000	15,493	2.1
13	2001	15,859	2.4
14	2002	16,167	1.9
15	2003	16,162	0.0
16	2004	17,209	6.5
17	2005	17,846	3.7
18	2006	17,932	0.5
19	2007	18,528	3.3
20	2008	18,307	-1.2
21	2009	17,961	-1.9
22	2010	18,668	3.9
23	2011		

(出所)(社)全国清涼飲料工業会『清涼飲料関係統計資料』

12. シカゴ市況（月別）の推移（期近）（その1）

（1ブッシェル当たりドル）

	大豆	小麦	トウモロコシ
平成19年（2007）1月	6.97	4.66	3.91
2	7.57	4.65	4.11
3	7.54	4.59	4.02
4	7.36	4.71	3.62
5	7.71	4.86	3.70
6	8.24	5.74	3.81
7	8.53	6.13	3.26
8	8.41	6.92	3.31
9	9.46	8.63	3.51
10	9.75	8.54	3.58
11	10.59	7.92	3.82
12	11.51	9.17	4.24
平成20年（2008）1月	12.57	9.24	4.89
2	13.83	10.59	5.16
3	13.49	10.96	5.48
4	13.14	8.81	5.93
5	13.31	7.77	5.98
6	15.04	8.48	6.99
7	15.08	8.13	6.42
8	12.82	8.19	5.49
9	11.92	7.19	5.40
10	9.22	5.70	4.13
11	8.96	5.33	3.74
12	8.68	5.35	3.62

（出所）日本経済新聞『内外商品相場』

12. シカゴ市況の推移（期近）（その2）

（1ブッシェル当たりドル）

		大豆	小麦	トウモロコシ
平成17年（2005）		6.08	3.19	2.09
18（2006）		5.92	4.03	2.80
19（2007）		8.64	6.38	3.73
20（2008）		12.33	7.95	5.27
21（2009）		10.31	5.29	3.74
22（2010）		10.49	5.82	4.28
23（2011）		13.18	7.09	6.80
23年（2011）	1月	13.93	8.04	6.35
	2月	13.94	8.32	6.90
	3月	13.57	7.33	6.84
	4月	13.65	7.78	7.53
	5月	13.57	7.66	7.22
	6月	13.60	6.96	7.21
	7月	13.66	6.69	6.84
	8月	13.65	7.17	7.13
	9月	13.36	6.79	6.89
	10月	12.14	6.27	6.32
	11月	11.67	6.12	6.27
	12月	11.43	6.06	6.02

（出所）日本経済新聞『内外商品相場』

13. 外食市場規模の推移

(単位：億円)

			増減率：%
昭和50	1975	85,773	
51	1976	100,774	17.5
52	1977	110,318	9.5
53	1978	121,167	9.8
54	1979	136,182	12.4
55	1980	146,343	7.5
56	1981	156,867	7.2
57	1982	172,081	9.7
58	1983	177,014	2.9
59	1984	184,783	4.4
60	1985	192,768	4.3
61	1986	204,726	6.2
62	1987	213,482	4.3
63	1988	225,371	5.6
平成1	1989	234,714	4.1
2	1990	256,760	9.4
3	1991	272,308	6.1
4	1992	277,341	1.8
5	1993	277,650	0.1
6	1994	277,042	-0.2
7	1995	278,666	0.6
8	1996	286,502	2.8
9	1997	290,702	1.5
10	1998	284,961	-2.0
11	1999	273,880	-3.9
12	2000	269,925	-1.4
13	2001	258,545	-4.2
14	2002	254,484	-1.6
15	2003	245,684	-3.5
16	2004	244,825	-0.3
17	2005	243,903	-0.4
18	2006	245,523	0.7
19	2007	245,908	0.2
20	2008	245,068	-0.3
21	2009	236,454	-3.5
22	2010	236,450	0.0

(出所)（財）食の安全・安心財団（外食産業総合調査研究センター）ホームページ

14. 食品工業の国内生産額の推移

(単位:10億円)

項目	平成12年度	13	14	15	16	17	18	19	20
食品工業	37,219.6	36,105.4	35,586.8	35,032.3	35,463.7	34,559.1	34,614.1	35,134.6	35,284.1
と畜	1,577.9	1,468.6	1,385.3	1,399.9	1,532.3	1,569.1	1,592.2	1,634.8	1,611.2
食肉加工品	933.8	901.5	818.3	793.0	815.4	802.0	804.8	801.2	875.3
牛乳・乳製品	2,011.5	1,993.7	2,031.6	2,035.8	2,024.0	2,014.5	2,022.1	2,042.0	2,074.0
水産加工品	3,746.5	3,436.0	3,353.2	3,133.8	3,159.9	3,211.7	3,223.2	3,204.3	3,392.2
精穀・製粉	3,367.0	3,340.1	3,376.2	3,536.8	3,395.0	3,114.9	2,974.8	2,926.6	2,907.1
めん・パン・菓子類	4,909.9	4,834.3	4,814.6	4,780.0	4,785.4	4,752.2	4,742.5	4,822.8	4,982.2
農産保存食料品	718.8	706.6	716.7	679.9	627.4	574.2	564.9	563.4	550.9
砂糖・油脂・調味料類	2,651.0	2,630.2	2,620.4	2,658.6	2,676.5	2,662.8	2,715.2	2,841.7	3,062.7
冷凍調理食品	586.5	587.5	561.9	547.1	544.5	542.7	540.2	543.3	540.8
レトルト食品	197.2	203.1	198.1	194.1	200.4	203.7	202.1	205.7	208.7
そう菜・すし・弁当	2,619.8	2,610.0	2,645.5	2,601.2	2,622.3	2,625.4	2,678.5	2,778.9	2,741.6
学校給食	877.1	855.9	828.5	807.1	787.0	773.6	760.1	742.1	727.3
その他の食料品	1,429.6	1,324.4	1,372.2	1,365.8	1,389.3	1,404.7	1,407.7	1,424.7	1,528.2
酒類	4,247.1	4,060.7	3,796.3	3,587.4	3,487.2	3,497.4	3,370.6	3,254.4	3,249.6
その他の飲料	4,312.4	4,202.1	4,146.9	4,124.9	4,445.3	4,451.1	4,489.1	4,572.7	4,532.1
たばこ	3,033.4	2,950.7	2,921.1	2,786.7	2,971.8	2,359.0	2,526.0	2,775.9	2,300.4
食品工業	37,219.6	36,105.4	35,586.8	35,032.3	35,463.7	34,559.1	34,614.1	35,134.6	35,284.1
準農水産品	5,836.6	5,584.6	5,497.7	5,637.3	5,674.7	5,534.1	5,474.7	5,467.1	5,479.1
加工食品	19,789.7	19,307.3	19,224.9	18,896.0	18,884.6	18,717.5	18,753.7	19,064.6	19,723.0
飲料・たばこ	11,593.0	11,213.5	10,864.3	10,499.0	10,904.2	10,307.5	10,385.6	10,603.0	10,082.0

(出所) 農林水産省「農業・食料関連産業の経済計算報告書ホームページ」

15. 平成21年工業統計表【概要版】
産業別統計表（産業細分類別）のうち「食料品製造業＋飲料・たばこ・飼料製造業」
従業者4人以上の事業所に関する統計表
(注)「食料品製造業」＋「飲料・たばこ・飼料製造業」について、編者が製造品出荷額等の多い順に配列し、付加価値額の構成比を計算した。

	産業分類	事業所数	従業者数（人）	現金給与総額（百万円）	原材料使用額等（百万円）	製造品出荷額等（百万円）	付加価値額（従業者29人以下は粗付加価値額）（百万円）	付加価値額の構成比（％）
0000	製造業計	235,817	7,735,789	32,825,059	163,953,552	265,259,031	80,319,365	100.0
	食料品製造業＋飲料・たばこ・飼料製造業	35,782	1,229,741	3,465,719	18,703,303	34,441,421	11,559,878	14.4
0900	食料品製造業	31,233	1,125,413	3,027,660	14,845,208	24,448,076	8,613,984	10.7
1000	飲料・たばこ・飼料製造業	4,549	104,328	438,059	3,858,095	9,993,345	2,945,894	3.7
1011	清涼飲料製造業	564	28,374	125,469	1,239,086	2,214,761	875,113	7.6
1051	たばこ製造業（葉たばこ処理業を除く）	10	2,611	21,786	204,706	2,108,856	446,835	3.9
1022	ビール類製造業	63	5,450	39,002	387,463	2,106,537	608,114	5.3
0999	他に分類されない食料品製造業	2,894	85,562	233,318	889,539	1,625,505	666,398	5.8
0971	パン製造業	1,230	90,706	286,080	662,598	1,457,274	725,803	6.3
0911	部分肉・冷凍肉製造業	804	37,936	104,574	1,140,728	1,389,044	225,939	2.0
0979	その他のパン・菓子製造業	934	48,408	149,761	610,192	1,278,874	599,185	5.2
0913	処理牛乳・乳飲料製造業	326	20,358	80,627	875,373	1,203,828	281,510	2.4
0914	乳製品製造業（処理牛乳、乳飲料を除く）	281	20,722	82,326	743,885	1,171,456	380,303	3.3
0997	すし・弁当・調理パン製造業	1,192	113,131	223,538	648,594	1,156,665	465,657	4.0
0949	その他の調味料製造業	512	28,428	110,556	601,492	1,120,943	470,141	4.1
1061	配合飼料製造業	311	8,494	36,590	934,967	1,103,036	145,729	1.3
0929	その他の水産食料品製造業	2,963	63,209	139,170	687,529	1,061,378	345,944	3.0
0972	生菓子製造業	2,802	87,053	208,786	443,180	1,047,339	554,199	4.8
1024	蒸留酒・混成酒製造業	393	11,953	49,509	298,612	1,024,258	376,206	3.3
0992	その他の畜産食料品製造業	2,855	56,087	142,975	552,365	940,508	349,495	3.0
0995	冷凍調理食品製造業	674	43,829	112,581	499,893	826,020	291,373	2.5
0996	その他（他）菜類製造業	1,012	60,028	132,937	450,012	801,733	320,647	2.8
0919	その他の畜産食料品製造業	752	37,991	91,237	558,759	794,845	215,611	1.9
0961	精米・精麦業	373	7,066	26,425	594,849	720,760	115,424	1.0
0912	肉加工品製造業	406	29,773	82,377	418,976	672,676	226,360	2.0
0926	冷凍水産食品製造業	918	25,337	63,218	461,776	620,438	148,174	1.3
0981	動植物油脂製造業（食用油脂加工業を除く）	177	5,961	29,492	445,062	584,628	89,705	0.8

214

コード	業種						
0962	小麦粉製造業	91	4,502	23,091	388,837	508,075	90,265	0.8
1023	清酒製造業	1,097	18,975	69,781	136,972	458,720	222,048	1.9
0923	水産練製品製造業	946	28,642	75,023	238,408	457,918	198,919	1.7
0973	ビスケット類・干菓子製造業	631	23,700	63,621	220,205	452,785	214,762	1.9
0932	野菜漬物製造業（缶詰、瓶詰、つぼ詰を除く）	1,351	31,040	71,211	226,067	408,125	168,225	1.5
0931	果実缶詰・果実保存食品・農産保存食料品製造業（野菜漬物を除く）	640	21,546	55,828	233,710	379,368	129,841	1.1
0925	冷凍水産物製造業	484	13,101	32,250	270,995	371,341	92,333	0.8
1031	製茶業	1,177	13,091	36,418	218,563	336,463	105,355	0.9
0993	豆腐・油揚製造業	1,726	30,701	70,435	151,045	333,043	165,228	1.4
0974	米菓製造業	546	20,127	53,090	141,179	323,971	165,912	1.4
0922	海藻加工業	885	18,223	40,993	202,052	319,062	107,313	0.9
0993	ソース製造業	135	7,896	26,723	167,803	290,421	106,716	0.9
0982	食用油脂加工業	24	3,057	17,680	186,108	270,623	70,085	0.6
0953	ぶどう糖・水あめ・異性化糖製造業	29	1,958	11,998	180,441	269,068	75,124	0.6
0924	塩干・塩蔵品製造業	657	14,669	30,638	179,913	263,227	77,660	0.7
0942	しょう油・食用アミノ酸製造業	488	8,406	32,690	110,383	232,990	110,394	1.0
1032	コーヒー製造業	132	4,545	17,173	172,880	226,444	45,950	0.4
0998	レトルト食品製造業	118	8,911	26,889	115,352	181,689	58,984	0.5
0952	砂糖精製業	47	1,906	10,058	96,472	163,404	58,270	0.5
1052	葉たばこ処理業	6	602	4,712	128,780	150,961	17,133	0.1
0941	味そ製造業	431	6,837	20,159	58,275	132,805	65,828	0.6
0921	水産缶詰・瓶詰製造業	111	5,572	15,257	80,617	129,717	44,951	0.4
0951	砂糖製造業（砂糖精製業を除く）	57	2,141	10,915	75,768	121,718	37,162	0.3
0969	その他の精穀・製粉業	274	3,518	12,759	77,387	116,617	36,204	0.3
1062	単体飼料製造業	147	2,341	9,788	69,043	99,979	27,771	0.2
0991	でんぷん製造業	50	864	3,611	84,697	96,073	8,993	0.1
0994	あん類製造業	312	4,021	13,783	42,608	76,747	31,165	0.3
0944	食酢製造業	95	2,490	8,980	42,083	75,375	27,783	0.2
1063	有機質肥料製造業	369	4,146	13,867	35,508	72,148	33,613	0.3
1021	果実酒製造業	99	1,902	7,213	22,535	63,729	24,679	0.2
1041	製氷業	181	1,844	6,751	8,979	27,454	17,349	0.2

（出所）平成23（2011）年1月28日掲載　経済産業省ホームページ

16. 平成22年工業統計表【概要版】
産業別統計表（産業細分類別）のうち「飲料品製造業＋飲料・たばこ・飼料製造業」
従業者4人以上の事業所に関する統計表
(注)「飲料品製造業」＋「飲料・たばこ・飼料製造業」について、編者が製造品出荷額等の多い順に配列し、付加価値額の構成比を試算した。

	産業分類	事業所数	従業者数（人）	現金給与総額（百万円）	原材料使用額等（百万円）	製造品出荷額等（百万円）	付加価値額（従業者29人以下は粗付加価値額）（百万円）	付加価値額の構成比（%）
0000	製造業計	224,403	7,663,847	32,719,540	180,325,724	289,107,683	90,667,210	100.0
	食料品製造業＋飲料・たばこ・飼料製造業	34,673	1,224,862	3,445,330	18,098,524	33,727,715	11,631,965	12.83
0900	食料品製造業	30,282	1,122,817	3,023,066	14,449,143	24,114,367	8,661,831	9.55
1000	飲料・たばこ・飼料製造業	4,391	102,045	422,264	3,649,381	9,613,348	2,970,134	3.28
1011	清涼飲料製造業	553	27,805	124,006	1,175,483	2,264,903	984,069	8.5
1022	ビール類製造業	61	5,485	36,998	371,224	1,995,148	599,110	5.2
1051	たばこ製造業（葉たばこ処理業を除く）	8	2,448	19,863	219,742	1,979,367	404,479	3.5
0999	他に分類されない食料品製造業	2,863	85,725	237,435	928,331	1,690,584	688,712	5.9
0971	パン製造業	1,191	94,287	288,253	644,504	1,469,027	741,988	6.4
0911	部分肉・冷凍肉製造業	778	35,648	99,799	1,091,668	1,317,118	203,661	1.8
0979	その他のパン・菓子製造業	934	49,017	155,085	595,971	1,289,762	620,791	5.3
0913	処理牛乳・乳飲料製造業	327	20,531	82,034	887,956	1,265,121	327,246	2.8
0914	乳製品製造業（処理牛乳、乳飲料を除く）	271	20,072	79,288	715,552	1,176,037	401,260	3.4
0997	すし・弁当・調理パン製造業	1,152	110,608	216,508	628,455	1,122,296	452,197	3.9
0972	生菓子製造業	2,685	86,084	208,504	452,305	1,052,363	550,315	4.7
0929	その他の水産食料品製造業	2,843	62,183	136,340	654,542	1,031,438	347,717	3.0
0949	その他の調味料製造業	528	27,348	104,389	522,683	1,030,989	454,804	3.9
1061	配合飼料製造業	309	8,681	37,154	863,524	1,029,137	144,383	1.2
1024	蒸留酒・混成酒類製造業	389	11,706	49,104	301,120	1,021,376	371,158	3.2
0992	あん類製造業	2,747	57,126	145,484	542,029	940,752	355,884	3.1
0995	冷凍調理食品製造業	694	45,497	117,615	512,416	855,079	305,813	2.6
0996	そう（惣）菜製造業	971	63,423	137,686	475,238	834,434	326,716	2.8
0919	その他の畜産食料品製造業	738	39,031	92,770	559,242	779,083	195,975	1.7
0912	肉加工品製造業	403	31,663	87,195	440,777	708,959	239,688	2.1
0961	精米・精麦業	357	6,806	24,992	550,909	679,547	115,629	1.0
0926	冷凍水産食品製造業	854	23,100	58,740	408,530	562,013	139,412	1.2
0981	動植物油脂製造業（食用油脂加工業を除く）	173	5,678	27,711	389,590	504,752	94,116	0.8

コード	産業							
0973	ビスケット類・干菓子製造業	613	22,552	61,573	216,110	449,494	214,404	1.8
1023	清酒製造業	1,060	18,351	65,175	130,470	439,317	210,892	1.8
0962	小麦粉製造業	83	4,516	23,017	331,081	432,784	84,930	0.7
0923	水産練製品製造業	912	27,866	73,975	212,831	421,579	189,952	1.6
0925	冷凍水産物製造業	495	13,745	35,158	299,936	397,229	90,679	0.8
0932	野菜漬物製造業（缶詰、瓶詰、つぼ詰を除く）	1,292	29,877	67,552	214,547	388,144	159,674	1.4
0931	野菜缶詰・果実缶詰・農産保存食料品製造業（野菜漬物を除く）	631	21,745	58,081	239,005	385,932	132,282	1.1
0943	ソース製造業	136	8,761	31,371	189,772	332,834	126,224	1.1
0974	米菓製造業	530	19,880	52,737	139,331	328,363	110,677	1.5
0922	海藻加工業	851	18,328	41,508	202,538	322,457	110,288	0.9
0993	豆腐・油揚製造業	1,625	28,809	67,142	140,346	315,586	158,189	1.4
1031	製茶業	1,114	12,929	34,581	195,005	310,316	105,634	0.9
0942	しょう油・食用アミノ酸製造業	472	8,678	34,153	162,883	293,856	115,943	1.0
0924	塩干・塩蔵品製造業	676	15,061	31,032	183,485	267,944	73,190	0.6
0982	食用油脂加工業	27	3,111	18,707	171,332	254,894	71,541	0.6
1032	コーヒー製造業	125	4,348	16,078	174,770	222,012	41,248	0.4
0953	ぶどう糖・水あめ・果糖性糖製造業	27	1,831	11,685	131,539	193,503	51,654	0.4
0952	砂糖精製業	46	1,751	9,600	101,193	166,541	54,946	0.5
0998	レトルト食品製造業	114	8,589	25,936	97,351	165,937	61,061	0.5
1052	葉たばこ処理業	6	572	4,593	103,798	120,848	13,014	0.1
0921	水産缶詰・瓶詰製造業	103	5,211	13,689	72,564	119,833	42,587	0.4
0941	みそ製造業	404	6,364	18,698	50,250	115,204	57,625	0.5
0951	砂糖製造業（砂糖精製業を除く）	51	2,153	11,130	71,989	113,933	31,605	0.3
0969	その他の精穀・製粉業	262	3,488	13,103	76,217	112,932	33,431	0.3
0991	でんぷん製造業	49	885	3,625	74,008	97,268	16,595	0.1
1062	単体飼料製造業	140	2,229	8,607	52,060	79,533	25,030	0.2
0994	あん類製造業	290	3,993	13,073	42,143	75,728	30,469	0.3
1063	有機質肥料製造業	351	3,840	12,839	29,924	62,638	30,247	0.3
1021	果実酒製造業	98	1,822	6,808	21,994	60,516	23,992	0.2
0944	食酢製造業	84	1,796	6,695	27,996	53,038	21,960	0.2
1041	製氷業	177	1,829	6,458	10,257	28,236	16,875	0.1

（出所）平成24（2012）年1月25日掲載　経済産業省ホームページ

統計編

17. 平成23年家計調査結果
2人以上の世帯の1世帯平均
(出所) 総務省「家計調査」ホームページ
(注)「1人当たり支出金額及び購入数量」「食料費に占める割合」は編者が試算した値である。

	品目	支出金額(円)	購入頻度(100世帯当たり)	購入数量	平均価格	全国 購入世帯数(10,000分比)	1人当たり支出金額(円)	1人当たり購入数量	食料費に占める割合(%)
	世帯数分布(抽出率調整)	10,000							
	集計世帯数	7,676							
	世帯人員(人)	3.08							
	18歳未満人員(人)	0.62							
	65歳以上人員(人)	0.69							
	うち無職者人員(人)	0.57							
	有業人員(人)	1.33							
	世帯主の年齢(歳)	56.8							
	持家率(%)	78.9							
	家賃・地代を支払っている世帯の割合(%)	19.7							
1	消費支出	304,031				10,000	1,102,421		
	食料	239,892	3,395,456			10,000	283,377		100.0
1.1	穀類	23,506	872,802			9,985	25,595		9.0
1.1.1	米	956	78,833	80.57	340.41	5,090	8,905	26.16 kg	3.1
	パン	13,472	27,428	45,257	62.57	9,741	9,194	14,694 g	3.2
1.1.2	食パン	4,976	28,318	19,502	44.28	8,354	2,804	6,332 g	1.0
120	他のパン	8,496	8,635	21,929	89.76	9,134	6,391	7,120 g	2.3
1.1.3	めん類	7,635	19,684	36,926	49.38	9,557	5,920	11,989 g	2.1
129	生うどん・そば	1,913	18,234	10,709	33.35	6,489	1,160	3,477 g	0.4
130	乾うどん・そば	483	3,572	4,704	63.89	2,462	976	1,527 g	0.3
131	スパゲッティ	638	3,006	3,306	38.87	3,645	417	1,073 g	0.1
134	中華めん	2,111	1,285	9,623	46.49	7,175	1,453	3,124 g	0.5
135	カップめん	1,527	4,474	3,220	107.72	4,778	1,126	1,045 g	0.4
132	即席めん	621	3,468	2,682	65.07	3,225	567	871 g	0.2
139	他のめん類	342	1,745	729	93.80	2,058	222	237 g	0.1
1.1.4	他の穀類	1,443	684	8,954	54.20	5,929	1,576	2,907 g	0.6
140	小麦粉	323	4,853	3,121	23.27	2,106	236	1,013 g	0.1
150	もち	265	726	2,460	78.81	1,502	630	799 g	0.2
160	他の穀類のその他	855	1,959	2,841	77.02	4,315	710	922 g	0.3
1.2	魚介類	21,232	2,188			9,919	25,566		9.0
1.2.1	生鮮魚介	10,072	78,744	32,056	141.45	9,519	14,722	10,408 g	5.2
170-189	鮮魚	9,012	45,345	28,995	142.76	9,456	13,439	9,414 g	4.7
170	まぐろ	997	41,392	2,369	222.02	4,087	1,707	769 g	0.6
172	あじ	395	5,259	1,424	95.16	2,184	440	462 g	0.2
173	いわし	213	1,355	761	71.68	1,303	177	247 g	0.1
174	かつお	378	545	993	145.46	1,992	469	322 g	0.2
175	かれい	314	1,445	1,208	111.94	1,894	439	392 g	0.2
176	さけ	1,087	1,353	2,886	139.82	4,956	1,310	937 g	0.5
177	さば	321	4,035	1,166	89.09	2,041	337	379 g	0.1

	品目						
178	さんま	410	1,240	1,719	72.15	2,184	403	558 g	0.1
180	たい	196	1,102	632	174.44	1,161	358	205 g	0.1
181	ぶり	711	3,314	2,147	154.34	3,519	1,076	697 g	0.4
182	いか	771	2,374	2,469	96.12	3,804	771	802 g	0.3
183	たこ	329	1,204	679	177.46	2,008	391	220 g	0.1
185	えび	750	3,307	1,918	172.41	3,739	1,074	623 g	0.4
186	かに	86	1,825	619	294.66	556	593	201 g	0.2
189	他の鮮魚	1,441	7,089	5,321	133.21	5,284	2,302	1,728 g	0.8
190-194	さしみ盛合わせ	614	4,909	1,798	272.97	2,931	1,594	584 g	0.6
190	貝類	1,060	3,953	3,035	130.27	4,345	1,283	985 g	0.5
192	あさり	371	1,033	1,100	93.94	2,060	335	357 g	0.1
194	しじみ	149	446	341	130.79	902	145	111 g	0.1
191	かき(貝)	184	925	626	147.69	1,021	300	203 g	0.1
193	ほたて貝	255	1,091	651	167.66	1,571	354	211 g	0.1
	他の貝	101	457	287	159.16	638	148	93 g	0.1
1.2.2	塩干魚介	3,814	14,648	8,970	163.30	8,263	4,756	2,912 g	1.7
195	塩さけ	479	1,909	1,520	125.55	2,534	620	494 g	0.2
196	たらこ	535	2,602	838	310.63	2,879	845	272 g	0.3
197	しらす干し	517	1,310	472	277.86	2,639	425	153 g	0.2
198	干しあじ	288	1,030	971	106.08	1,757	334	315 g	0.1
200	煮干し	89	389	225	172.75	614	126	73 g	0.0
202	他の塩干魚介	1,906	7,407	4,983	148.66	6,498	2,405	1,618 g	0.8
1.2.3	魚肉練製品	4,625	8,754			8,472	2,842		1.0
203	揚げかまぼこ	1,233	2,554			4,739	829		0.3
204	ちくわ	1,352	1,756			5,450	570		0.2
205	かまぼこ	1,331	2,966			5,202	963		0.2
209	他の魚肉練製品	709	1,478			3,472	480		0.2
1.2.4	他の魚介加工品	2,721	9,997			7,677	3,246		1.1
210	かつお節・削り節	330	924	294	313.85	2,177	300	95 g	0.1
213	魚介の漬物	639	2,944			3,107	956		0.3
215	魚介のつくだ煮	243	1,229			1,388	399		0.1
216	魚介の缶詰	762	2,342			3,885	760		0.3
217	他の魚介加工品のその他	747	2,559			3,688	831		0.3
1.3	肉類	17,391	77,362			9,909	25,118		8.9
1.3.1	生鮮肉	12,355	60,212	43,155	139.53	9,779	19,549	14,011 g	6.9
220	牛肉	2,096	18,593	6,782	274.15	6,572	6,037	2,202 g	2.1
221	豚肉	5,894	24,739	18,987	130.30	9,318	8,032	6,165 g	2.8
222	鶏肉	3,331	12,802	13,702	93.43	8,147	4,156	4,449 g	1.5
22X	合いびき肉	524	1,981	1,890	104.80	2,877	643	614 g	0.2
224	他の生鮮肉	510	2,097	1,556	134.78	2,527	681	505 g	0.2
1.3.2	加工肉	5,036	17,150			9,074	5,568		2.0
225	ハム	1,522	5,633	3,055	184.43	6,105	1,829	992 g	0.6
226	ソーセージ	2,274	7,098	5,401	131.42	7,326	2,305	1,754 g	0.8
227	ベーコン	856	2,430	1,490	163.09	4,380	789	484 g	0.3
229	他の加工肉	383	1,988			2,166	645		0.2
1.4	乳卵類	15,610	39,100			9,946	12,695		4.5
1.4.1	牛乳	5,306	15,447	80.97	190.77	8,642	5,015	26 ℓ	1.8
1.4.2	乳製品	5,867	15,043			8,834	4,884		1.7

219

	品目	購入頻度 (100世帯当たり)	支出金額 (円)	購入数量	平均価格	購入世帯数 (10,000分比)	1人当たり 支出金額 (円)	1人当たり 購入数量	食料費に 占める割合 (%)
231	粉ミルク	48	715	367	194.67	274	232	119 g	0.1
232	ヨーグルト	3,815	8,717			7,343	2,830		1.0
233	バター	249	867	499	173.59	1,707	281	162 g	0.1
234	チーズ	1,525	4,171	2,672	156.08	5,757	1,354	868 g	0.5
235	他の乳製品	230	573			1,475	186		0.1
1.4.3	卵	4,437	8,611	30,829	27.93	9,408	2,796	10,009 g	1.0
1.5	野菜・海藻	63,183	99,739			9,985	32,383		11.4
1.5.1	生鮮野菜	43,090	64,228	173,563	37.01	9,962	20,853	56,352 g	7.4
240-249	葉茎菜	16,203	19,308	60,485	31.92	9,846	6,269	19,638 g	2.2
240	キャベツ	1,920	2,444	17,928	13.63	7,597	794	5,821 g	0.3
241	ほうれんそう	1,395	2,049	3,592	57.02	5,249	665	1,166 g	0.2
242	はくさい	965	1,203	8,334	14.43	4,460	391	2,706 g	0.1
243	ねぎ	2,093	2,835	5,197	54.54	6,900	920	1,687 g	0.3
244	レタス	1,603	2,069	5,711	36.23	6,155	672	1,854 g	0.2
247	ブロッコリー	1,095	1,578	3,566	44.26	4,705	512	1,158 g	0.2
245	もやし	2,707	1,105	7,090	15.59	7,755	359	2,302 g	0.1
249	他の葉茎菜	4,425	6,025	8,442	71.37	8,144	1,956	2,741 g	0.7
250-259,25X	根菜	10,560	18,094	64,171	28.20	9,722	5,875	20,835 g	2.1
250	さつまいも	420	955	2,794	34.18	2,350	310	907 g	0.1
251	じゃがいも	1,460	2,825	10,806	26.14	5,913	917	3,508 g	0.3
252	さといも	382	912	2,148	42.47	2,206	296	697 g	0.1
253	だいこん	1,426	1,719	13,979	12.30	6,156	558	4,539 g	0.2
254	にんじん	1,848	2,426	8,754	27.71	7,573	788	2,842 g	0.3
255	ごぼう	695	1,112	1,936	57.47	4,012	361	629 g	0.1
256	たまねぎ	1,868	3,110	15,811	19.67	9,670	1,010	5,133 g	0.4
258	れんこん	419	954	1,346	70.86	2,396	310	437 g	0.1
25X	たけのこ	280	796	1,014	78.56	1,702	258	329 g	0.1
259	他の根菜	1,763	3,285	5,403	60.80	6,531	1,067	1,754 g	0.4
260-269	他の野菜	16,328	26,826	48,214	55.64	9,847	8,710	15,654 g	3.1
260	さやまめ	995	2,159	2,299	93.94	3,927	701	746 g	0.2
261	かぼちゃ	902	1,422	4,643	30.61	4,367	462	1,507 g	0.2
262	きゅうり	2,406	3,260	8,413	38.75	7,273	1,058	2,731 g	0.4
263	なす	1,063	1,864	4,539	41.07	4,449	605	1,474 g	0.2
264	トマト	2,734	6,480	11,204	57.83	7,092	2,104	3,638 g	0.7
265	ピーマン	1,430	1,741	2,605	66.84	5,778	565	846 g	0.2
266	生しいたけ	1,127	1,951	1,693	115.21	4,777	633	550 g	0.2
267	他のきのこ	4,470	4,974	7,701	64.59	8,435	1,615	2,500 g	0.6
269	他の野菜のその他	1,199	2,975	4,911	60.57	4,322	966	1,594 g	0.3
1.5.2	乾物・海藻	3,192	8,758			8,204	2,844		1.0
273	豆類	141	542			919	176		0.1
274	干しいたけ	78	532	73	728.13	593	173	24 g	0.1
276	干しのり	640	2,483			3,485	806		0.3
277	わかめ	521	1,241	880	141.11	2,981	403	286 g	0.1
278	こんぶ	312	1,090	356	305.79	1,993	354	116 g	0.1

	品目									
279	他の乾物・海藻	1,501	2,870			6,047	932			0.3
1.5.3	大豆加工品	10,611	12,882			9,817	4,182			1.5
280	豆腐	4,936	5,722	76.75	74.55	9,317	1,858	25	丁	0.7
281	油揚げ・がんもどき	2,476	3,223			7,376	1,046			0.4
282	納豆	2,853	3,295			7,339	1,070			0.4
289	他の大豆製品	345	642			2,159	208			0.1
1.5.4	こんにゃく	6,291	13,872			9,350	4,504			1.6
290	こんにゃく	1,690	2,089			6,393	678			0.2
291	梅干し	267	1,274	753	169.32	1,719	414	244	g	0.1
292	梅びしお漬	477	1,088	1,614	67.37	2,466	353	524	g	0.1
293	はくさい漬	307	589	942	62.52	1,563	191	306	g	0.1
294	他の野菜の漬物	2,158	5,584			6,644	1,813			0.6
295	こんぶつくだ煮	490	1,253	666	188.15	2,791	407	216	g	0.1
296	他の野菜・海藻のつくだ煮	163	561			1,111	182			0.1
299	他の野菜・海藻加工品のその他	738	1,435			3,840	466			0.2
1.6	果物	9,944	35,753			9,404	11,608			4.1
1.6.1	生鮮果物	9,356	33,829	83,351	40.59	9,299	10,983	27,062	g	3.9
300	りんご	1,158	4,529	12,169	37.22	4,120	1,470	3,951	g	0.5
301	みかん	820	4,349	11,790	36.89	2,864	1,412	3,828	g	0.5
314	グレープフルーツ	262	588	2,447	24.03	1,226	191	794	g	0.1
315	オレンジ	242	683	2,028	33.70	1,235	222	658	g	0.1
304	他の柑きつ類	568	2,113	5,160	40.96	2,512	686	1,675	g	0.2
305	なし	369	1,982	4,466	44.38	1,434	644	1,450	g	0.2
306	ぶどう	339	2,023	2,004	100.94	1,504	657	651	g	0.1
307	かき（果物）	275	991	2,461	40.24	1,027	322	799	g	0.1
308	もも	173	1,141	1,671	68.29	769	370	543	g	0.1
309	すいか	265	1,423	4,097	34.74	1,155	462	1,330	g	0.2
310	メロン	163	1,322	2,560	51.65	870	429	831	g	0.1
311	いちご	763	3,375	3,116	108.33	2,656	1,096	1,012	g	0.4
312	バナナ	2,706	4,216	19,585	21.53	6,745	1,369	6,359	g	0.5
316	キウイフルーツ	374	1,051	1,424	73.80	1,763	341	462	g	0.1
313	他の果物	879	4,041	5,053	79.98	3,633	1,312	1,641	g	0.5
1.6.2	果物加工品	589	1,924			2,834	625			0.2
1.7	油脂・調味料	14,923	40,247			9,940	13,067			4.6
1.7.1	油脂	1,221	3,998	9,062	44.11	5,892	1,298	2,942	g	0.5
320	食用油	803	3,119	7,892	39.52	4,534	1,013	2,562	g	0.4
321	マーガリン	418	879	1,255	70.00	2,817	285	407	g	0.1
1.7.2	調味料	13,702	36,249			9,926	11,769			4.2
322	食塩	220	525	2,492	21.07	1,640	170	809	g	0.2
323	しょう油	559	2,101	6,897	30.46	3,643	682	2,239	mℓ	0.2
324	みそ	638	2,446	6,210	39.39	4,073	794	2,016	g	0.3
325	砂糖	589	1,416	6,640	21.33	3,487	460	2,156	g	0.2
327	酢	370	1,248	2,593	48.15	2,476	405	842	mℓ	0.1
328	ソース	374	779	1,699	45.83	2,537	253	552	mℓ	0.1
329	ケチャップ	314	576	1,587	36.33	2,278	187	515	g	0.1
330	マヨネーズ・マヨネーズ風調味料	583	1,288	2,650	48.60	3,899	418	860	g	0.1
332	ドレッシング	662	1,833	1,950	94.01	3,666	595	633	mℓ	0.2
331	ジャム	446	1,204	1,247	96.60	2,520	391	405	g	0.1

統計編

	品目	購入頻度 (100世帯当たり)	支出金額 (円)	購入数量	平均価格	購入世帯数 (10,000分比)	1人当たり 支出金額 (円)	1人当たり 購入数量	食料費に 占める割合 (%)
333	カレールウ	694	1,557	1,785	87.24	4,145	506	580 g	0.2
334	乾燥スープ	1,001	2,600			4,334	844		0.3
335	風味調味料	611	1,978			3,595	642		0.2
336	ふりかけ	852	1,582			3,960	514		0.2
33X	つゆ・たれ	1,516	4,287			6,237	1,392		0.5
339	他の調味料	4,272	10,828			8,895	3,516		1.2
1.8	菓子類	22,159	76,797			9,907	24,934		8.8
340	ようかん	109	732			731	238		0.1
341	まんじゅう	269	1,478			1,580	480		0.2
342	他の和生菓子	1,935	8,916			6,200	2,895		1.0
343	カステラ	175	864			1,149	281		0.1
344	ケーキ	621	6,853			3,367	2,225		0.8
347	ゼリー	720	2,016			2,989	655		0.2
348	プリン	696	1,506			3,239	489		0.2
345	他の洋生菓子	1,634	6,673			5,696	2,167		0.8
350	せんべい	1,739	5,182			5,585	1,682		0.6
346	ビスケット	1,027	3,215			4,106	1,044		0.4
357	スナック菓子	2,386	4,070			5,454	1,321		0.5
349	キャンデー	1,111	2,213			4,373	719		0.3
352	チョコレート	1,471	4,372			4,887	1,419		0.5
353	チョコレート菓子	584	1,196			2,409	388		0.1
356	アイスクリーム・シャーベット	2,433	7,493			5,892	2,433		0.9
359	他の菓子	5,248	20,018			8,723	6,499		2.3
1.9	調理食品	25,994	101,930			9,951	33,094		11.7
1.9.1	主食的調理食品	9,020	42,617			9,292	13,837		4.9
360	弁当	1,844	13,350			5,052	4,334		1.5
36A	すし(弁当)	1,893	11,769			5,922	3,821		1.3
36B	おにぎり・その他	1,416	3,667			4,438	1,191		0.4
361	調理パン	1,216	3,869			4,099	1,256		0.4
363	他の主食的調理食品	2,651	9,962			6,798	3,234		1.1
1.9.2	他の調理食品	16,974	59,313			9,859	19,257		6.8
364	うなぎのかば焼き	186	2,846			1,226	924		0.3
365	サラダ	1,382	3,149			4,291	1,022		0.4
366	コロッケ	910	1,929			2,337	626		0.2
367	カツレツ	377	1,548			2,237	503		0.2
368	天ぷら・フライ	3,279	8,990			7,603	2,919		1.0
369	しゅうまい	361	957			2,189	311		0.1
371	ぎょうざ	708	2,181			3,905	708		0.2
372	やきとり	380	1,896			2,210	616		0.2
373	ハンバーグ	299	1,000			1,806	325		0.1
370	冷凍調理食品	1,841	5,635			4,022	1,830		0.6
375	そうざい材料セット	183	2,906			750	944		0.3
376	他の調理食品のその他	7,065	26,277			9,260	8,531		3.0
1.10	飲料	15,166	48,596			9,808	15,778		5.6

1.10.1	茶類	3,343	12,486			7,690	4,054	1.4
380	緑茶	403	4,567	972	469.85	2,399	1,483	0.5
381	紅茶	162	818	245	334.07	1,102	266	0.1
38X	他の茶葉	309	1,352	1,054	128.28	2,082	439	0.2
38X	茶飲料	2,469	5,749			5,872	1,867	0.7
1.10.2	コーヒー・ココア	2,569	9,319			6,750	3,026	1.1
382	コーヒー	737	5,254	2,215	237.25	3,986	1,706	0.6
384	コーヒー飲料	1,689	3,663			4,272	1,189	0.4
386	ココア・ココア飲料	142	402			918	131	0.0
1.10.3	他の飲料	9,255	26,791			9,120	8,698	3.1
385	果実・野菜ジュース	3,217	8,465			6,479	2,748	1.0
387	炭酸飲料	1,665	3,970			4,457	1,289	0.5
388	乳酸菌飲料	844	3,392			3,030	1,101	0.4
38A	乳飲料	683	1,283			2,443	417	0.1
38B	ミネラルウォーター	748	3,291			2,565	1,069	0.4
389	他の飲料のその他	2,098	6,389			5,705	2,074	0.7
1.11	酒類	3,592	41,154			6,583		4.7
3X1	清酒	418	5,908	7,611	77.63	2,073		0.7
3X3	焼ちゅう	406	6,871	10,161	67.62	1,848		0.8
3X4	ビール	857	12,759	24,38	523.44	3,032		1.5
3X5	ウイスキー	65	1,164	844	137.89	357		0.1
3X9	ワイン	215	2,649	2,482	106.70	1,048		0.3
3X7	発泡酒・ビール風アルコール飲料	966	9,085	28.28	321.24	2,557		1.0
3XX	他の酒	666	2,718			2,090		0.3
1.12	外食	7,191	154,545			8,541	50,177	17.7
1.12.1	一般外食	6,973	142,972			8,417	46,419	16.4
390-396, 39A, 39B	食事代	5,838	121,729			8,240	39,522	13.9
390	日本そば・うどん	435	5,122			2,068	1,663	0.6
391	中華そば	428	5,471			2,188	1,776	0.6
392	他のめん類外食	118	1,837			739	596	0.2
393	すし（外食）	355	12,963			2,190	4,209	1.5
394	和食	1,032	20,849			3,763	6,769	2.4
39A	中華食	215	4,309			1,178	1,399	0.5
395	洋食	538	16,674			2,392	5,414	1.9
39B	ハンバーガー	489	4,501			2,156	1,461	0.5
396	他の主食的外食	2,227	50,003			5,530	16,235	5.7
397	喫茶代	799	5,122			2,767	1,663	0.6
398	飲酒代	336	16,120			1,657		1.8
1.12.2	学校給食	218	11,573			1,453	3,757	1.3

統計編

西暦和暦対照表

西暦1989	平成1	昭和64	大正78	明治122
1990	平成2	昭和65	大正79	明治123
1991	平成3	昭和66	大正80	明治124
1992	平成4	昭和67	大正81	明治125
1993	平成5	昭和68	大正82	明治126
1994	平成6	昭和69	大正83	明治127
1995	平成7	昭和70	大正84	明治128
1996	平成8	昭和71	大正85	明治129
1997	平成9	昭和72	大正86	明治130
1998	平成10	昭和73	大正87	明治131
1999	平成11	昭和74	大正88	明治132
2000	平成12	昭和75	大正89	明治133
2001	平成13	昭和76	大正90	明治134
2002	平成14	昭和77	大正91	明治135
2003	平成15	昭和78	大正92	明治136
2004	平成16	昭和79	大正93	明治137
2005	平成17	昭和80	大正94	明治138
2006	平成18	昭和81	大正95	明治139
2007	平成19	昭和82	大正96	明治140
2008	平成20	昭和83	大正97	明治141
2009	平成21	昭和84	大正98	明治142
2010	平成22	昭和85	大正99	明治143
2011	平成23	昭和86	大正100	明治144
2012	平成24	昭和87	大正101	明治145
2013	平成25	昭和88	大正102	明治146
2014	平成26	昭和89	大正103	明治147
2015	平成27	昭和90	大正104	明治148
2016	平成28	昭和91	大正105	明治149
2017	平成29	昭和92	大正106	明治150
2018	平成30	昭和93	大正107	明治151
2019	平成31	昭和94	大正108	明治152
2020	平成32	昭和95	大正109	明治153

【編者紹介】

西東　秋男（さいとう　ときお）
食料経済学・食品産業史・食生活文化史研究家

編著書
『年表で読む　日本食品産業の歩み　明治・大正・昭和前期編』(山川出版社)
『日本食生活史年表（日本図書館協会選定図書）』(楽游書房)
『食の366日話題事典』(東京堂出版)
『日本食文化人物事典—人物で読む日本食文化史』(筑波書房)
『東北の食と農漁の文化事典（全国学校図書館協議会選定図書）』(筑波書房)
『岡山の食文化史年表』(筑波書房)
『阿波・徳島食文化史年表』
『食料経済の数量分析』(食料経済分析研究会)
『新・豆類の経済分析/日本食文化史講』(食料経済分析研究会)
『果物の経済分析』(筑波書房)
『果物の需給分析』(筑波書房)
『年表で読む日本果物文化発達史』(食料経済分析研究会)

論文
「エル・ニーニョ現象と農産物の価格上昇」「加齢と果物需要」
「気象と果物需給」(『日本農業経済学会論文集』所収)
「わが国における畜産食品の需要とその傾向（1）（2）」(「畜産の研究」)
「欧米における消費者被害救済の現状と課題」(「明日の食品産業」)
『米麦の消費者価格と消費者需要等の計量的分析（分担執筆）』統計研究会
「消費者行動」(『第1回食料経済白書』〔農政研究センター〕)
「小豆と砂糖の出会い」「「大豆谷」は何と読みますか豆の付いた地名考」(「豆類時報」)
そのほか

平成食文化史年表

2012年6月25日　第1版第1刷発行

編　者　西東　秋男
発行者　鶴見治彦
発行所　筑波書房
　　　　東京都新宿区神楽坂2－19 銀鈴会館
　　　　〒162-0825
　　　　電話　03（3267）8599
　　　　郵便振替00150－3－39715
　　　　http://www.tsukuba-shobo.co.jp

定価はカバーに表示してあります

印刷／製本　平河工業社
©Tokio Saito 2012 Printed in Japan
ISBN978-4-8119-0404-7 C3020